U0546270

美國高等教育與矽谷產業

HIGHER EDUCATION AND SILICON VALLEY

WILLIAM RICHARD (DICK) SCOTT、MICHAEL W. KIRST 編

卓澤林　翻譯
周祝瑛　審訂

謝詞

本書繁體中文版的問世，前後花費三年多的努力。翻譯工作為中國大陸國家社科基金教育學青年項目：「高等教育賦能區域科技創新中心建設研究」（編號：CIA210274）的部分成果。此外，過程中，除了要感謝原書作者群、翻譯者及審訂人員外，還要謝謝許多幕後功臣，包括：交通大學前副教授陳膺宇老師的文字潤飾與修改；華藝數位股份有限公司總經理常效宇的募款籌資；臺灣著名企業股東的慷慨解囊等協助，本書才能順利出版。期間，承蒙鄭茗襄副總經理、吳怡慧女士，與華藝高水準編輯團隊的努力促成，在此一併獻上最高的謝忱。

編者簡介

威廉‧理查德（迪克）‧斯科特（William Richard [Dick] Scott）為美國史丹佛大學（Stanford University）社會學系榮譽教授，先後擔任史丹佛大學社會學系主任、史丹佛組織研究中心主任。

麥可‧柯爾斯特（Michael W. Kirst）為史丹佛大學教育學院榮譽教授、前加州教育廳廳長。

翻譯者簡介

卓澤林為華南師範大學國際與比較教育研究所副教授、碩士研究生導師、中國大陸教育部「大專院校國別與區域研究基地」華南師範大學東帝汶研究中心執行主任，華南師範大學粵港澳大灣區教育發展高等研究院特聘研究員，主要從事粵港澳大灣區教育、創新創業教育和比較教育研究。

審訂者簡介

周祝瑛為臺灣政治大學教育系教授、美國加州大學洛杉磯分校（University of California, Los Angeles）比較及國際教育博士與博士後研究、美國傅爾布萊特（Fulbright）資深學者。

目　錄

中文版序　　　　　　　　　　　　　　　　　　　　　　　　　　　*i*
WILLIAM RICHARD (DICK) SCOTT

全書導讀　　　　　　　　　　　　　　　　　　　　　　　　　　　*v*
周祝瑛（CHUING PRUDENCE CHOU）

前言　　　　　　　　　　　　　　　　　　　　　　　　　　　　　*1*
WILLIAM RICHARD (DICK) SCOTT

第一章　導論　　　　　　　　　　　　　　　　　　　　　　　　　*7*
WILLIAM RICHARD (DICK) SCOTT, MICHAEL W. KIRST, MANUELITO BIAG, and LAUREL SIPES

第二章　變遷中的舊金山灣區高等教育生態　　　　　　　　　　　*21*
WILLIAM RICHARD (DICK) SCOTT, BRIAN HOLZMAN, ETHAN RIS, and MANUELITO BIAG

第三章　舊金山灣區的區域經濟　　　　　　　　　　　　　　　　*59*
WILLIAM RICHARD (DICK) SCOTT, BERNARDO LARA, MANUELITO BIAG, ETHAN RIS, and JUDY C. LIANG

第四章　影響高等教育與區域經濟的多元因素　　　　　　　　　　*99*
WILLIAM RICHARD (DICK) SCOTT, MANUELITO BIAG, BERNARDO LARA, and JUDY C. LIANG

第五章　不同地區的各類型學院與大學　　　　　　　　　　141
WILLIAM RICHARD (DICK) SCOTT, ETHAN RIS, MANUELITO BIAG, and
BERNARDO LARA

第六章　調適的結構與策略　　　　　　　　　　　　　　　177
WILLIAM RICHARD (DICK) SCOTT, ETHAN RIS, JUDY C. LIANG, and
MANUELITO BIAG

第七章　政策啟示與借鏡　　　　　　　　　　　　　　　　201
MICHAEL W. KIRST, ANNE PODOLSKY, LAUREL SIPES, and
WILLIAM RICHARD (DICK) SCOTT

附錄A　本書貢獻者　　　　　　　　　　　　　　　　　　237

附錄B　隱形學院：被全美後期中等教育資料系統所遺漏的　　240
　　　　多元錄取管道高等教育機構
BRIAN HOLZMAN

參考文獻　　　　　　　　　　　　　　　　　　　　　　　249

圖目錄

圖 2.1	舊金山灣區郡界主要城市與大學圖	*37*
圖 2.2	1970 到 2012 年舊金山灣區高等教育機構數目	*40*
圖 2.3	1970 到 2012 年舊金山灣區高等教育機構的招生人數	*41*
圖 2.4	1999 到 2013 年加州大學或加州州立大學學業符合申請資格學生人數與入學新生總人數之對照	*41*
圖 2.5	大學和學生相關的支援與管理系統網狀圖	*57*
圖 3.1	矽谷主要產業變化圖	*63*
圖 3.2	1974 到 2010 年舊金山灣區不同類型大專院校：文理與職業／專業學院	*95*
圖 4.1	1985 到 2000 年舊金山灣區專業和技術移民	*102*
圖 4.2	1990 到 2010 年舊金山灣區 15 到 24 歲人口	*106*
圖 4.3	1977 到 2014 年州政府對加大系統中全職學生的撥款狀況（2013 年按通貨膨脹對金額進行調整）	*124*
圖 4.4	1980 到 2010 年公立、非營利型和營利型私立大學學費收費標準圖	*132*
圖 5.1	2010 年舊金山灣區種族差異	*145*
圖 5.2	1972 到 2012 年舊金山灣區的人均收入差距	*146*
圖 7.1	加強職涯和技術教育政策改革架構	*217*

表目錄

表 2.1	舊金山灣區的大學數目（2012 年）	38
表 3.1	最常使用的前十名就業網站（2015 年）	81
表 3.2	矽谷中企業與大學間的不同結構與邏輯表	90
表 3.3	1995 到 2010 年舊金山灣區大學機構部門間終身制與非終身制教師數量	94
表 4.1	1960 到 2005 年加州人口增長與高等教育入學情況	100
表 4.2	1980 到 2010 年舊金山灣區人口增長情況（按種族／民族）	101
表 4.3	STEM 專業中擁有學士以上學位的外國移民與本地出生人數比例（2014 年）	102
表 4.4	1982 到 2010 年舊金山灣區各類學校入學率（按種族／民族）	107
表 4.5	1993-1994 年至 2013-2014 年不同族裔高中畢業生，完成加州大學和／或加州州立大學入學規定課程的比例	108
表 4.6	1970-1971 年至 2010-2011 年全美學位授予機構全職大學生平均學雜費（按機構等級和管理權劃分）	115
表 4.7	2006 年大專院校資金來源（按收入類別劃分，原文為 ownership）	131
表 4.8	三大磨課師（線上學習）平臺比較	136
表 5.1	個案研究學校	144
表 5.2	舊金山子區域所選產業的就業人口	147

中文版序

WILLIAM RICHARD (DICK) SCOTT

聽聞《美國高等教育與矽谷產業》（*Higher Education and Silicon Valley*） 即將翻譯成中文，並在臺灣出版發行，我們所有的作者都感到十分欣喜。在此，我對各位作者身分做一個簡短的介紹。我本人（威廉・理查德〔迪克〕・斯科特，William Richard [Dick] Scott）是一名組織社會學家，我的研究領域集中於對專業工作系統的組織學研究，例如醫療保健組織、專案工程團隊、福利及精神健康機構、非營利組織、權益辯護機構等。我最近的研究興趣主要在於制度框架對組織結構和組織行為的影響。麥可・柯爾斯特（Michael W. Kirst）作為長期處於美國教育系統中的學生和研究者，在編寫本書之前，他的研究重心是初等和中等公立教育。他的研究特別側重於教育政策及與政策相關的研究，並在加州政府的政策制定機構中擔任重要職位。此外，本書的其他合著者分別是來自研究生教育學院的研究生，以及來自史丹佛大學（Stanford University）、約翰・加德納青年與社區中心（John W. Gardner Center for Youth and Their Communities）的研究人員。

眾所周知，高等教育對所有當代社會發展是至關重要的。高等教育長期作為社會現代化的主要動力之一，其發揮作用的形式多種多樣，除了科學與技術知識，還包括藝術與人文知識。大學嘗試做的不只是提升學生的「人力資本」——用職業術語來說就是具備生產的能力；還包括提升學生的「社會資本」和「智力資本」——能夠過充實和有意義生活的能力。不僅如此，從過去半個世紀的歷史來看，高等教育在不同國家之間搭建其重要的橋樑。數百萬的學生在不同的國家完成自己不同階段的學習，越來越多的教師在一個國家的大學內任教後到另外一個國家工作。更為重要的是，由於學科與專業協會的跨國特性，來自各國的教師得以和他國的同行進行更密切的溝通，分享他們的想法、學術成果和指導學生的經驗。此外，教育管理相關人員，例如校長、教務長、財務長、招生部門的人員、人力資源及就業發展中心的職員，得以在全球範圍內進行更多的交流，分享教育管理的想法與實踐。不但如此，教育和專業領域的學術期刊也吸引了更多的國際讀者。

在不同的國家中，大專院校之間的關係是不太一樣的，而其中一種則在成本和收益上有著更多的混合特色，它對大學排名的功能和重要性投入了更多的注意力。多年來，大學之間在學生來源、師資、基礎設施、獎項、運動競賽等方面透過非正式的方式進行相互競爭。近年來因為大眾媒體的添油加醋，這些大學排名變得更加正式和公開。1980年代早期的媒體排名都限定於具體的國家，例如由《美國新聞和世界報導》(U.S. News & World Report) 開展的排名，並且這些排名大多關注於大專院校的名譽報告和資源的數量及品質，譬如教師規模、圖書館藏書數量和師生比例。後來的大學排名，例如：《泰晤士高等教育》(Times Higher Education) 世界大學排名和中國上海交通大學的世界大學學術排名，則加入了全球範圍內的大專院校以及補充性的投入和產出標準，包括生產率的指標，好比每位教師科研成果的人均引用數量、學生的入學和畢業率。這些資訊不僅獲得了潛在客戶更多的依賴，以作為他們在選擇學校時的參考，而且對於國家和地方政府、資助機構以及學術管理者來說也變得更為重要，因為他們需要決定資源的分配。

我們認為，儘管這些評級方法能反映出教育專案的重要資訊，但是採用任何一條單一的指標或評定方法都可能帶有誤導性，甚至以偏概全扭曲事實。對於像高等教育機構這樣因果關係尚未被研究透澈的系統中，片面的依賴一個或幾個指標去評定大專院校，可能產生有害的結果。在大學評定的過程中，以下指標應是必不可少的：學校使命、學校資源、學校組織結構、學校績效表現。

本書對舊金山灣區高等教育的研究對任何現代社會的發展都有參考價值，我們非常歡迎來自世界各地讀者的關注和回應。在閱讀過程中，各位讀者有以下幾點需要注意：

一、不同國家和地區的高等教育體系，在規模、種類、公有化／私有化程度、環境對其的影響、社會支援系統上都存在巨大差異。所以，在某一個社會能夠有效運作的高等教育組織和其實踐經驗，不一定就能適用於其他的環境中。
二、公部門所公布的高等教育官方資料，可能會因各國不同的涵蓋範圍和教育品質，而出現不同的資料解讀方式。例如，自 1965 年起，美國就開始有系統地蒐集各類授予學位大專院校的統計資料，但是過程中，卻有意或無意的漏掉其他非學位授予的營利性技職教育機構等相關資料（見附錄 B）。

隨著時間推移，各國高等教育系統也發生重大變化。在 1960 年代鮮為人知的社區學院，如今已成為美國高等教育的主力之一，學生人數也超過學位授予機構的一半。

迄今為止，美國大多數的教育研究單位屬於聯邦政府，從許多方面來看這是有事權統一的好處，但在經濟快速變化的今日，這樣的設計，反而無法讓各州與地方教育事務能夠快速回應社會各界之所需。這種聯繫通常發生在地方或是區域的內部，而這也是受到許多研究者關注的。而本書中也舉例說明了，以區域作為研究單位，在考察大學與特定行業或企業之間的關係時更有效。在美國存在著大量這樣的高等教育機構聚集的區域，本書研究了在 1970 到 2012 年間舊金山灣區大專院校的整體生態。此外，我們還從公立和私立大學、兩年制和四年制學院以及提供短期教育課程（頒發證書和執業許可）等眾多教育組織的分類對舊金山灣區的高等教育進行解析。就大灣區居民的技能與知識發展而言，這些區內高等教育機構，對此都做出至關重要的貢獻。

雖然本書的研究結果和建議不能直接應用於全美國或其他國家的區域高等教育系統，但我們相信，書中所開發的概念框架和研究方法適用於全球範圍內同類型的研究。並且，對多元經濟系統中不同教育專案的研究也將反過來強化我們所獲得的知識，正因為這樣，我們對這次翻譯出版懷著很大的期待。最後，我們瞭解到中國大陸已經公布一項新的政策行動方案：參考舊金山灣區的經驗，以廣東、香港和澳門的大專院校為主，構建世界級大灣區的研究複合體——粵港澳大灣區，透過這些地區高等教育的豐沛資源與亟待開發的無限潛力，相信此次粵港澳大灣區建設行動，一定能夠為中國大陸帶來全新的教育發展與變化。我們衷心地希望這項研究成果，能夠為此建設提供重要參考和啟示。

全書導讀

周祝瑛（CHUING PRUDENCE CHOU）

一、前言

　　高等教育除了負有文化傳承、知識創造、人才培養與社會批判責任外，近年來為了因應各國人才創新與產業轉型的需求，必須自我調整與革新，建立企業合作等夥伴關係。而這種情形，在許多大學聚集的地區，如：世界四大灣區，尤為明顯。根據《財星雜誌》（Fortune）公布的世界前 500 大企業中，有將近五分之一集中在這些主要的「工業與創新產業」集散地，包括：美國舊金山灣區、紐約灣區、日本東京灣區，以及中國大陸粵港澳大灣區。其中，以科技創新著稱的舊金山灣區，在面積、人口與高校數量上，都低於其他地區，唯獨高等教育人口比例，名列前茅。居民中超過六成擁有大學等文憑。其中，著名的矽谷（Silicon Valley），位於舊金山灣區南面，擁有超過 1,500 家電腦資訊公司，包括：蘋果、谷歌、臉書、惠普、英特爾與特斯拉等大廠。灣區內各種不同類型的大學，到處林立，如：史丹佛大學、加州大學柏克萊分校、聖荷西州立大學，以及鳳凰城大學等，與矽谷各產業維持合作與競爭關係。

二、全書大要與各章簡介

　　本書源自「美國高等教育生態環境的改革與創新」研究計畫，由史丹佛大學社會系榮譽教授威廉·理查德（迪克）·斯科特（William Richard [Dick] Scott），及前加州教育廳廳長麥可·柯爾斯特（Michael W. Kirst），率領史丹佛大學團隊，共同完成。該書問世後很快引起各界的關注與討論。尤其是企業主、政府高層、大學人員，甚至關注子女升學就業的家長們，對此書的出版表示歡迎。透過書中生動的分析，為讀者揭開大學與產業關係之謎。讓大家瞭解大學如何受到產業發展影響，必須在課程教學、入學條件、畢業門檻，以及教師聘用各方面，進行調整。

　　值得注意的是,作者開宗明義就提出大學與產業在本質上的差異:大學是進化緩慢的教育機構,與社會保持相當的距離。但產業則以賺錢為目的,產品必須不斷的推陳出新。這兩種矛盾的組織文化,在互動過程中,容易產生摩擦與衝突。其中,灣區的公立學校如加州大學系統,過去四十多年,在加州及聯邦政府的官僚體制下,許多學校的營運及科系,已與社會脫節。因此,各種私立營利與非營利型學校應運而生,成為灣區豐富且多元的高等教育一環。

　　全書蒐集了自1970年以來的各種產學資料,透過訪談等方式,針對舊金山、東灣與南灣等三個區域中的十四所個案大學,與矽谷產業之間,既合作又衝突的互動關係。藉此提供灣區各種案例,給各界參考。

　　書中進一步介紹灣區內的七類學校,包括:加州大學、加州州立大學、加州社區學院、私立非營利型院校、私立營利型院校、K-12年級公立學校開辦的成人教育單位、加州就業部勞動力投資委員會等。並針對其中的四種公、私立四年制與兩年制學校,及矽谷工程學、電腦科學、生物學／生物技術與工商管理等關鍵領域,精彩的分析。作者採取「組織場域」的角度(organizational field perspective),作為分析架構,將灣區的大學視為一種有機的組織,在外在環境(矽谷)需求壓力,如何與相關個人與機構進行互動,提供各種人才的培育,從電腦工程師、律師、會計師、創投(venture capital)、技工、管理人員到基層員工。

　　全書分七章:

第一章、導論:透過一個來自臺灣科技人員的上班途中,看到了當地為矽谷員工量身訂作的各樣高等教育機構。作者也進行整本書的研究架構、問題與方法的介紹。

第二章、變遷中的舊金山灣區高等教育生態:透過組織場域視角,探討四十多年來加州大學系統,及各類高等教育的發展變遷。

第三章、舊金山灣區的區域經濟:探討矽谷產業對灣區高等教育的各種影響。

第四章、影響高等教育與區域經濟的多元因素:介紹灣區改變中的人口結構,如何迫使各類學校進行招生與營運調整;期間,加州政府如何對公立大學進行治理模式的改變。

第五章、不同地區的各類型學院與大學：針對三個區域及七種學校，進行案例分析。

第六章、調適的結構與策略：討論各種類型學校，在灣區經濟發展需求中，如何因應改變。

第七章、政策啟示與借鏡：總結全書各章內容，進一步對美國聯邦與加州政府，因應矽谷產業，提出高等教育改革藍圖等政策建言。

三、對臺灣教改與粵港澳大灣區的啟示

　　1990 年代，臺灣受到廣設高中、大學，與廢高職論等教育改革政策的影響，造成技職校院快速升格與大學數量擴張；許多原本適合在技職體系發展的學生，進入普通大學就讀，畢業後因缺乏一技之長，就業困難；大學文憑也因為市場人才供需失衡，而出現貶值等現象。尤其，產業需求與教育供給間，脫節越來越明顯，加上薪資長期無法調升，人才外流情形逐漸加劇。

　　巧合的是，本書作者一再強調：矽谷產業仰賴灣區各種高校提供各類人才與研發後盾；而大學們則須藉校企夥伴關係，為學校的永續經營而努力。換言之，矽谷產業的發展不僅受惠於名校的創新與技術移轉，更重要的灣區內各種應用型大學／學院，也同樣受到雇主們的青睞。此種趨勢正好可改變社會的名校迷思，提醒家庭與學校重視學生性向與興趣，及早提供孩子生涯與職業探索機會，讓他們對未來的就業前景預作思考與準備。

　　另一方面，舊金山灣區的產業與高等教育發展經驗，也可為粵港澳大灣區，未來複雜整合的問題，提供經驗參考。首先，大灣區在面積與人口都居四大灣區的首位，擁有高度的發展潛力。不過，粵港澳大灣區正面臨著高等教育結構與類型巨大差異等考驗。大灣區同時擁有世界一流大學與深厚金融實力的香港；觀光旅遊與博弈產業首屈一指的澳門；創新產業蓬勃發展的深圳等兩個地區與廣東九個城市，所組成的「一區三制」高等教育複雜結構。在上述地區交流過程中，可能出現的機構融合與品質認證問題，以及三地學校組織文化與辦學目標等重大差異。粵港澳三地高等教育機構間的磨合時間與困難度，可能遠超過舊金山灣區的

各類學校的轉型。

其次，舊金山灣區公立高等教育辦學逐漸失去彈性，於是企業開始與附近高校合作，為員工培訓而開創各種辦學模式。尤其各類私立學校，以本身較具彈性的優勢，提供各種學歷文憑、專業資格證書、大學學分認證等課程，吸引高中畢業生與灣區在職員工的多方需求。修業期間更可透過線上、線下、全日制、半日制、夜間週末等上課形式，隨個人需求來調整。這些學校更聘請矽谷產業主管來兼課，建立校園與企業人脈關係，爭取更多的研究、學生實習與就業機會。

由於美國大學採地區機構認證制度，各類營利與非營利型私校，一旦取得認證資格，便可招生與發展。相對的，粵港澳大灣區的高校管理體制，仍以政府為主，如何因應灣區產業快速多元發展的人才需求，如何調動及善用民間辦學的靈活度與創意，將是一大挑戰。

第三，華人世界普遍仍存在「萬般皆下品，唯有讀書高」的觀念，技職教育的發展備受限制。從矽谷產業對各種人才多元需求來看，近年來加州政府不斷以政策鼓勵及補助各種大學，加強本身與中小學的合作關係，建立從小到大的職涯和技術教育課程（career and technical education）試探計畫，並透過各種認證方式，讓學生可以累積各種短期「可疊加式學業證明」（stackable credentials），提供工作、學校和家庭三方面彈性；畢業後透過終身學習管道，累積工作和薪資紀錄，持續為該證書加值，期望有朝可獲得全美或世界各地產業的認可。

相對的，2022年4月，中國大陸通過新修訂《職業教育法》，確認職業教育與普通教育同等重要，提升職業教育的社會認可度，並鼓勵產學融合、校企合作，提升職業教育的發展。由此可見，將來粵港澳大灣區必須加強應用型大學的提升與建設，並且向下推廣基礎教育階段的職涯和技術教育探索課程，這可能是下一步必須著手的規劃重點。

最後，舊金山灣區高等教育與矽谷產業，是經過近半世紀的由下而上自然發展形成，與粵港澳大灣區由上而下的政策主導，有所不同。本書透過實證研究方式，從縱貫的歷史脈絡切入，輔以橫向的區域發展、機構類型、管理模式、與科系調整等角度，蒐集各種跨領域的第一手資料。此種研究模式主要來自學術界的自發性，由產、官、學三方面合作，為灣區建立四十多年的高等教育生態變化研究基礎。對粵港澳大灣區來說，更可由三地的高等教育系統，共同依據各地產業結構與人口組成，建立高等教育與產業發展關係資料庫，透過大數據分析，定期追蹤與預測，成為大灣區日後發展基礎建設的重要依據。

　　希望本書能夠取得他山之石，可以攻錯的效果。

前言

WILLIAM RICHARD (DICK) SCOTT

　　如今，全世界的目光都聚焦在舊金山灣區（Bay Area）與矽谷（Silicon Valley）的經濟發展上，並嘗試去理解和模仿其在資訊技術領域所取得的成就。值得提出的是，舊金山灣區在高等教育領域的發展同樣為世界各地所推崇。相較於以製造業和服務業為主的其他美國公司，舊金山灣區企業如：惠普（Hewlett-Packard）、思科（Cisco）、蘋果（Apple）和谷歌（Google）等，基本上都以知識經濟發展為主，並仰賴高水準的技能和培訓。

　　儘管高新技術領域和高等教育相互依賴，彼此之間也有著許多相似之處，但在一些重要的領域裡，兩者之間仍存在著較大的差異。它們是在不同基礎上發展起來的，又同時應對著不同的時代侷限和衝擊，並且在變革的步調上有著本質的區別。

　　美國高等教育機構在十九世紀末期取得顯著發展，採用科層制結構來為學術研究提供自由的空間，高等教育所服務的目標難以準確界定且飄忽不定。相比之下，新興產業是由多樣且靈活的組織構成的，這些組織會根據市場的需求和機遇迅速做出相應的調整，以適應需求的變化。為更好地瞭解舊金山灣區高等教育與矽谷經濟發展之間的內在聯繫，我們需要從不同的領域深入到這些機構組織之中進行研究。

　　跟其他研究中把高等教育和高新科技產業相互聯結的分析不同，本書將擴大研究範圍，研究的對象不僅僅侷限於如史丹佛大學（Standford University）、加州大學柏克萊分校（University of California, Berkeley）這些久負盛名的研究型大學，而且也包括那些入學管道多樣的大學和學院，例如美國加州州立大學（California State University）、非營利型和營利型大學，以及招生人數占大多數的社區大學。

　　針對其他各種多元入學管道的大學校院等研究，本書發現，這是一個更為複雜且值得進一步探討的高等教育生態議題。那些開放多元入學方式的大學院校和學院或許不能創造出具有突破性的科學技術，但他們為產業的發展提供至關重要的人力資源支撐。然而，這些學術大專院校機構正不斷面臨著招生人數過多和資金不足的困境。與此同時，資金和管理上的限制使得這些機構無法對區域性和全國性的發展需求，做出相應的回饋與貢獻。這些困境都表明：大專院校機構比往昔更需要各界的支援。

如今的大學和學院在向外界提供關於生涯和職業培訓項目上有著越來越大的壓力，本書將以此作為研究背景。除了回應相關群體的需求，大專院校機構同時也對全國性的、州內以及地方等利益作出回應，肩負著促進經濟發展以及提供更多工作培訓的期望。同時，外界對舊金山灣區高等教育的改革呼籲，並不是最近才出現，相反的，在過去幾十年內，這一呼籲變得越發強烈。更重要的是，由於大學類型的多樣性和實際情況的各種變化，大專院校所面對的經濟和政治壓力都呈現不斷增強的變化趨勢。

如果不考慮高等教育組織生態的變化，便不可能理解當前高等教育的發展。在一系列的支援和操控系統的影響下，大學的本質和形式一直在變化。為了因應灣區產業多樣性變遷的影響，本書採用縱向比較的方法，透過 1970 到 2015 年，45 年間的資料，結合訪談、統計及文獻分析等方法，分析在上述時間內舊金山灣區各類大學的發展歷程，以及從事高科技人員的數量與類型變化。在整個研究過程中，我們嘗試把研究中的各類事件和趨勢，放在一個大的歷史背景脈絡中探討，包括：聯邦政府和州政府的政策決議、行政管理體系、以及大學在職人員和學生的意見需求等項目。

此外，儘管舊金山灣區在地理概念上是一個緊湊的區域，但如果就因此將其視為獨立的實體卻會產生誤導。在本書中，我們把舊金山灣區劃分為了三個小的區域，每個區域有著各自獨特的產業和高等教育生態和人口模式。這種劃分區域的研究方法，讓我們探索出更多細節，例如：哪一種類型的大學能夠適應當地雇主的需求變化？哪些大學採用了什麼樣的策略和方法，來適應產業發展的要求等各種議題。我們還把不同區域內的各種機構納入研究對象中，密切探究每個領域內的大專院校機構（包含兩年制和四年制的大專院校）、私立非營利和營利型大專院校。

在研究結果方面，我們希望本書可以為每一個從事與高等教育相關的專業人員提供若干啟示，無論是管理者、教師、研究者、學生或是那些在公共和私人機構工作的人們。本書的讀者包括：企業界主管、人力資源管理者、規劃師，以及對學校、培訓與就業三者關係感興趣的人，還有一些想要改善上述三方面關係的經濟地理學、高等教育專業、組織社會學、以及區域經濟專業的學生和學者們，都會在本書中找到感興趣的題材。最後，對於各級政策制定者而言，本書將會是一本振奮人心的著作。它能引導他們思考如何把高等教育與產業發展更好地結合起來，或為探索結合失敗的原因提供借鏡。

作為區域高新技術發展的領航者，舊金山灣區贏得了廣泛的關注。然而，有學者曾反思本研究是否有關注到舊金山灣區之外不同產業或經濟結構下生活和工作的人們。我們相信本研究能夠為這些區域提供參考範本。本書的理論構思和縱貫性研究方法適用於不同地區的多樣化經濟體系。儘管各地產業界與教育界在組織結構與人力供需上，雙方存在著不小差異，拋開這些歧異，重新探討經濟和教育是如何面對彼此的衝突，進而加以調適，仍是十分有價值和有意義的事。

尤其，在探討當地產業和高等教育的關係時，按區域劃分顯得尤為重要。儘管大規模的研究項目及綜合型大學的優勢，可以吸引來自世界各地的國際學生，然而大多地區型大學，都必須承擔著服務當地學生的責任。希爾曼（Hillman）（2014）的一份研究顯示，社區大學的學生離學校的距離一般為 8 英里（約等於 12.87 公里，翻譯者注）。那些重返學校繼續完成學業或是尋求技術培訓的成年學生，也傾向於選擇那些靠近自己住家的大專院校就讀。因此，在地區產業進行特定組合的趨勢下，大學和學院的類型和數目，以及這兩種學校提供的課程，將會持續發生改變。

在接下來的導論章節中，本書將對研究問題、研究設計和方法論進行詳細介紹，並以研究結果如何對政策產生借鏡作為結尾。第二章則是從組織層面探討舊金山灣區的高等教育，側重探討灣區大學的類型和那些支持和限制大學運作的校外組織和影響力。在第三章中，我們同樣採用組織場域（organizational field）的視角，但將重點轉移至舊金山灣區的經濟和產業狀況，同時透過組織場域的視角審視矽谷勞動力市場的形成和轉變。第四章將探討在聯邦和州層面上如何塑造高等教育和地區經濟的推動力，包括：人口的遷移、生活方式的改變、科技與組織結構的轉變，以及政治和經濟變化等。第五章則是以舊金山灣區三個具有代表性的區域為例，展示每個區域裡的個案學院和大學的特徵。第六章將密切關注學院和大學如何因應周邊生態變化。最後，本書將點明高等教育在發展過程中所面臨的主要挑戰，期待為公共決策提供一些指引，並分別從聯邦、州與地方的層面提出新的建議，希望可以緩解本研究裡提到的產業發展與高等教育間的失調問題。縱觀全書，我們透過各種典型案例，來深入分析及探討產業與高等教育問題，期能提供新的思考方向。

同時，與一般研究不同的是，本書期望成為後續對話的敲門磚，能引起更多的關注與討論。我們在研究過程中意識到，對話需要以更為開拓的視野去審視高等教育和經濟之間的關係，而不是僅僅侷限在學院與大學之間的內部關係，或是產業經營者的需求之中。那些能夠靈活應對、積極實施、認真探索、密切關注高等教育未來發展的研究者，肩負著艱巨的任務。我們也希望本書接下來的章節，能夠為大家提供具有拓展性和一致性的架構，為以後新的爭論與問題提供指引與參考。

總之，本研究是多位學者的共同努力成果，但仍然未能將所有做出貢獻的人全數列出。本次研究源自比爾及梅琳達‧蓋茲基金會（Bill & Melinda Gates Foundation）所資助，麥可‧柯爾斯特（Michael W. Kirst）和米謝爾‧史帝文斯（Mitchell L. Stevens）所主持的「美國高等教育生態變遷改革與創新」（Reform and Innovation in the Changing Ecology of U.S. Higher Education）研究專案改寫而成。威廉‧理查德（迪克）‧斯科特（William Richard [Dick] Scott）以及托馬斯‧埃里克（Thomas Ehrlich）是該課題的高級顧問，克里斯多福‧普羅克特（Kristopher Proctor）、瑞秋‧貝克（Rachel Baker）和丹尼爾‧克拉西克（Daniel Klasik）負責邀請更多願意參與這個為二十一世紀大專院校研究架構討論學者的主持人（Kirst and Stevens 2015）。

在 S‧D‧小貝泰基金會（S. D. Bechtel Jr. Foundation）的大力支持下，該專案在2013年啟動，由首席研究員柯爾斯特和資深學者斯科特指導下完成。此外，本研究也獲得「學習工廠」（Learning Works）[1]的額外支持。來自約翰‧加德納青年與社區中心（John W. Gardner Center for Youth and Their Communities）和史丹佛大學教育研究所的團隊成員，在研究的組織和實施上都承擔了非常重要的

---

[1] 「學習工廠」（LearningWorks）：是一個通過創新專案以推動不同群體學習和社區復興的組織。詳情請參考其官網：https://www.learningworks.me/，翻譯者注。

角色。蕾貝卡·倫登（Rebecca London）在專案前期擔任管理者，在專案開始後由曼努埃利托·比阿格（Manuelito Biag）接替其職位。勞蕾爾·西普斯（Laurel Sipes）和茱蒂·梁（Judy C. Liang）協助文獻蒐集和政策分析。南希·曼奇尼（Nancy Mancini）也在技術交流上提供關鍵性的支援。

除了約翰·加德納青年與社區中心的工作人員和合作撰寫人——比阿格、布萊恩·霍爾茲曼（Brian Holzman）、伯納多·勞拉（Bernardo Lara）、安·波多爾斯基（Anne Podolsky）和伊森·里斯（Ethan Ris）之外，其他研究成員包括：伊莉莎白·代頓（Elizabeth Dayton）、史帝文·簡提列（Steven Gentile）、卡蘿列娜·奧尼拉斯（Carolina Ornelas）、史帝文斯和埃里克，在整個研究過程中提供有效的回饋和建議。同時，法蘭斯高·拉米雷茲（Francisco Ramirez）和漢斯·魏勒（Hans N. Weiler）為此研究初稿提供了寶貴的建議。

正如在第一章裡所提到的，我們的研究也從舊金山灣區經驗豐富的教育領導者和學者等身上，形塑了整個研究的基調，這些人都會一一列在附錄 A 的名單上。

第一章　導論

WILLIAM RICHARD (DICK) SCOTT, MICHAEL W. KIRST, MANUELITO BIAG, and
LAUREL SIPES

　　珍妮佛（Jennifer）在舊金山（San Francisco）公寓旁的車站，坐上了往公司的巴士，她拿著咖啡找到靠窗的位置坐下。與其他同事不同，在這段路程中她並不喜歡拿出手機來工作或玩遊戲。6個月前，她從臺灣搬到了舊金山灣區（Bay Area），現在依舊被這裡美麗的風景所吸引。當巴士行經101公路，整條道路都是向南行進的通勤車，珍妮佛看到了舊金山城市學院（City College of San Francisco）的標誌。昨天，她看了這所學校的春季課程表，打算參加魯比程式設計語言課程（Ruby programming language course），這個課程肯定比她朋友們參加的編碼集訓便宜得多，儘管她也很喜歡編碼集訓，而且人們可以通過培訓獲得電子勳章，並且豐富他們的簡歷，但她懷疑這種每週一次的課程會不會讓她很難融入校園。

　　巴士繼續在灣區緩慢前行，珍妮佛看到那些幫助學生接受各種教育的學校陸續地從她眼前經過：伯林蓋姆A-1駕訓學校（The A-1 Trucking School in Burlingame）、聖馬特奧馬里內洛美容學校（Marinello School of Beauty in San Mateo）、那慕爾聖母大學（Notre Dame de Namur University）以及座落於貝爾蒙特（Belmont）的加州大學柏克萊分校推廣部（University of California Berkeley Extension）。在福斯特城（Foster City），她看到了鳳凰城大學（University of Phoenix）的校園，當公車經過帕洛阿爾托（Palo Alto）時，她知道在公路旁的樹叢後面，就是史丹佛大學。她驚訝地發現，在卡內基美隆（Carnegie Mellon）的山景中有一個矽谷園區，沿途還被許多知名的科技公司圍繞著，她對這些公司非常熟悉，正是這些公司推動了舊金山灣區經濟增長，並成為了創新的引擎，如：舊金山的推特（Twitter）、多寶箱（Dropbox）、基因泰克（Genentech）南舊金山公司，座落於聖布魯諾（San Bruno）的 YouTube，紅木城的甲骨文公司（Oracle in Redwood City）和門洛派克的臉書（Facebook in Menlo Park）。她有很多新朋友和熟人在這些公司工作。當巴士慢慢向公司駛近，珍妮佛看到了更多的學校：米慎學院（Mission College），聖塔克拉拉大學（Santa Clara University），加州護理學院（California College of Nursing），加州藝術學院（The Art Institute of California）和聖荷西州立大學（San José State University）。巴士還經過了更多知名公司：洛克希德・馬丁公司（Lockheed Martin）、谷歌、雅虎（Yahoo）、戴爾（Dell）和思科等。

結束了漫長的車程，珍妮佛終於來到了辦公室。她想到這些學校的學生和技術公司的工作人員，她想知道從本地學院或大學畢業的學生，有多少到灣區的科技部門工作，以及同事中有多少人是屬於這種情況。珍妮佛是從臺灣招募來的員工，拿著 H-1B 簽證在美國工作。當她找到矽谷的臺灣職工創新創業中心（Innovation and Entrepreneurship Center for Taiwanese workers）時，她感到驚訝和喜悅。她非常感謝在初到矽谷時，這個中心為她提供了認識新朋友等社交活動的相關訊息以及高級英語課程。午餐時間，如果公司的用餐時間沒有特殊安排，她便會和來自世界各地的同事共進午餐，有時候她認為自己必須來到這裡。

她照往例地瀏覽完推特，照片牆（Instagram）和臉書（Facebook）之後，珍妮佛開始了早晨的工作。接著，在查看電子郵件時，她注意到有一封來自領英（LinkedIn）的信，郵件來信詢問她是否願意擔任兼職教學導師，去指導那些選修她母校課程並有興趣從事類似職業的學生。珍妮佛想幫忙，因為她想知道自己是否有機會學習魯比程式設計語言課程。

美國高等教育場域受到了新興經濟和政治力量的挑戰。以前占主導地位的傳統學術機構和專業管理形式日益受到經濟和政治勢力的影響，這些壓力促使大專院校採用不同的標準來制定課程、招聘教師和評估學生。換言之，目前重要的整頓工作正在展開，主要針對各學院如何進行規劃、制定何種大專院校標準，以及大專院校如何設計的「制度邏輯」等進行討論。為此，我們將採取與以往不同的新研究方法來進行此次調查研究。

從過去的經驗來看，大多數高等教育的研究主要集中於研究型大學或部分授予學士學位的大專院校，而忽視了美國高等教育體系中服務於大多數學生的「入學錄取管道比較多元」的機構（"broad-access" institutions）（Stevens 2015）。此外，即使學者對大多數大專院校機構進行調查，他們的注意力往往集中於短時間內發生的變化，而且很少有研究探索高等教育課程與目前經濟社會之間的關係。

相反地，我們提出了一個富有包容性的分析框架，綜合自 1970 到 2015 年，數十年間舊金山灣區的高等教育機構的演變。

一、舊金山灣區的高等教育

> 對矽谷而言，長期以來面臨的最大挑戰之一是必須為加州整個教育體系提供公共資金，該體系涵蓋了小學、中學、社區學院和加州大學系統等。這一教育體系對矽谷技術人才的供應和長期作為產業研究基地的支援產生了顯著影響。（Saxenian 1996: IX）

尤其是灣區內大學和學院逐漸被視為矽谷的重要經濟參與者。換言之，人們已經意識到這些院校對所在地區多變經濟活動是至為重要的（Moretti 2012）。而這樣的重要性沒有比舊金山灣區內矽谷與大專院校之間體現出來的互動現象更為明顯。作為世界著名創新經濟體的聚集地，該地區的成功取決於對專業知識和勞動力的培訓，這意味著該地區的高等教育應該被視為推動區域經濟增長的重要資源。許多研究者已經呼籲大家關注研究型大學，如：史丹佛大學和加州大學柏克萊分校推廣部等，在過去 50 年來如何為區域經濟發展做出的貢獻。儘管如此，我們仍試圖瞭解灣區所有類型的高等院校在促進矽谷以及舊金山周邊地區科技的持續發展中起了什麼作用。

在面對招生規模擴大和公共資源持續減少的雙重壓力下，各大專院校更加面臨動態經濟的不斷需求。1950 年至今，加州人口迅速增長，增長率超過 250%，而舊金山灣區的增長速度更快。自 1960 年以來，申請就讀四年制公立大學（包括加州大學〔University of California〕和加州州立大學）人數及錄取學生人數增加了一倍多。然而，聯邦和州政府對公立大學的支持與人們日益增長的高等教育需求卻不同步。

作為一個典型且充滿活力的創新創業地區（Kenney 2000; Lee et al. 2000; Malone 2002; Saxenian 1996），矽谷已經受到全世界的關注。1980 年代以來，矽谷經歷了無數的改革，從國防和航空航太工業的發展開始，接著是半導體、電腦、網路、社交媒體和生物技術（Henton 2000; Henton, Kaiser and Held 2015）。快速變化的經濟出現了幾個鮮明特徵，其中包括：創造一個能夠激勵員工不斷自我提升技能，可以在不同規模的公司歷練，甚至仰賴創業融資（venture capital financing）的彈性就業市場（Barley and Kunda 2004; Benner 2002）。

一直以來，大專院校對學術項目和學術訓練的重視程度高於實際應用科目和實際經驗，強調掌握知識比獲得技能更重要。但我們認為該地區各類學院和學校之間有著不同程度的差異。越來越多的高等教育機構把精力集中在畢業生身上，引導他們有效地參與勞動市場，以推動經濟發展（Brint 2002; Kirst and Stevens 2015），這種壓力促使大多數美國大學改變它們的傳統使命。這種較新的「需求方」強調：雇主應該對優秀畢業生的技能和知識價值進行定義。

傳統上，由扮演「供應方」的大學，專為高中畢業生提供文理教育，培養見多識廣的公民，讓他們日後為社會福祉，做出貢獻。在這種模式中，高等教育提供者（大學人員）試圖維護內部的學術規範和實踐，並且相互競爭以獲得學術聲望和地位。因此由他們決定學生學習什麼內容以及如何學習。在許多方面，這個模式是十九、二十兩個世紀發展過程中的產物。誠如美國教育系統的模式形成於十八、十九世紀的工業化和現代化時期，到二十世紀發展成穩定的大型官僚機構。雖然該模式納入了一些行會和專業要素，比如：更大的教師自主權和大學管理權，但大多數高等教育系統還是具有以下特點：精細的等級制度，大量的規則制度和固定的工作程式（Blau 1973; Clark 1983）。高等教育機構重視傳統和連貫性、儀式和習俗，並且傾向於用長遠的眼光看待自己的使命和目標。隨著州政府公共資金支持力度的減弱，以及大學適應社會需求的呼聲越來越強烈，近幾十年來對於公立大學的資助急劇下滑，導致舊金山灣區的大專院校資助經費並沒有跟上人口變化和產業需求的步伐，造成大學很難根據變化做出預判和適當的回應。

相比之下，除了大學文憑外，矽谷的技術公司越來越希望員工掌握實際可用的相關技能（Carnevale and Desrochers 2001; Casner-Lotto and Barrington 2006; Gallivan, Truex, and Kvasny 2004）。它們獎勵員工學習最新的專業知識和專業技能，而不是一般知識，它們重視創新和活力並致力於尋找下一個新事物的創新。在考慮到高等教育和科技經濟這兩個場域的主要特點，我們觀察到其價值、規範、實踐和變革的步伐是相當緊湊的。正如一位灣區州立大學校長所說：「地區經濟迅速增長，但我們大學只能逐步改革」，而加州政府在大專院校場域的資金投入不足，使得大專院校改革舉步維艱。

眾所周知，價值的對比是相對的。許多企業家卻認識到大學的價值不僅僅是簡單地提供專業技能，它們也意識到邏輯思維能力、表達能力、寫作能力、學習能力以及合作能力等與博雅教育相關的所有能力都非常重要（Zakaria 2015）。許多企業意識到它們需要的是對各方面都相當有知性的管理者和領導者，而不僅僅是技術人員、程式設計師和會計師。儘管如此，企業對高技能人才的需求仍然是很大的。

本研究考察了高等教育機構的雙重壓力，一方面要堅持學術標準和尊重過去的傳統；另一方面，又要努力應對市場經濟的波動。我們也認知到各類大專院校機構在其任務、結構和適應市場需求變化的能力方面存在的顯著差異。另外，我們還詳細介紹和分析了幾所針對環境變遷而採取因應策略的大專院校案例。

二、組織場域視角（Applying an Organization Field Lens）

大多數高等教育研究選擇個別學生作為它們的首要焦點。社會學家一直認為高等教育是現代社會個體流動的基本動力（Sewell and Hauser 1975）。經濟學家通常認為教育是創造人力資本和經濟發展進步的主要方式（Becker 1964; Freeman 1982）。因此，大部分相關的社會科學研究以及大眾媒體的報導，都致力於研究個人和特定群體如何從學校教育中受益，以及達到了什麼樣的教育程度。與此相反，我們的研究將注意力集中在大專院校本身是如何在聘用教師、選擇學術課程、確定入學門檻、執行教學和劃定畢業標準等方面，所做的案例改革。

即使將研究重點放在學校層面，到目前為止大多數研究者都把精力集中在「精英」大專院校，像某些文理學院（liberal arts colleges），如：奧柏林學院（Oberlin）、安提阿學院（Antioch）（Clark 1970; Karabel 2005），或研究型大學如：哥倫比亞大學（Columbia）、史丹佛大學（Cole 2010; Lowen 1997）。而這類學校的總數占全美高等教育院校的比例不到15%，並且學生數量占全美大學生總數不到10%。雖然本研究並未忽略這些院校所發揮的重要作用，但我們主要是在關注開放多元入學方式的大學院校。這些公立和私立機構的規模、使命和結構與上述精英大專院校大相逕庭，它們肩負著這個國家的絕大多數高中生的繼續教育。實際上，在2012年入學的美國大學生群體中，有近一半以上在為期2年的社區學院就讀，而社區學院早在半個世紀前就為普羅大眾服務。本研究把重點放在開放多元入學方式的大學院校，有助於在組織層面理解這些機構的組織運作（Arum and Roksa 2011; Bailey, Badway, and Gumport 2002; Rosenbaum, Deil-Amen, and Person 2006）。

在本研究中，我們採用組織場域視角，這讓我們發現，組織運作環境中最重要的是對於「其他組織」的理解。由於現代社會的每個部分都包含有許多組織（March and Simon 1958），每個組織都必須決定其次級組織所凸顯的特定問題。為了更能理解上文所描述的情況，我們將每個學院看作是至少在兩個基本組織子系統中運作的個體：

（一）每個行業都包含著那些最相似的組織，這些相關組織有著共同支援或控制的功能。高等教育場域包含各種類型的學院和範圍廣泛的專業體系與管理系統，共同遵循學術價值和傳統。但同時，也迫使大學採取策略性行動來吸引教師和學生，激起競爭力。

（二）在區域重點方面則強調在同一地區，運作的不同組織之間的相互依存關係。所有的教育計畫都必須參與當地經濟，且對我們的研究特別感興趣，與那些聘僱學院的畢業生及能善用其所產出的專業知識的組織建立關係。地區經濟由人力資本的賣方、買方以及仲介組織（如就業介紹機構）所組成，後者主要作為居間或經紀人。上述體系主要受市場機制所支配，儘管矽谷被公認為擁有多種類型的組織系統和人際網路，但在區域協調和規劃方面，也隨時必須進行適度的調整。

因此，大專院校組織與其所衍生出來的組織，這兩個場域都集中在供應方面，因此我們得以將它們一起討論，並檢查兩者的互斥、互補和交叉點。

此外，所有組織場域都具有同構壓力（isomorphic pressures），這些壓力迫使各組織採取不同的因應策略，而且競爭壓力激勵著各組織朝特色發展，更具策略性運作。雖然各部門機構的場域概念都強調同構壓力必須遵循一致性，但它也適應競爭過程。區域概念包含更廣泛的組織類型以及競爭壓力。早期的組織場域概念都過分強調同構壓力，以及認為組織自然會符合主導場域的規範。不過依據新的說法，即個體和組織中的行為人，都會受到制度框架的約束賦予力量，約束包括：普遍規則、規範和文化信仰。但行為人也因此擁有能力，利用上述框架來追求自己的利益，以及在必要時挑戰並嘗試改變制度框架（Scott 2014）。這些場域既包括維持現狀的既得利益者，也包含挑戰者。儘管各方的利益受到壓制，但他們會設法動員起來，以推動改革。過程中，行為人將遠離安寧和諧的島嶼，將田野當做競技場，為爭奪資源利益和影響力，而進行鬥爭（Fligstein and McAdam 2012）。

同樣地，各地區內的大專院校各有不同的結構和使命，因此也以各種方式面對各場域的壓力。這些場域不僅包括來自不同社會的行為人（個人和組織）的數量和類型，還包括他們之間不同的關係類型。社會行為人也各有本身的文化體系，持有不同的價值觀，並對不同的規範做出反應。他們更接納不同的制度邏輯、共同的概念和規範框架。這都能夠為該場域的參與者提供行為指導規範（Friedland and Alford 1991; Thornton and Ocasio 2008）。此外，綜合型大學和研究型大學的文理學院和學術部門，一直堅持博雅教育的理念，即學習本身就是目的，可以提高人們對世界及其多樣性的認識，培養判斷力、敏銳的情感，與負責任的公民和領導能力。這種制度邏輯指引著大學學術部門的規劃、課程內容的設置和學位授予的標準。

但是，專門學院和專業課程大多都在高等教育場域中居於邊緣地位。主要是，這些規劃是為了更加適應產業技術和市場邏輯的需求而來。但近幾十年來，我們看到了社區學院的興起，這些學院設計成混合型機構，提供博雅教育課程，使學生能夠轉入四年制大學，同時也提供技術課程。社區學院在職業教育上允許學生獲得兩年制課程和證書，以及在成人教育上提供再培訓。同樣，州立大學等綜合型大學增加了大量以職業培訓為目標的專業學校和技術課程，這類型的機構同時也致力於、服務於博雅教育和技術培訓這兩種體系。

總之，高等教育機構包含形式多樣的課程，與持續不斷的組織運作。從重視基礎的博雅教育和經典教育的一端，到強調職業訓練和勞動力培訓的另一端。越來越多的大學和學院，逐漸走向這兩種課程的混合體，但隨著時間的推移，這種混合體有的更是朝向職業教育方面發展。

三、對舊金山灣區的研究

舊金山灣區是矽谷的所在地，第二次世界大戰後出現的矽谷，是全球著名的技術創新與發展的地區。惠普、快捷半導體（Fairchild Semiconductor）、美國國家半導體（National Semiconductor）、洛克希德·馬丁、蘋果、思科、英特爾（Intel）、雅虎、谷歌、臉書等技術行業巨頭都匯聚於此。此外，一些創業投資機構已然興起，它們為新興公司提供重要的收入來源。在創新經濟中發揮重要作用的其他類型組織也座落於此，其中包括：聯邦實驗室，如勞倫斯·利弗莫爾（Lawrence Livermore）國家實驗室和美國國家航空暨太空總署的埃姆斯研究中心（NASA's Ames Research Center）；獨立的企業實驗室，如由史丹佛研究院（Stanford Research Institute）和帕羅奧多研究中心公司（PARC）營運的實驗室；以及一系列仲介機構，如：臨時職業介紹所、非營利型就業培訓和安置服務機構、商業宣傳組織和專業協會等（Benner, Leete, and Pastor 2007; Randolph 2012）。

在此期間，各類大專院校在矽谷經濟中發揮了各種各樣的作用。史丹佛大學和加州大學柏克萊分校在科學技術和經營管理上一直是創意和人力資本的重要來源。更重要的是，這些大專院校的許多教職人員和畢業生，不僅作為技術創新者，而且作為企業家，為矽谷發展發揮了至為重要的作用。在 1996 年，從史丹佛大學衍生出來的初創公司占矽谷公司總數的近 60%（Gibbons 2000; Lenoir et al. 2004）。入學錄取管道比較多元的大專院校也發揮了重要作用。例如：加州聖荷西州立大學校長稱：該校每年培養出 600 到 700 名工程師，並且大多數畢業生都在矽谷就業。矽谷的這種創新經濟模式需要大量合格的勞動者，不僅需要銳意創新的工程師和創業領袖，還需要軟體程式師、精通技術的行銷人員、會計師、各類管理者以及其他具有中級技能的技術人員。矽谷和灣區對技術產業的需求，促使灣區大專院校開始考慮競爭力問題，這包括引導各大專院校為大部分學生提供服務，採取策略來回應這一經濟需求。

四、研究問題與研究設計

為此，本研究主要集中在 1970 年代迄今的以下問題：

（一）舊金山灣區的高等教育組織生態經歷了哪些變化？高等教育機構在數量和類型，以及彼此間的關係，發生怎樣改變？

（二）灣區大學的內部結構、學生類型，以及課程等項目有哪些變化？

（三）灣區的經濟發生哪些變化？特別是那些高科技產業。

（四）州和聯邦政府是如何影響大專院校發展？灣區大專院校又是如何適應人口、經濟和政治等多方面的變化？

（五）大學和其他高等教育機構是如何參與灣區高科技區域經濟發展？為滿足灣區勞動力需求，這些大專院校做出了怎樣的貢獻？

（六）高等教育機構和灣區產業有哪些關聯與問題？通過這些聯繫產生何種機制？在這過程中各大專院校採用哪些策略，來確保學生職業生涯準備？

（七）在這段期間內，美國高等教育的營運，在聯邦、州和地區，對其政策與計畫的支持與指導下，發生了哪些變化？在大學發展前景中，還有哪些問題與關注需要解決？

本研究設計主要分為以下三個階段。

（一）階段 1：對專業知情人員進行探索性訪談

為了深入瞭解灣區高等教育的發展現狀和周圍環境，我們對各種專家知情人員進行了探索性訪談，其中包括各類大專院校及其專業學院機構的管理階層、矽谷經濟專家、以及當地高等教育管理人員（見附錄 A）。這些訪談有助於研究設計和資料蒐集工具的完善。

（二）階段 2：對灣區高等教育與區域經濟進行縱向量化研究

為了記錄自 1970 年以來四十多年間的灣區高等教育機構不斷變化的複雜生態，我們蒐集了舊金山灣區七個郡在 1970 到 2012 年的資料，並從公開信息來捕捉灣區高等教育機構的分布和變化。我們首先創建一個橫截面資料集，記錄該地區機構的地理位置和類型，以及在此期間機構發生的變化，例如：聘用的教師類型、提供的學術課程和畢業生類型等。由於聯邦資料集（例如後期中等教育資料綜合系統〔Integrated Postsecondary Education System, IPEDS〕，1986 到 2012 年）僅侷限於納入在《聯邦高等教育法》第四篇機構的資料（聯邦學生經濟援助計畫〔Federal Student Financial Aid Programs〕）（Jaquette and Parra 2014）。因此，我們還參考了來自私立後期中等暨職業教育局（Bureau for Private Postsecondary and Vocational Education）的相關資料。為了觀察這段時間內的變化趨勢，我們從高等教育綜合資訊調查（Higher Education General Information Survey, HEGIS；1970 到 1985 年）和後期中等教育資料綜合系統提取了資料並整理出面板資料集。此外，還參考了美國人口普查局和加州州消費者保護局等資料。

在資料來源中，我們發現公立大專院校系統的計數始終如一，準確無誤；但非營利型和營利型的私立大專院校等機構在資料中卻出現不一致，並且經常被忽視。此外，在傳統的高等教育機構範圍之外運作的計畫，例如：在舊金山灣區周圍提供電腦程式設計短期訓練的「訓練營」（bootcamps）在目前的高等教育資料庫中根本找不到相應的資料（Lewin 2014）。我們深入討論了現存的縱向高等教育資料的侷限性（見附錄 B）。

本研究我們還使用量化資料來檢查三個地區中的公立和私立高等教育機構：東灣（East Bay）的阿拉米達（Alameda）和康特拉科斯塔郡（Contra Costa），舊金山地區的馬林（Marin）、舊金山和聖馬特奧郡（San Mateo）以及南灣（South Bay）的聖塔克拉拉（Santa Clara）和聖塔克魯斯郡（Santa Cruz）。在每個集群中，我們選擇了四種類型的大專院校作為案例：1. 公立四年制的加州州立大學；2. 至少就讀 2 年的公立社區學院；3. 私立非營利型大學（兩年制或四年制大學）；4. 營利型大學（見表 5.1，列出了一系列案例學校）。在這些大專院校分析中，我們主要側重矽谷地區重要的四個領域的高等教育課程：1. 工程學；2. 電腦科學；3. 生物學／生物技術；4. 工商管理。縱貫性資料聚焦在這些大專院校的課程之中。

（三）階段 3：進行資料分析等質性研究

本研究的質性研究部分主要包括資料分析、對利益相關者（區域經濟學家、高等教育機構行政人員、教師、各單位主管，以及東灣、舊金山、南灣等三個地區的產業合作夥伴）進行結構性訪談和焦點訪談。與此同時，我們還借助當地媒體獲取更多的資訊，查閱了大學的行政紀錄，包括那些有關選定課程和教師團隊變化的詳細資訊。我們試圖更詳細地瞭解「誰」，即什麼類型的大專院校試圖滿足地區雇主不斷變化的需求；以及「如何」，即大學採用什麼策略來適應產業需求。在定性資料蒐集和分析過程中，我們致力於解決重大歷史事件對當地社會的影響，闡述政策決定和行政結構對調查專案所產生的影響。所有訪談和焦點訪談至少持續 60 分鐘，均進行錄音，並反覆分析出現的主題和模式（Miles and Huberman 1994）。

五、政策啟示與借鏡

本書總結性地討論了舊金山灣區高等教育的政策制定及其獨特性。舊金山灣區多數政策關注幼稚園到十二年級（K-12）的教育系統，但只對高等教育問題進行偶發性和針對性的關注。因為高等教育幾乎被政客視為是一種「尊重或崇高的政治」（politics of deference），主要是這些大學和教授們會被委託參與重大公共決策（Doyle and Kirst 2015; Zumeta 2001）。此外在舊金山灣區，大專院校場域在很大程度上避開了黨派之間的爭鬥，即使現在支持營利型學校和學生貸款條款等問題，早已成為保守派和自由派的戰場，但大專院校仍維持自主的空間。

多年來，全美高等教育主要由各州負責。直至最近，美國聯邦教育部和相關機構才開始履行更加果斷的指導和控制職能。此外，高等教育的政策制定是分散的，一些問題由教育機構和納稅人等利益相關者監督，另一些則由勞動力市場監督，還有一些與退伍軍人的需求和利益相關。

加州為州立大學提供了一個複雜且不斷變化的環境。高等教育的政策環境是歷史妥協和大量決策的產物。目前整合而成的加州大學系統仍然紮根於1960年的總體規劃，這是一個多年來令其他國家羨慕的系統。然而，高等教育的三級分類：研究型大學（加州大學），州立大學（加州州立大學）和社區學院（加州社區學院），導致了資源配置的不平等。上層的加州大學受到青睞，而中下層社區學院則資源短缺，導致它們的發展受限。層級方法還導致了僅針對系統一層的政策，而忽視了整個三個層面的整合和協調等重要問題，例如：連貫的區域規劃。

在過去的半個世紀裡，加州的人口增長迅速，與其他國家和地區相比，加州的人口更年輕和多樣化，這種增長趨勢導致需要接受大學教育的學生人數不斷增加。與此同時，州政府對大學的公共資金卻持續下滑，無法跟上日益增長的需求。因此，在過去十年中，大量合格學生未能就讀加州大學或加州州立大學系統，導致社區學院必須去接受這群學生（Campaign for College Opportunity 2015）。加州的學位獲得率在全美排名第二十三位；在25歲以上的人口中，只有39%獲得了副學士學位或更高學位（Finney et al. 2014）。完成學位的程度超過了加州大學系統的全國平均水準，但遠遠低於加州州立大學和社區學院。儘管最近學雜費和學費持續上漲，但加州仍然是全美公共教育成本最低地區之一。

加州將非學位專業培訓的控制權下放給私立後期中等暨職業教育局，它們最初在州政府教育廳辦公室內運作，現已轉移到消費者保護廳（Department of Consumer Affairs）。但批評者指出，它們所蒐集的計畫資訊品質不佳以及監督不善，而且這些計畫的功能顯然與勞動力培訓重疊，也幾乎沒有與州和聯邦層面的計畫相協調。在舊金山灣區，各個年齡層的成年人對後期中等教育的需求遠遠超過了該地區低成本的教育機會，他們是推動區域經濟增長的主要因素，但聯邦政策缺乏解決這些問題的指導機制。

灣區高等教育領域的競爭和適應，隨著經濟繁榮和蕭條以及政府資金的調整而變化。自1970年代以來，聯邦政府的資助一直處於穩定狀態，而州政府收入占大學總營運支出的百分比卻大幅下降。公共資金減少的部分原因是該地區營利性大學的增加。監管機構正在努力尋找促進這些新型大專院校發展的方法，減少它們的欺詐行為，並提高畢業率。進一步來說，針對私營機構的整體教育計畫，從非營利私立大專院校到專業職業課程再到營利型大專院校，政府對這些逐漸興起的大專院校幾乎很少瞭解，也沒有對其進行監督管理。

各界都在呼籲對這類型高等教育進行改革，呼聲最高的改革，包括：針對學生和大學表現的評量新指標和方法改變；提高線上及課堂上教與學的應用和整合；對各種證書與獎章等，進行標準化和驗證；提高課程和學分提供（credit offerings）的一致性，減輕校際與職場間的互轉與認證壓力；並改進學生工作經驗計算辦法，將其納入修課學分認證（educational credit programs）中。

換句話說，教育主管機構缺乏有效進行「干預」的資料和管理機制，以改進造成目前狀況的重大議題，例如：

（一）K-12與高等院校計畫之間的落差與聯繫不足；
（二）州內大學教育三大層次的分化與差異；
（三）授予學位的大專院校與其他高等教育課程間，在職業培訓、專業訓練、各種類型的證書和文憑之間存在的落差問題；

（四）高等教育課程與勞動力培訓之間的張力。

　　事實上，在許多方面，政策部門的組織反映了高等教育系統中機能組織的失調，這是高等教育系統應努力改革的對象。

　　當政策制定者參與大專院校改革時，應更加留意彼此間諸多重要的差異，如：不同高等教育機構中在使命和運作間存在差異等情況。每個人都有不同的興趣和關注點，因此，沒有一個政策倡議是適合所有人的。

第二章　變遷中的舊金山灣區高等教育生態

WILLIAM RICHARD (DICK) SCOTT, BRIAN HOLZMAN, ETHAN RIS, and MANUELITO BIAG

　　作為一門專業領域，高等教育有著深厚的歷史淵源，並為各個大專院校提供了一個包羅萬象的環境。由於高等教育場域為各種參與人員進行培訓工作，為此，大學必須制定工作標準，並指導和管理其相關活動。因而大學別無選擇，只能不斷的與日益擴大的高等教育領域相結合。儘管多年來，高等教育機構備受外界政治利益和經濟壓力所影響，但它們仍維持著獨有的運作方式，儘量避免來自社會各方的干擾勢力。近幾十年來，雖然政治和經濟對高等教育的影響變得越發強大，但高等教育實體仍繼續發揮著雄厚實力。在此，我們以組織場域的視角來探討這一領域的相關問題。

一、組織場域視角

　　組織場域的概念有多種表達形式，其中有兩種尤為突出。第一是由迪馬喬（DiMaggio）和鮑威爾（Powell）（1983: 48）所提出，將組織場域定義為社會中整體的生活場域與組織，如：主要供應商、資源和產品消費者、監管機構和其他提供類似商品和服務的組織。以「企業」這一概念為例，其組織場域通常圍繞在以供應商組織為主的群體。在我們的案例中，與「企業」框架不同的是，大學的組織場域包含其他學習類型的組織，這些組織提供關鍵的資源、服務或管理。我們的方法結合了關於制度和生態理論的深刻見解，凸顯出了兩個「企業」框架的特色，將組織場域的含義擴大到包括參與構建大學校園社會生活的關鍵性象徵，和在其中運作物質資源的其他類型組織。組織場域的第二個定義強調區域焦點，我們將在第三章予以討論。

馬丁（Martin）（2011）指出，場域的概念起源於十九世紀的電磁學和流體力學，後來引用至德國的格式塔心理學理論（gestalt theory in psychology）中。主要是指個體或社會主體的諸多行為更多地取決於其環境的力量或影響，而非受組織內部特徵所左右。組織場域的特點之一，是重視圍繞在該組織周遭的關係網絡，及彼此間的連繫。也就是一般社會中，許多性質類似或屬性完全不同的組織間，如何交互作用（DiMaggio and Powell 1983）。但其有些特點借用了布迪厄（Bourdieu）（1971）關於影響社會關係的文化結構的理論，強調象徵性過程（symbolic processes）的重要性，即基於規則和規範的框架之上創建出共同的意義系統（Meyer and Rowan 1977; Meyer and Scott 1983）。這些關係和象徵框架共同構成了社會生活的有序性和連貫性（Scott 2014: chap. 8）。

儘管大學不應忽略來自外部的管理和壓力，然而許多學者對於與越來越多大學，過分重視機構以外的各方要求等作法，提出質疑。他們認為如此一來大學的運作只會變成回應外部環境影響的被動棋子而已。他們指出，行為人在社會場域中各占不同的位置，透過不同的資源和能力，保護各自的地盤和利益。他們還強調，雖然場域內各組織有一些共同的意義和關聯，但彼此間也存在著競爭和矛盾，從而導致觀念衝突和利益分歧。在這個修改過程中，行為人（組織）只是盲目地跟隨劇本或順應壓力，但在不同程度上，他們是能夠獨立、自我引導的「獨立個體」（Fligstein and McAdam 2012; Lawrence, Suddaby, and Leca 2009）。在這種情況下，大學被置於來自監管機構和共同的規範性框架強大的外部壓力之下，但他們也是組成獨立的個體，外界期望大學能從戰略上追求自己的利益。

目前，諸多場域組織的內外範圍尚不明確，互相博弈競爭仍是主旋律。場域內的行為人為各種資本而競爭，如：物質（財產、貨幣資源）、社會（如友誼網路、聯盟）和文化（專業知識、品味）等（Bourdieu 1977）。例如，在高等教育中，直到最近大學的競爭還是基於「聲望」和文化地位的競爭。但正如我們所觀察到的，隨著時間的推移，稀缺資源和方法的作用力量越來越大。由於各個場域內，多存在著從眾或變革的壓力，影響著各組織的運作，導致更廣泛的文化框架和社會框架等橫向交流和競爭，他們不再是過去那種抗拒創新或反對動員努力的群體。

　　作為文化和關係系統，組織場域承載著各種各樣的信念和規範體系。這些元素為社會生活提供了方向、指導和意義。任何複雜的組織場域都包含著這些系統的分類，即制度邏輯。這套邏輯是指：「物質實踐和符號結構是構成場域組織的基礎，可提供組織和個人對外說明的論述後盾」（Friedland and Alford 1991: 248; Thornton, Ocasio, and Lounsbury 2012）。在我們即將探討的相互衝突的制度邏輯中，我們將要探索的是：理論層面與實用技術之間的邏輯、追求聲望和學術地位與利潤之間的邏輯、以及將教育視為公共利益還是私人利益的觀點。

　　此外，值得一提的是，場域組織也可視為是一個子系統，深受鄰近場域活動及社會中更大的部門組織所影響。由於我們特別關注舊金山灣區域經濟結構，是如何影響著當地的高等教育組織，因此將著重於大學與矽谷經濟間相互關聯等探討（見第三章）。但大學也受社會結構極大的影響，這些不同的社會結構可反映出場域組織中各自擁有的衝突利益與目標，我們將在第四章中進一步說明。

二、多類型的大學

（一）大學群體

　　組織生態學家教會我們認識到解決這些問題的重要性：「為什麼會有那麼多（或那麼少）的組織？」（Hannan and Freeman 1989: 7）。如同研究物種起源和滅絕的生物生態學家一樣，組織生態學家也研究場域組織的多樣性。所有提供高等教育服務的組織都有著共同的特點和廣泛的目標，但它們的組織原型各不相同，包含著不同的行為詞彙，並體現在它們的制度邏輯中（Greenwood and Hinings 1993）。組織群體（organizational populations）是在不同時期和不同情況下發展起來的，因而他們繼續承載著原始的標記：烙下創始之初的印記。因此，本研究方法具有幾層歷史的含意：我們不僅彙編了一個長期縱貫性資料庫，而且整個討論過程，都會將時間變化因素納入場域考量之中。我們強調的是，「即使在研究過程中觀察到一個系統的某項特質，我們知道那也只不過是組織群體在過往變化中所留下的殘餘事務而已」（Scott 1992: 169）。

　　從十七世紀起，美國高等教育從少數幾所仿照歐洲以宗教為導向的大學開始，三百多年來，大學的數量和種類迅速增長。然而，隨著時間的推移，由於自然的同構過程，以及監督高等教育的專業人士建立的分類系統，在大學領域，只形成了有限形式的大學。大學組織是複雜且多面向的實體，可按照多方面進行分類（參見 Ruef and Nag 2015）。但迄今為止，蒐集和評估大學多樣性方面最具影響力的研究仍由卡內基教學促進基金會（Carnegie Foundation for the Advancement of Teaching）主導，該基金會的高等教育委員會於 1970 年創建了一套應時更新的分類體系（Carnegie Classification of Institutions of Higher Education 2015）。儘管每種分類方法設有許多子分類，但按照各個標準可以分為六大類別，如區域規模（如農村、城市）和管理類型（公立、私立；營利型、非營利型），它們分別是：

1. 授予學士學位的大學（文理學士學位）；
2. 綜合性大學（學士學位和高級學位）；
3. 研究型大學（著重於研究所教育的學位課程和知識創新；也可能包含文理學程）；
4. 社區學院（副學士和證書）；
5. 專業型學院（如神學、醫學、實用技能）；
6. 營利型高等教育機構（專業型、副學士、學士學位和高級學位）。

　　人口生態學家將其中三種類別按照其定位稱之為「通才」：即社區學院、綜合性大學和研究型大學。根據定義，「通才」大學是指，在更大範圍內的環境條件下運作（它們占據一個更廣泛的「生態水準」）的大學，它們追求多種目標或任務，提供多樣性的課程（Hannan and Freeman 1989）。為了適應這種變化，這些組織具有高度分化的內部結構，有眾多的專業項目和集中於某一特定任務的人員，而且其結構往往是鬆散耦合的，這種發展機制可以減少相互依存，減少各單位之間的協調或一致性的需要（Weick 1976）。

　　而「專才」群體，包括營利型課程、文理學院以及諸如法律學校一類的專業型大專院校機構，它們的任務更集中。因此，它們的結構，包括人員配備、課程服務和支援服務，可以更簡單和高度協調。這意味著，雖然「通才」型大學在多樣性和應對環境變化方面更有競爭力，但對於「專才」型大學而言，它們常常會在任何一個特定的領域內有更好的表現。

鑒於這種分類法，我們簡要地討論了高等教育的主要組織群體。

（二）授予學士學位的大學

這些組織是按照相對規模較小且自給自足的文理學院的模式建造而成的。文理學院是美國建立的第一批大學，它們極盡模仿歐洲學院的模式而建，並依然蓬勃發展。有些大學（如聖塔克拉拉大學〔Santa Clara University〕、史丹佛大學）已成為創建研究型大學的核心，但另一些大學（如密爾斯學院〔Mills College〕）規模仍然很小，且嚴格堅守其最初的使命。它們通常有相對較高的師生比，並強調個性化教學的重要性，如導師制和小型新生研討會。

文理學院的另一個特點是強調寄宿制教育。與其他類型的大學相比，文理學院的學生更有可能住在學校提供的宿舍裡。這些學校也可能提供醫療、諮詢、娛樂和社會服務，並要求其學生按時參加。它們比其他類型大學的學生多，更熱衷於「完備機構」（total institution）（Goffman 1961），即是一種圍繞學生（客戶）的環境，可定義學生的身分，並構建他們生活的環境。雖然上述狀況可能有點諷刺，但這樣做可以相當明確地將攻讀學士學位課程的全職住宿生，與修習短期學程非住宿在職生的學習經驗區隔開來。

長期以來，授予學士學位的大學一直是文理教育的堡壘，為學生提供了廣泛的人文和科學知識。這些機構注重培養文化情感和公民美德，培養出有教養、有道德的公民。它們將教育視為公共產品。然而，我們知道，這種觀點過於理想化，因為現在許多學生上大學是出於其他原因考量，例如，是希望為個人將來從事職業運動生涯，或為日後有機會從政準備（party track），選擇相關課程而來（Armstrong and Hamilton 2013）。正如後面章節將討論的那樣，強調職業及職業培訓的課程正逐漸取代文理教育（liberal arts），即便是在那些長期支持文理教育的大學裡也是如此。

（三）綜合性大學

這類學校在十九世紀下半葉開始出現，因為當時大多職業和專業課程大多都附屬在授予學士學位的大學裡。與歐洲的大學相比，美國的大學更願意把這些實用性課程專案納入它們的學科組合中。這些院校大部分是公立的，由州政府或大型城市提供經費辦學。隨著 1862 年《莫里爾土地捐地法》（*Morrill Land-Grant Act*）的通過，它們得以迅速成長。該法案先後於 1862 年頒布並於 1890 年擴大實施，當時聯邦政府與各州政府合作，以「促進當時社會各行各業發展所需的文理教育和實用教育」為宗旨（Legal Information Institute 1926）。這種形式的發展也是受到了專業協會利益的驅動，他們渴望將培訓專案與大學和學院聯繫起來（Bledstein 1976）。舊金山灣區有綜合性大學包括聖荷西州立大學、舊金山州立大學（San Francisco State University）和聖名大學（Holy Names University）等三所大學。聖荷西州立大學最初是一所師範學院，是西海岸最古老的公立高等院校。正如我們所言，這所大學在矽谷的發展中發揮了重要作用。

（四）研究型大學

這些大學興起於十九世紀末，借鏡了德國大學的辦學模式，它們以知識創新和研究培訓為主要任務。這一使命在美國範圍內迅速擴大和民主化，不僅為哲學、神學和科學等深奧學科服務，同時還運用於實用技藝，如工程、農業和商業管理（Bledstein 1976）。例如：約翰霍普金斯大學（Johns Hopkins University）和芝加哥大學（University of Chicago），都建立在創新基礎之上。但大多數大學都是通過與現有的授予學士學位的大學間聯繫而發展起來。許多大學在 1950 年代中期經歷了一次大規模的擴展，它們與聯邦政府合作，進行許多與基礎研究、應用研究和培訓有關的改造計畫。它們從國防相關研究著手，然後擴大到其他科學和醫學等研究範圍（Berman 2012; Lowen 1997）。美國的混合型研究型大學非比尋常，因為私立大學（如聖塔克拉拉大學和史丹佛大學）和公立大學（如加州大學柏克萊分校）都被視為高等教育的頂尖機構。聖塔克拉拉大學和史丹佛大學都是從授予學士學位的大學開始發展，通過增加專業學院和博士專案，從一個組織遷移到另一個組織，進而逐步建立起研究機構。

創建於1891年的史丹佛大學是矽谷起源的關鍵大學之一。由前州長兼鐵路大亨利蘭‧史丹佛（Leland Stanford）所創立，以康乃爾大學（Cornell University）為藍本，是一所私立的贈地大學（land-grant college），重視實用教育和文理教育。它的第一任校長大衛‧斯塔爾‧喬登（David Starr Jordan）曾由他的導師，康乃爾大學前校長安德魯‧懷特（Andrew White）推薦到史丹佛大學兼職。喬登認為，史丹佛大學不同於哈佛（Harvard）或耶魯（Yale）大學，史丹佛大學從一開始就將工程等實用學科納入課程（Elliot 1937）。

加州大學柏克萊分校是加州大學系統中最大的校園之一，也是舊金山灣區最大的公立研究型大學。這所大學於1869年在奧克蘭（Oakland）成立，但於1873年搬到了柏克萊（Berkeley）地區。它以其強大的數學、科學和電腦科學課程，以及以哈斯商學院（Haas School of Business）為首的創業活動而聞名於世。

（五）社區學院

這種形式的初級學院最早出現於二十世紀初，如位在伊利諾斯州（Illinois）的茱麗葉初級學院（Joliet College），成立於1901年，類似的公立社區學院在過去一個世紀中迅速發展。加州是第一個建立公立社區學院體系的州，在1920年代啟動了這一建校計畫。它們在1960年代發展最快。到1975年，該社區學院招收了加州60%的大學生，到2006年，這一比例超過70%（Douglass 2010）。

與傳統大學不同的是，社區學院承擔著更大的民眾教育使命，包括提供補救教學（remedial education）、職業準備（在此類培訓上，它們不如其他機構〔Osterman 2010〕）、文理教育、轉到四年制大學的轉銜學分，以及一般的成人教育等。這種形式一經出現，人們便一直在爭論相對於更多的應用性職業課程具有哪些優越性。轉學課程深受教師們喜愛，幾乎所有的教師都在綜合性大學或研究型大學接受過訓練，甚至有一段時間，轉學課程列為重點項目。但是近幾十年來，應用性職業課程已經顯具優勢（Brint and Karabel 1989, 1991）。人們對應用性課程的興趣越來越大，部分原因在於這些大學的學生結構在發生變化，高等教育的邏輯也在變化。

總體而言，社區學院的學生與傳統授予學士學位的大學的學生，存在明顯的不同，它們表現出較高的種族多樣性，教育儲備水準較低（Deil-Amen 2015）。它們的學生也可能較年長、已婚、在職身分或從事兼職工作。其中許多人沒有畢業，但也想通過修讀幾門課程來提升個人的技能或提高就業前景。社區學院的教師自主性普遍較低，終身受聘的可能性較小，更多的是兼任教師。越來越多社區學院的教師同時受僱於企業或多所大學。

（六）專業型學院

專業型教育組織從十九世紀初就已成為高等教育場域組織的一環。隨著時代變遷與政策改變，它們雖經常不被納在一般高等教育場域，但這類學校卻越來越重要。此點將在第四章深入探討。專業型學院幾乎都是以職業為導向，包括：從持續數週或數月的短期培訓班，到提供 2 到 4 年進階學位的獨立專業學校，形式不等。它們大多是私立機構，包括非營利型和營利型的混合形式，但後者更為普遍。這些院校的培訓項目種類繁多，從卡車駕駛學校到電腦程式設計，但絕大多數專案是美容、保健、特殊治療、語言培訓和神學（在案例 2.A 中，特別提供舊金山灣區專業型學院的具體案例）。

案例 2.A
專業院校和培訓機構

灣區的高等教育生態由眾多專門機構組成。儘管這些院校在該地區的教育機構中比例很大，但在討論高等教育時它們往往被忽視。為了說明專業院校的多樣性，在這裡我們將介紹四所該類型的院校。

1. 帕洛阿爾托大學（Palo Alto University）（帕洛阿爾托〔Palo Alto〕，南灣區）

帕洛阿爾托大學是獲得西部學校和大學協會（Western Association of Schools and Colleges, WASC）認證的一所學校，提供心理學領域的培訓。2012 年，該校招收了 876 名學生中，超過 700 名是研究生。它是一個非營利型機構，自 1975 年成立以來，著重太平洋心理學研究為主、由獨立董事會管轄的大學。

帕洛阿爾托大學提供六種學位：兩個學士學位和四個研究生學位。其中兩個學士學位課程，專門為其他地方完成前兩年大學課程的轉學生開設。這些學生大多來自三所「姊妹校」（partner institutions），包括：德安薩學院（De Anza College）、福德希爾學院（Foothill College）和聖馬特奧學院（College of San Mateo），它們都是社區學院。該大學的大學部成立於 2006 年。帕洛阿爾托大學還提供兩個碩士學位（心理諮詢碩士和心理學碩士學位，都可以透過線上課程獲得）和兩個博士學位（臨床心理學博士和心理學博士，均獲美國心理學協會認可）。根據其網站介紹，2015 年，其全職生學士班的學費總計每年 21,348 美元；夜間／線上學士學位綜合課程學費總計 16,011 美元。儘管招生人數不多，但自從該機構於 2009 年遷入新校區以來，它的招生人數一直在增加，到 2012 年大學部學生人數幾乎增加了兩倍，研究生人數增長了 40%。

2. 科格威爾理工學院（Cogswell Polytechnical College）（森尼維爾〔Sunnyvale〕，南灣區）

科格威爾理工學院是灣區歷史最悠久的專業院校之一，它作為一所技術培訓學校，於 1887 年創建於舊金山，它曾向南遷移。先是到庫比蒂諾（Cupertino），然後又搬遷至它目前所在的森尼維爾校區。最近，該校宣布了另一項行動：即將遷往聖荷西（San José）。在 1979 到 2006 年之間，它還在華盛頓（Washington）的埃弗雷特（Everett）開辦了一個新校區。

科格威爾理工學院在其網站上提供了一門專業課程，被稱為是「數位藝術、音頻技術、遊戲設計和工程的融合」。學校所設立的十一個文學士和理學士學位都集中在「數位藝術」的技術領域，包括：音訊技術、動畫和電玩遊戲設計。該校還提供一個為期一年的創業創新碩士學位。自 2015 年起，全職生學士班學費每年總計 16,160 美元。該大學獲得了美國西部學校和大學協會的認證。

科格威爾理工學院除了在校園搬遷之外，其入學人數也經歷了波動。2012 年，該校招收了 404 名學生（除 12 名大學生外），但在 2011 年，該校只招收到了 288 名學生。根據美國後期中等教育資料綜合系統（Integrated Postsecondary Education System）的統計，自 1975 年以來，該校的單次入學人數從未超過 512 人。與大多數開放式大學不同，科格威爾理工學院的學生以男性為主；在 2012 年，女性只占學生總數的 21%。

3. A-1 駕訓學校（A-1 Truck Driving School）（海沃德〔Hayward〕，東灣區）

灣區的許多專業學校機構根本不提供學位課程，而專注於提供職業證照課程。自 1997 年起，在海沃德開辦的私立且以營利為目的的 A-1 駕訓學校，為學生提供商業駕駛執照（commercial driver's license）的課程。它的旗艦課程專案是 A 級重型貨車駕駛員的培訓，其中包括 40 小時的課堂培訓和 120 小時的現場駕駛（分成觀摩和駕車時間）。根據 A-1 的網站報告，這是一個 4 到 8 週的課程，但也強調彈性的時間表，包括設有週末課程。

美國後期中等教育資料綜合系統不蒐集關於 A-1 的資訊，學校也沒有在其網站上列出任何有關入學的統計資料。此外，它沒有提供任何關於學費的資訊，儘管網站上的廣告稱會提供 1,000 美元的折扣。網站非常看好該校結訓者的就業前景，他們聲稱「我們很有信心，學生在完成綜合課程結訓後，能夠勝任飛行駕駛工作」，此外，也指出「卡車司機是美國收入最高的職業之一」。該網站稱這所學校獲得了「加州認證」，同時得到了「商用車輛駕訓協會」（Commercial Vehicle Training Association；一個有著嚴格會員制的全國性職業協會）的認證。不過，商用車輛駕訓協會網站並沒有將 A-1 列為會員。

4. 德夫培訓中心（Dev Bootcamp）（舊金山）

最新的專業型院校包括「培訓中心」學校，其專門開設密集類似沉浸式語言課程的技術培訓。總部設在舊金山，在紐約市（New York City）和芝加哥（Chicago）也設有分校。儘管該校歷史只能追溯到 2012 年，卻聲稱是灣區類似機構中歷史最為悠久。

在其網站上培訓中心的描述為：提供一種「將初學者轉變為有完備能力的網頁開發者」的學習訓練。它們只提供一種課程，一個為期 9 週的線上課程，向學生介紹程式設計語言的基本知識，包括 HTML、CSS、Ruby 和 JavaScript。聲稱是一個為期 9 週的沉浸式課程，每週有 60 到 80 小時實際練習，以課程來結合小型講座與雙人或小組程式設計。最後一週為期末課題，建構「有用、潛在、可銷售的網頁應用程式」，課程講師模擬真實程式設計專案工作狀況。

在它成立後的 3 年裡，據培訓中心學校報告稱，有超過 1,500 名的學生畢業於該學校。2015 年，這一課程的學費（也包括職業準備學習）為 13,950 美元。該課程沒有資格獲得包括退伍軍人福利課程在內的任何聯邦財政援助計畫。德夫培訓中心的錄取過程是具有選擇性的，包括簡短的論文問題和面試，但申請人不需要提交任何先前的教育證書，不需要有程式設計經驗。該機構沒有報告其入學人數或留校率的任何統計資料。未完成課程而離開的學生可以按課程比例計算並得到學費退款。

如案例 2.A 官方統計、使用的定義及資料庫等所述，本書將這些機構排除在高等教育場域之外。由於本研究重點在於矽谷與灣區相關的教育設施，因此，在資料足夠的情況下，我們將這類機構納入研究範圍。另一類由思科系統和惠普等知名私人公司所進行的企業內部培訓計畫。這些針對員工進修而設計的課程，為產業的技術升級，發揮了重要的作用（Carnevale 1993）。不過，許多公司將這些資料視為公司內部的專有機密資料，外界難以獲取。尤其，這些企業培訓的運作模式，有別於主流高等院校的規定與標準，所以我們沒有將它們納入研究中。

（七）營利型高等教育機構

顯然，這類學校在功能上與前述大學有部分重疊。只是它們大多不以學術性課程見長，而是依照本身獨特的辦學理念和組織結構存在，因此需要分開討論。這類以營利為主的學校不但存在多年，且大多數機構以本身專業化的特點，持續為後期中等教育階段的學生，提供培訓機會。然而在1980年代，它們其中一些機構開始提供2年和4年的綜合大學培訓，並提供高級學位。到了二十一世紀初，它們經歷了快速增長，從2000年不到3%的學生學位授予率到2010年增長了接近10%（Snyder and Dillow 2012）。

營利型高等教育機構不同於傳統的大學教育，因為它們主要是為了股東的利益而設計。它們對利潤的追求使它們專注於擴展速度和降低成本的戰略，而不是追求學術聲望或追求更廣泛的文理課程，抑或是培養領導者或肩負使命的公民。這些企業規模更大、更成功，經營著多個大專院校或分支機構，採用了企業組織模式。它們通常服務於少數民族和年長學生的非傳統市場，並提供高度結構化和集中的課程，選修課較少。課程設置採取集中領導原則，重大的課程決策權集中在資深管理人員手裡，而非任課教師。大部分教職人員都是兼職，他們非常重視課程行銷和衡量學生的滿意度。一些成效卓著的課程，大多是以服務學生需求為主，包括學術諮詢、輔導和安置（Tierney and Hentschke 2007）。

由於大部分學生都有全職或兼職的工作，所以許多營利型課程都是根據他們的需求進行調整，許多課程都可線上授課。對於所謂的住校生（resident students）而言，通常在校內進行每週幾次上課、長達4到6週的密集課程。學生從錄取當天就開始上課，多數課程排在晚上。全職生指至少選修一門學程的學生。被錄取的學生有時可以因先前獲得的技能或工作經驗而獲得學分承認。

如鳳凰城大學（University of Phoenix）、德弗裡大學（DeVry University）和教育管理公司（Education Management Corporation），都在海灣區開設學院分部。教育管理公司設有藝術學院及其他的大學課程。

鳳凰城大學是營利型高等教育機構的先驅，我們將簡要介紹它的起源和歷史（見案例2.B）。

案例 2.B
鳳凰城大學

20 年來,鳳凰城大學一直是營利型高等教育的代表範例,現在已遍及全美 50 個州。該校起源於灣區,儘管目前規模不斷縮小,但仍然是該地區高等教育生態系統重要的組成之一。

該機構的創始人兼長期執行長(直到 2014 年逝世)約翰·斯伯林(John Sperling)曾就讀於舊金山城市學院(City College of San Francisco)和加州大學柏克萊分校,最終成為聖荷西州立大學經濟史的終身教授。在聖荷西州立大學期間,他開發一個針對在職人員需求的課程模式,並提議一個名為「職業發展研究所」(Institute for Professional Development)的民間公司,以合約的形式為大學提供這種課程模式,未獲聖荷西州立大學支持後,1974 年他改在天主教所屬的市中心舊金山大學(University of San Francisco)進行試辦。該校的第一批學生有尋求學士學位的員警和攻讀碩士學位的公立學校教師(Sperling 2000)。

在 1970 年代,職業發展研究所與更多的大學和學院簽訂合約,但很快就遇到複雜的情況,如:科羅拉多州(Colorado)一所合作的大學對其提起訴訟,導致聯邦調查局對其涉嫌賄賂進行調查。為了因應這些監管的挑戰,斯伯林將該組織遷至亞利桑那州(Arizona),在那裡,該組織受中北部地區學院及學校協會(North Central Association of Colleges and Schools)認證管轄。同時將職業發展研究所更名為鳳凰城大學,並申請成為獨立院校(Sperling 2000)。

1978 年,美國中北部地區學院及學校協會授予鳳凰城大學認證,這間新大學得以在亞利桑那州招收一小部分學生。然而,斯伯林的主要重心仍然是在加州,那裡可以向其他地區認可的機構提供互惠待遇。1980 年,鳳凰城大學在聖荷西開設了一所分校,不久之後在南加州橘郡(Orange County)開設了另一所分校。為了幫助這些機構多角營運,鳳凰城大學成立了一個名為加州州外大學和學院的遊說團體,推動立法以確保該大學與地區持續的互惠關係。在該校多年的努力下，2003年加州終於通過一項允許鳳凰城大學和類似機構在該州營運的法案，不但獲得認證而且可以進行宣傳與廣告（Walters 2013）。

在1980和1990年代，迅速發展的大學將其教育使命集中在培養在職成年人。在那些年，學校最低入學年齡為23歲，招生的對象若是從外校轉學而來的學生，至少須修讀完60學分課程。1990年代，鳳凰城大學將重心放在職業課程，包括：護理、電腦、商務（Breneman 2006）。學校關注的是那些已有雇主並願意為他們的繼續教育作出貢獻的學生；到1990年代初，85%的學生得到了雇主全額或部分補助的學費。

1990年代的兩次經歷，澈底改變了鳳凰城大學的發展軌跡。第一次是在1994年，學校的持股公司阿波羅集團（Apollo Group）首次公開募股集資（initial public offering）。批評人士指出，斯伯林和其大學管理者在學校從私人股權轉到公共擁有過程中，太重視入學註冊人數的擴張，而忽略了學校核心教育價值。根據一位在1997年遭斯伯林解僱的管理人約翰‧墨菲（John Murphy）的說法，學校在首次公開募股集資後，學生畢業率迅速從65%降至33%（Murphy 2013）。到二十一世紀初，該大學已經降低了最低年齡要求，開始直接招收高中學生，並開發了一系列新的副學士學位專案。

該校的第二個轉變源於線上課程的引入，由此產生更大的影響。1989年，鳳凰城大學成立了一個設在舊金山的電腦化教學部門總部，負責發展和管理遠端學習課程。隨著1990年代末期網路的普及，學校可為全世界的學生提供非同步課程。雖然鳳凰城大學仍在維持其實體的校園，但它現在有能力規避司法管轄區內的任何障礙，而這些障礙並沒有為其他地方認可的機構提供互惠。然而，聯邦教育部（Department of Education）於1992年設立的一項法規，旨在打擊函授文憑，並禁止向任何通過遠端課程招收超過50%學生的機構發放聯邦的學生補助。由於鳳凰城大學正迅速從受雇主資助的在職學生，轉向依賴聯邦貸款的自費學生，導致鳳凰城大學發展線上課程的能力受到了阻礙。然而在2006年，號稱「50%的規則」被廢除，為學校學生人數爆漲奠下基礎（Carnevale 2006）。截至

2010 年，這所大學招收了 46 萬名學生，使全美其他高等教育機構相形見絀。

2010 年是鳳凰城大學入學人數最多的一年，但也是該校表現跌到低谷的一年。根據教育信託機構（Education Trust）當年的一份報告顯示，該校在全國 6 年的大學生畢業率僅為 9%，而修讀線上課程的學生畢業率為 5%（Lynch, Engle, and Cruz 2010）。根據美國後期中等教育資料綜合系統的資料，只有聖荷西校區的學生畢業率為 13%，略高於其他區域（相比之下，聖荷西州立大學在 2010 年的學生畢業率為 48%）。在過去十年中，該大學又涉嫌多項非法招募學生的個案，造成近 1 億美元的罰款（Blumenstyk 2011）。最近，鳳凰城大學一直致力於取消那些不符合教育部有償工作規章的課程專案，教育部這一規章於 2015 年生效。由於這些因素，再加上經濟好轉以及學生對繼續教育的興趣減弱，導致該大學的總入學人數在 2015 年 5 月下降至 206,900 人，不到 5 年前高峰期的一半（Blumenstyk 2015）。

根據對鳳凰城大學聖荷西校區副校長史黛西・麥克費伊（Stacy McAfee）的訪談，她表示該校目前正在緊縮規模，加強與產業界緊密合作的初心。該校也積極尋求與甲骨文公司（Oracle）、奧多比公司（Adobe）和美國石油研究所（American Petroleum Institute）等領導階層的合作關係，並開發傳授特定產業技能在職員工的課程，與學費補償計畫等項目。除此之外，據知情人士報告，該校正尋求與社區學院的直接合作，一改過去與社區學院競爭學生的做法。葛列格里・卡佩利（Gregory Cappelli），阿波羅集團的執行長，已確認鳳凰城大學計畫取消了大部分的副學士課程，並正在建立其歷史上首次招生標準。該公司也顯示出一些多元化的發展趨勢，除了長期專注於學位課程，2015 年，該公司也收購了艾倫・雅德（The Iron Yard）的控股權，一個「程式語言培訓中心」。希望在短期課程中培訓學生掌握特定的資訊技能（Blumenstyk 2015）。

蒂爾尼（Tierney）和亨切克（Hentschke）（2007: 50）在指導營利型高等教育機構過程中發現：這類型大學的現況有三個特徵：第一，在美國大約 9,500 所高等教育機構中，幾乎有一半是以營利型高等教育機構形式起家的。它們課程中有許多是職業導向，只頒發文憑，而沒有學位。第二，儘管這些學校數量眾多，但所占比例還不到全美高等教育總人數的 5%。第三，它們目前是美國高等教育中發展最快的一群。

我們也觀察到另外一點：即在過去的二十年裡，授予學位的營利型高等教育機構經歷了很大的波動，例如它們在某段時期快速成長，接著又出現嚴重失敗率。我們將在第五章更深入地探討這些問題。

總之，美國擁有各種不同類型的大學，在今天它們仍然蓬勃發展。每一種類型的大學在歷史上都是在特定或不同的區域發展起來，每一種大學都在一定程度上反映了建設時的歷史狀況。這些歷史背景塑造了每一所大學的特色和使命。

（八）多樣性的用途

我們概述了美國提供高等教育廣泛的類型，揭示了具有不同使命的多種形式大學。這些提供高等教育服務的組織具有多樣性特點。然而，提供高等教育服務機構的多樣性，對從事這一領域的工作者提出了更為嚴峻的挑戰。大學種類繁多，提供教育服務的方法多種多樣。正如組織生態學家漢南（Hannan）和弗裡曼（Freeman）（1989: 7-8）所指出：

> 當未來不確定時，可供選擇的各種存在形式對社會更有價值。一個依靠幾種組織形式的社會，可能會在一段時間內蓬勃發展；但是一旦環境發生變化，這樣一個社會就面臨著各式嚴重問題，直到場域內組織產生多樣性重塑或創新形式，這是一項困難、不確定與費時的歷程，如：醫療保健、微電子生產或科學研究等多樣性領域，所面臨的資源問題等，有待問題解決。這種解決方案已被嵌入到了組織大學的結構和戰略中。

不同組織機構也為員工提供了更廣泛的職業選擇途徑，為學生提供了更廣泛的教育方式，而不是統一的教育制度。而且重要的是，它提供了更多的教育切入點。學生可以被一種教育機構拒絕，但隨後會被另一種機構錄取。一個系統的缺陷不會是永遠的缺陷，在更標準化和緊密連接的系統中也是如此。教育組織的這種長期以來的多樣性，一直是美國教育的一個顯著特徵，應被視為我們最大的財富之一。

三、舊金山灣區的大專院校

接下來，我們將介紹灣區大學人口的規模。灣區由加州北部的七個郡組成，即：阿拉米達郡（Alameda）、康特拉科斯塔郡（Contra Costa）、馬林郡（Marin）、舊金山郡、聖馬特奧郡（San Mateo）、聖塔克拉拉郡（Santa Clara）和聖塔克魯斯郡（Santa Cruz）。目前大約有 7 百萬居民居住在舊金山灣區（圖 2.1）。這個地區由四個城市組成：東部的奧克蘭、北部的舊金山、南部的聖荷西、西南部聖塔克魯斯。我們首先描述了 2012 年按學生數量排名的大學，然後回顧 1970 到 2012 年間這些大學隨時間變化的趨勢。

圖 2.1　舊金山灣區郡界主要城市與大學圖。

根據統計，2012 年灣區有超過 350 所高等教育機構（表 2.1）。表 2.1 所報告的資料來自多個來源，包括：私立後期中等暨職業教育局（Bureau for Private Postsecondary and Vocational Education）、加州私立後期中等學校協會（California Association of Private Postsecondary Schools）和個別大學網站，以補充「官方」教育統計資料，特別是後期中等教育資料綜合系統中報告的結果。來自後期中等教育資料綜合系統的資料僅限於符合聯邦學生貸款資格、能夠授予 4 年大學學位證書，與獲得認可機構認證的高等教育機構等。因此，它們包括在政府支持下運作的所有學位機構資訊，但忽略了其他非營利和營利型大學，以及大多數高等培訓機構。即使蒐集營利型大學的資料，這些資料也常常集中於相關州或相關系統那一層級，而對區域研究作用不大。特別是，後期中等教育資料綜合系統缺乏關於 2 年以下、只頒發修業證書（diplomas），而非學位授予（degrees）等相關課程資訊。這些對於像我們這樣的研究來說，是一個很大的限制。一般來說，對於

表 2.1　舊金山灣區的大學數目（2012 年）

	多管道資料來源	後期中等教育資料綜合系統
公立		
研究型	4	4
4 年以上	3	3
2 年	23	23
非營利型		
研究型	3	3
4 年以上	78	37
2 年內	38	4
營利型		
4 年以上	36	13
2 年	15	10
2 年內	176	22

註：研究型大學包括：史丹佛大學、密爾斯學院、聖塔克拉拉大學、加州大學柏克萊分校、加州大學聖塔克魯斯分校（University of California, Santa Cruz）、加州大學舊金山分校（University of California, San Francisco）和加州大學哈斯廷斯分校（University of California, Hastings）。

資料來源：IPEDS, California Postsecondary Education Commission, Bureau for Private Postsecondary Education, college websites, and other sources。

所有受高等教育制度影響或關注高等教育制度的人士來說，缺乏有關各類教育機構的可靠資料是一個嚴重的問題（關於各種系統更廣泛的描述，其優點和侷限性，見附錄 B）。

表 2.1 顯示，後期中等教育資料綜合系統將高等教育提供者的受歡迎程度，與使用更廣泛資料來源的覆蓋率進行比較，顯而易見的是，後期中等教育資料綜合系統給出的高等教育項目範圍更窄。雖然它包含了所有的公立高等院校，但排除了許多非營利和營利型機構相關資訊。由此可見，後期中等教育資料綜合系統省略了大約一半的非營利型四年制大學，和近九成的非營利型、不足 2 年授課等機構相關資訊。同樣，後期中等教育資料綜合系統忽略了營利型大學中大約 70% 的四年制項目，60% 的兩年期項目，和 90% 的不到兩年期的項目。這些多個來源的資料表明，灣區有 235 個側重於某個特定教學領域的專業機構，覆蓋超過 60% 的高等教育者人口，然而後期中等教育資料綜合系統並沒有收錄其中大部分機構的資料。

灣區的研究型大學包括：聖塔克拉拉大學、史丹佛大學、加州大學柏克萊分校和加州州立大學聖塔克魯斯分校。公立四年制大學，也是州立綜合性大學，其中在灣區的包括：加州州立大學東灣分校（California State University East Bay）、舊金山州立大學及聖荷西州立大學。這個類別的大學還包括一些私立非營利型大學，如金門大學（Golden Gate University）。公立兩年制學院都是社區學院。兩年制學院，無論是非營利型還是營利型的，都以提供專業化教育為使命。四年以上的營利型大學既提供學術訓練也提供職業培訓，供學生選擇不同的專業學位，例如工商管理學位。

圖 2.2 顯示了在 1970 到 2012 年間，灣區授予學位的高等院校數目有所改變。接下來，圖 2.3 報告同一時期這些機構的入學人數的變化。圖 2.2 和圖 2.3 所示的資料是表 2.1 所列資料的一部分，因為它們只包括那些參與聯邦財政援助計畫的機構。四年制公立大學的在校生人數基本保持不變，儘管入學人數略有增加（圖 2.3）。這些資料支持了布林特（Brint）、瑞斗（Riddle）和翰尼曼（Hanneman）（2006）的觀點，與社會上其他組織機構不同，公立學院的新設與倒閉，是極

為不易與罕見的。但社區學院是一例外，它們的在校生人數在1990年以前有所增加（圖2.2），其入學人數在1970到1980年之間急劇增加（圖2.3）。值得注意的是，社區學院的入學人數幾乎是灣區所有其他類型大學的兩倍，如果政府資金能夠跟上招生壓力的話，兩者入學人數間的差距將更大（Callan 2014）。如上所述，四年制公立大學的數目3年保持不變，且這些學校既沒有擴大其設施也沒有跟上改革的步伐。想要進入四年制課程的合格轉學學生往往無法獲得入學資格。而在兩年和四年制大學中，最受歡迎的項目因受到諸多因素「影響」，無法招收新生（見第四章和第五章）。圖2.4顯示，在州內，有資格進入大學或加州大學系統的學生人數超過這些社區學院入學人數的總和，到現在這種差距已經進一步擴大。

從1970到2000年，四年制非營利型大學的數量有所增加，但此後卻下降。在某種程度上類似的情況是，兩年制非營利型學校的數量很少，1990年略有增加，但此後有所下降。其中最顯著的增長速度是兩年制和四年制的營利型學校，從1990年到現在，這些學校的數量一直在增長（圖2.2）。

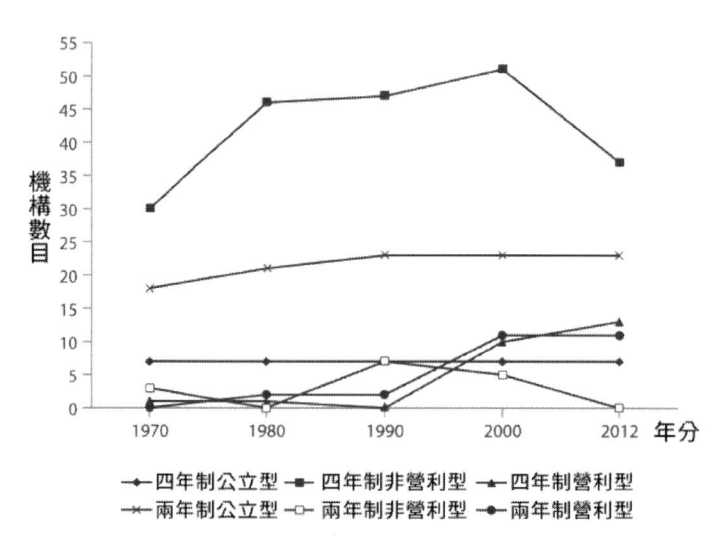

圖2.2　1970到2012年舊金山灣區高等教育機構數目。

資料來源：Higher Education General Information Survey (1970–1985) and Integrated Postsecondary Education Data System (1986–2012)。

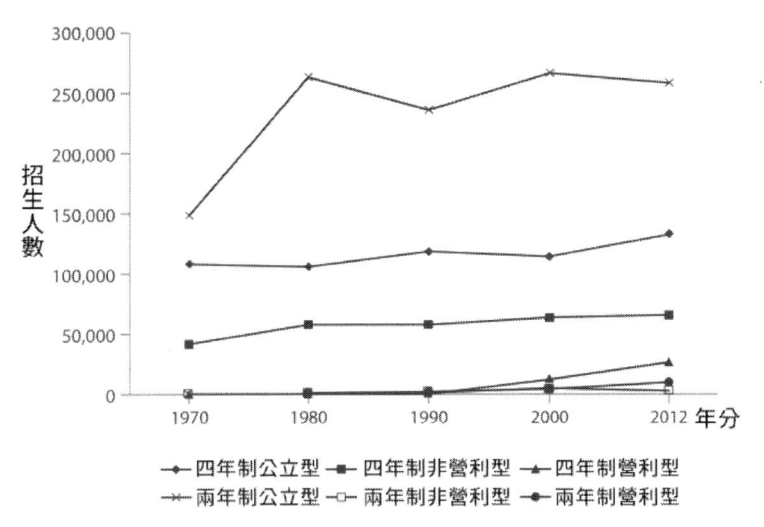

圖 2.3　1970 到 2012 年舊金山灣區高等教育機構的招生人數。

註：我們缺少 1990 年的四年制營利型大學和兩年制營利型大學的資料。因此，上述數字只能反映 1989 年大專院校的統計。我們還缺少了 1980 年和 2012 年兩年制營利型大學的資料，因此，此圖代表的是 1981 年和 2006 年的入學人數。

資料來源：Higher Education General Information Survey (1970–1985) and Integrated Postsecondary Education Data System (1986–2012)。

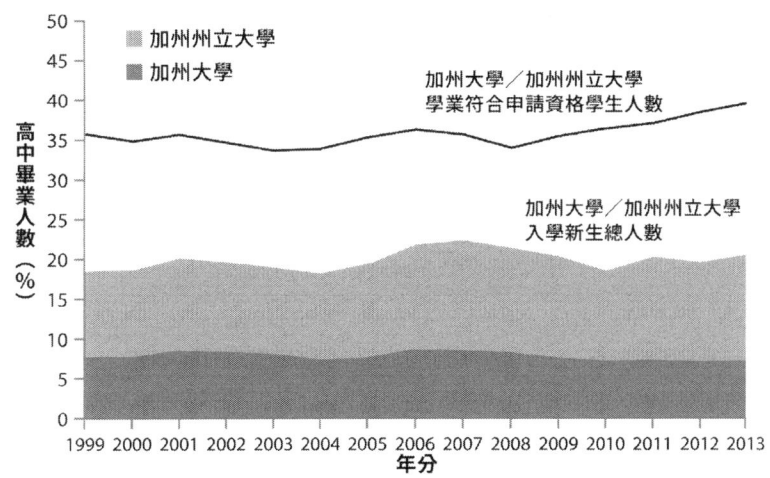

圖 2.4　1999 到 2013 年加州大學或加州州立大學學業符合申請資格學生人數與入學新生總人數之對照。

註：經加州公共政策研究所（Public Policy Institute of California）及傑克森（Jackson）、博恩（Bohn）和強森（Johnson）（2016）許可使用。

資料來源：University of California, California State University, and California Department of Education。

雖然每個地區的高校組成和運作有所不同，但我們相信，此處的描述能為讀者提供一些美國高等教育場域生態系統的普遍趨勢。該場域內包含大約六種不同類型的教育供給者。公立教育機構繼續占主導地位，但不是在組織數量上，而是在入學人數上。作為高度制度化的教育機構，它們的人數在 40 年期間保持相對穩定。1970 到 2000 年間，兩年制社區學院迅速增長，在數量和入學人數上也迅速增加。它們已經成為美國努力增加入學人數機會的主要途徑。四年制非營利型院校依舊是舊金山灣區數量最多的學校，儘管它們的數量自 2000 年以來有所下降。兩年制非營利型院校從未大量存在，自 1990 年以來一直在下降。相比之下，自 1990 年代以來，兩年制和四年制營利型院校都有所增加。

在介紹了提供大學教育主要類型的機構後，我們現在開始探討：支持和管理這些機構而運作的更廣泛的系統及其運作類型（參見 Scott and Biag 2016）。

四、組織場域和參與者

正如前文所提到的，部門機構組織的場域分析法，通常是針對某一特定類型的產品和服務的供給者而來，但我們也應將焦點轉移到協助或監管上述人員，而出現的許多其他類型的組織上。美國的高等教育是「高度成熟發展」的行業。不但數量驚人且種類繁多。組織場域分析法一個核心命題是構建同構壓力，鼓勵同類組織採用類似的結構和過程（Meyer and Rowan 1977）。在組織場域內，這些壓力包括指導和約束行為者的行動和法律的監管框架，通過人際網路和組織間網路傳遞的規範性壓力，以及為行為者提供腳本和組織範本的文化認知框架（DiMaggio and Powell 1983; Scott 2014）。組織能夠提供類似其他組織的服務能力，對於組織如何贏得外界的接受和認可，以及從同行機構和客戶那裡獲得合法性地位至關重要。

（一）同構壓力

同構過程發生在組織場域內，也發生在組織自身水準上。例如，作為一個充滿活力和迅速發展的州，加州是最早制定高等教育部門組織和管理「總體計畫」

的州之一（見第四章）。雖然其他州並沒有盲目地照搬加州 1960 年計畫的具體內容，但它們還是學習加州，建立了全州機構，以指導和監督這一迅速發展的行業。然而，因為其他力量的產生削弱了加州擴建高等教育機構的能力。在 1960 年代末到 1970 年代初，當加州成為學生反戰行動和社會抗議的中心時，這些負面的回饋導致聯邦持續削減對高等教育的資助。

1. 監管系統

儘管許多西方民主國家在單一的國家體制下組成其高等教育結構，但從其起源來看，美國選擇了公共和私有混合管理的結構，並將主要的高等教育行政控制權下放給各州政府。聯邦政府直接資助和監管一些軍事院校（如西點軍校），但對大多數大學幾乎沒有直接控制。美國教育部這樣的機構積極參與 K-12 學校的標準制定和資助工作，對於高等教育專案主要為學生貸款和認證項目等提供工作人員方面的服務。聯邦法院對高等教育面臨的許多問題進行了權衡，包括學生招生和教職員工的多樣性、資助女性運動員等平等保護的問題；保障言論自由；教會與國家的分離；言論自由，包括學生和人事紀錄等資訊。

(1) 公共系統

大多數區域的行政和管理體制發生在州政府一級。這 50 個州體系中的每一個州都有公立大學、四年制學院和社區學院。各州的組織模式各不相同，但大多數在某種類型的州教育署下運作，高等教育專案往往由一個或多個專業委員會監督（Richardson et al. 1999；關於加州大學系統的討論，請見第四章）。大多數州還建立某種程度的監管體系來監督私立高等教育和職業學校。

(2) 私有系統

許多營利型機構在美國高等教育的子場域中運行，從這個角度來看，它們也扮演了監督院校整合等角色。雖然有一些公共系統（如加州大學，即在這個層面上運作並監督多個校區和專案），但營利型公司擁有的私有系統比非營利型或公共系統更有可能在地區甚至聯邦一級運作。它們透過對獨立學校的併購、新校區的購置，進一步推動與公立學校和非營利型學校合作等策略，發展成多樣型態的學校。在灣區，最重要的營利型教育公司是阿波羅集團，它擁有鳳凰城大學、德弗裡大學，以及經營藝術學院的教育管理公司。鳳凰城大學目前在海沃德、奧克蘭和聖荷西有三個校區，大約有 5,000 名學生。直到 2014 年，科林斯（Corinthian）在灣區經營著九所校園，包括希爾德學院（Heald College）和珠穆朗瑪峰學院（Everest Colleges），為 14,000 多名學生提供教育服務。但多年來，該公司被指控篡改成績，偽造就業報告，並有誤導學生的行銷活動，該公司被迫關閉了在全國範圍內的業務（Peele and Benedetti 2014；見第五章）。

對於大多數營利型教育系統而言，決策權集中在企業手中。公司董事會成員與大學的績效有著重大的利益關係，他們和管理人員一起就校區的位置和發展做出戰略決定，並決定大學的教師組成和課程事項（Tierney and Hentschke 2007）。

許多協會已經發展起來，並將特定類型的私有機構連接起來，包括非營利型（如宗教教派和民族團體）和營利型系統。雖然其中一些實行集中行政管理，但主要是向系統內成員提供服務。他們建立許多協會，例如：國立天主教教育協會（National Catholic Educational Association）或南方浸信會基督教學校（Southern Baptist Association of Christian School），將中小學，以及成員中的大學和神學院包含在內。在更廣泛領域一級運作的認證機構：是與私立學校有關的最重要的治理結構，如下所述。

2. 規範系統

規範控制，即「將規範、評價和義務者的概念引入社會生活」（Scott 2014: 64）。它們通常通過非正式網路、社區聯繫和職業／專業聯繫來運作。在現代社會中，專業協會是規範影響的強大來源，因為這些團體為其成員和公眾制定了更為廣泛的標準（Brunsson and Jacobsson 2000; Scott 2008）。這些協會組織通常在聯邦層級運作，但越來越多擴展為國際組織，並且在學術權威方面扮演重要角色。

(1) 元組織

學會在高等教育場域內有各種各樣的協會，一些協會的成員是組織，另一些協會的成員是個人。它們的運作遍及區域、國家與國際間。大多透過組織中所屬的成員提供相互支持，但同時也對它們的成員提供規範壓力。阿恩（Ahrne）和布魯森（Brunsson）（2008）將「元組織」定義為：其成員即為組織的協會。創建元組織是為了做更多事情，包括幫助成員自己運作、努力促進和加強成員之間的合作、試圖規範成員之間的競爭、制定標準並執行這些標準、努力阻止或推進州和聯邦的監管，以及為其成員的利益進行遊說。

我們確定的每一類型的大學都與一個代表其利益的全國協會相關聯。它們是：

A. 美國大學聯盟（Association of American Universities），代表約有60所主要的研究型大學。

B. 美國州立學院和大學協會（American Association of State Colleges and Universities），有400多所綜合性州立學院和大學作為會員。

C. 全美州立大學和捐地學院協會（The National Association of State Universities and Land-Grant Colleges），代表大約200所公立學院和贈地州立大學。

D. 全美獨立學院和大學協會（National Association of Independent Colleges and Universities），包括900名成員，其中大部分為文理學院和綜合性學院。

E. 美國社區學院協會（American Association of Community Colleges），包括1,100多所社區、技術和初級學院。

F. 私立大專院校協會（Association of Private Sector Colleges and Universities），代表約1,500所營利型機構。

G. 美國教育委員會（American Council on Education），它是一個「高峰協會」，試圖協調和代表整個高等教育機構的利益。一方面，它代表了1,400多名大學成員，另一方面，它試圖協調其他五個主要協會的工作（Cook 1998）。

這「六大」協會（除私立大專院校協會外）在華盛頓設有專職管理人員和國會說客，許多機構僱用非營利法律諮詢和遊說公司來提高它們的收益。儘管這些組織因共同利益而結合，但基於會員資格和機構使命的差異，導致彼此間也經常出現重大分歧。因此，高等教育相關協會不一定都能有效的推動符合本身權益的發展。例如，在 1960 年代末到 1970 年代初，這些協會未能成功地遊說聯邦政府支持學院和大學。相反，在 1972 年，隨著聯邦第九條高等教育修正案（Title IX Higher Education Amendments）的通過，美國國會決定直接向學生提供貸款，而不單單向機構提供經費補助。此外，這種援助不僅適用於傳統的公立大學的學生，而且也適用於修讀職業和技術課程的學生，包括營利型機構的學生（Cook 1998: 26-27）。這一決定改變了美國高等教育場域的界限，將以前排除在外的私人教育機構囊括在內（見第四章）。

相反地，全美教育協會，特別是全美獨立學院和大學協會，它們成功地阻止了教育改革者蒐集和揭露「學生單位紀錄」資訊的作法。這些隱私資訊涵蓋了學生的整個大學受教過程，追蹤了從入學到畢業後的發展情況（McCann and Laitinen 2014）。這一阻礙導致改革者試圖通過利用學生在大學之間的大量流動，而使這一制度合法化的努力告以失敗。

許多學院都是傘式系統，包含了多樣化和半自治的組成部分，如專業學院和運動課程，這些協會在某些情況下已經成長為支援和監督實體機構。所有的專業學院，包括醫學、法律、商業、工程和教育等，都至少加入一個協會，更常見的是它們同時加入多個協會。以美國醫學院協會（Association of American Medical Colleges）和全國大學體育協會（National Collegiate Athletic Association）為例，近幾十年來，國際上的其他學校也加入了這些國家機構。這些協會對於各個專業學院在制定標準、實際運作和課程設置的影響，往往超過這些專業學院所處的大學院校。

各組織及其組成單位的協會在類似的現實網路中充當中心節點，以傳達資訊、標準和範本、社會化和參與意識。它們既能產生同構壓力，又能傳播創新的思想和實踐。正如阿恩（Ahrne）和布魯森（Brunsson）（2008: 43）所言：「當若干專業協會形成後，大學組織之間就產生新的秩序。如果協會成立前彼此人員有過接觸，就會出現另一種類型的聯繫。換言之，大學組織成員會因此參與了另一個與原來正式組織（如大學）不同的團體與規範。〔加入一個元組織的形成〕……從組織理論上講，它們彼此互相構成環境。」換句話說，元組織或協會在組織場域的結構中起著核心作用。

(2) 紀律協會

如克拉克（Clark）（1983: 29）提醒我們，除了由不同企業組成的網路之外，「國家高等教育體系也是由一門學科和專業構成。」事實上，教育機構的紀律體系在結構和運作上日益國際化。紀律協會對位於高等教育場域上層的院校來說尤為突出，包括研究型大學、綜合性學院、精英學院和專業學院。而對於這些環境中的教師來說，紀律勝過企業的利益。

艾博特（Abbott）（2001, 2002）認為，高等教育學校的彈性制度在於其「雙重制度化」：「一方面，學科構成了教師勞動力市場的宏觀結構，教師的職業生涯更多地停留在學科領域而不是大學內部；另一方面，該系統構成了各個大學的微觀結構。所有的文理學院教師或多或少都有相同的專業。」（2001: 208-209）。正是在這個意義上，一流的大學的主要工作被專業模式和實踐所定義和約束，這些模式和實踐滲透到了組織的核心。克拉克（Clark）（1983: 31）認為「認知到學術系統中有很大程度的交叉性這是很有益的。這類系統是大型『矩陣結構』的典型示例，它提供了兩個或多個組織分組的橫向圖景……在這種情況下，即紀律和企業。」

由紀律協會及其成員，協助大專院校監督其教師聘用的品質。當某一職位被填補或一名在職教師接受晉升審查時，學術單位內的同事會向學院校外的學科成員索取推薦信。此外，許多大專院校常常招募更廣泛學科的成員加入諮詢和審查委員會，以幫助他們監督其部門專案的總體品質和績效。因為教師及同行再行使管理權時，必須基於共同的專業知識和規範，才能更加適當和合法。

在一流的學校，紀律管理仍非常嚴格，但隨著大學聘用較少的終身教職人員，並將解決實際問題和勞動力培訓置於更高的優先地位，大學控制範圍正在縮小。從本質上講，這些大學需要用跨學科的方法來解決問題。它與學科不同，學科是由學者管理的，而且只是鬆散地結合在一起，因此，跨學科的團隊需要努力動員和協調機制，為管理和行使相應的權利提供更多的合理性，以加強學術管理人員與教師之間的關係。

(3) 教師工會和職工協會

教職員工使用的協會類別通常是工會。教師工會的出現和發展與 1960 年代大學的迅速發展有關：並在 1980 年代開始的組織重組和資源緊縮政策下，得到進一步發展。聯邦和州的立法也鼓勵了它們的發展，這些立法允許公共部門的雇員加入工會。到 1995 年，美國高等教育機構中大約有 40% 的全職教師是工會代表（Julius and Gumport 2003）。95% 的教師在公立機構服務，其中大約一半是全職員工（National Center for Collective Bargaining in Higher Education and the Professions 2006）。主要的組織機構包括：美國教師聯盟（American Federation of Teaching），[2] 美國教育協會（National Education Association）和美國大學教授協會（American Association of University Professors）。

一些專業協會將工作人員、輔助人員與同類人員聯繫起來。大學校長、董事會成員、招生及獎助學金辦公室人員、人力資源辦公室人員、開發人員、會計師、校友中心人員、體育運動人員、教練、輔導員、總監、多元族群辦公室人員、社區關係人員、公共關係人員、學生住宿管理員、圖書館員、資訊科技人員等，所有這些人員及其他許多行業團體聚集在一起，進行各種社交活動、分享資訊和經驗交流，以促進彼此的共同利益。

正如我們在與組織成員討論時一樣，由於成員各有不同立場，因此無法太過強調協會場域的整個架構，如何對於個別成員的影響。這些協會致力於維護和加強其成員個人和／或具有專業身分認同，藉此提醒他們在職業上的投入與貢獻，將他們與有類似關切的人聯繫起來，並向他們提供最新的發展資訊，包括所面臨的工作威脅和機會。這樣的網路交流管道鞏固了既有的傳統與規範，促進了大學的「最佳實踐」模式，並成為大學維持永續發展、穩定成長，以及創新和變革的源泉。

---

[2] 美國教師聯盟是美國勞工總會與產業勞工組織（AFL-CIO）的一個附屬機構，翻譯者注。

(4) 認證系統

在大多數國家，教育認證是由政府機構進行的，而在美國，時至今日則完全由私人會員協會履行機構品質保證的職能。美國的認證歷程是在十九世紀末到二十世紀初發展起來的，當時教育工作者開始認識到學校之間的巨大差異，以及課程要求標準化的必要性（關於美國的認證機構組織和舊金山城市學院遇到的認證問題方面的討論，請參見案例 2.C）。

案例 2.C

A. 認證專案和關注點

在十九世紀後半葉，讓高等教育工作者越來越不滿和困惑的是，大學的入學標準和學生在進入大學之前必須完成預備課程的要求（Shaw 1993），以及大專院校應採用哪些方案和標準（Alexander 2012; Veysey 1965）。為了因應這些問題，高等教育領導者決定實施自我管理，而不是尋求政府的監督和指導。他們共同努力，制定了一套共同的入學標準和管理辦法（Alstete 2004）。我們今天仍然可見的兩個主要的認證部門在此期間成立，即機構（地區性）認證和專業認證（Young, Chambers, and Kells 1983）。

區域認證協會始建於 1905 年，迄今為止發展成為六大地區性認證機構，它們負責監督美國的大專院校和其他教育專案的品質。在舊金山灣區提供授予學士學位和高級學位的所有大專院校，都經由西部學校和大學協會認證。該協會由三個委員會具體運作：小學和中學（K-12）委員會、社區和初級學院委員會以及高等學院和大學委員會。每個機構都負責制定最低限度的制度標準，建立機構能力，為協力廠商建立品質保證，並提供消費者資訊（WASC 2015）。例如，在向學生和退伍軍人提供貸款時，聯邦政府依賴於認證機構，以確保納稅人的稅收支持合法院校的學生就讀（Glidden 1997; Goodwin and Riggs 1997）。

在施行認證制度的早期，專業認證在醫學領域最為活躍，其中在宣導美國醫學院的共同標準方面，卡內基公司（Carnegie Corporation）和美國醫學協會的醫學教育理事會（American Medical Association's Council on Medical Education）發揮了主導作用。如今則由專業認證專員評審一系列學科項目，包括：法律、工程和商學等。課程認證是促進大專院校間課程和課程順利交接的重要措施（Eaton 2009）。後來，卡內基基金會（Carnegie Foundation）在二十世紀初成為規範大學教育的重要機構。當其受託人制定了一套規範大專院校的規章制度時，許多大專院校都遵守了這些規則，為的是繼續從基金會領取資金輔助（Alstete 2004）。

B. 對機構認證的關注內容

近年來，隨著越來越多的學生、家庭和納稅人關注美國高等教育的價值、成本和品質時，品質保障的機構認證，其有效性越來越遭到質疑。例如，阿魯姆（Arum）和羅克莎（Roksa）（2011）認為，認證並不總是能夠提高機構的教育品質或提高學術的嚴謹性。其他批評者認為，認證可能是一個累贅、耗時、成本高昂和過於官僚主義的過程，對該機構或專案的回報很少（Council for Higher Education Accreditation 2006）。此外，一些批評者認為：認證過程抑制了機構的創新和競爭力。他們認為，認證不利於改革，阻礙了大專院校更新課程以滿足行業需求的能力，並限制了新的高等教育形式提供者進入市場（Burke and Butler 2012）。此外，開放資源的微證書，包括數位識別碼、證書和其他技能識別碼，正在成為低成本的替代方案，可識別和驗證學生的學科掌握度和能力。不過，在許多學者眼中，他們並不認可這些較新的對教育機構的認證服務，因為傳統認可的高等院校，並不認同這些學歷（Smith 2013）。

C. 認證與舊金山城市學院

認證制度充其量只是一個不完善的治理系統，其運作方式也會造成一些問題。以舊金山城市學院的困境為例，該學院成立於1935年，是一所為期兩年的社區學院，目前有十一個校區。它是加州最大的社區學院，招收了大約90,000名學生。

2006年，社區與初級學院認證委員會（Accrediting Commission for Community

and Junior Colleges）是西部學校和大學協會的子機構，該委員會在審查過程中曾要求舊金山城市學院「制定一項財務策略，包括：平衡經常性支出與持續性收入；維持最低審慎儲備水準；降低用於薪資和福利的年度預算比例；並解決退休人員健康福利費用的供資問題」（Carroll 2010）。該學院試圖在一份進度報告中解決這些問題，但在 2010 年，該委員會警告稱，學院需要處理無資金準備的負債問題，特別是他們退休帳戶中的無資金準備的負債問題。2012 年，舊金山城市學院因「治理結構混亂、財政控制不善、自我評估和報告不足」而失去上述機構的資格認證（Asimov 2015；另見第五章）。

由於舊金山城市學院是州內喪失認證的學院中規模最大的大專院校，這個問題不僅須由學校管理階層來解決，而且還需透過更廣泛的政治動員來處理。抗議活動來自市民，他們要求市政府投入資金，以扭轉對班級、專案和員工的資金削減（Bale 2013）。教職員工工會和舊金山的律師也提起訴訟，迫使社區與初級學院認證委員會維持該校的認證。他們聲稱該認證機構在決策過程中「並未遵守」適當的程序。儘管舊金山城市學院在此期間仍在運作，但它損失了大約 15% 的入學人數（Emslie 2013）。

2014 年，美國聯邦教育部和一名高等法院法官獨立裁定，社區與初級學院認證委員會在決定取消舊金山城市學院的決策是違法與越權的（Bear and Brooks 2013; Fain 2015）。後來，社區與初級學院認證委員會已批准舊金山城市學院的認證可延長兩年，至 2017 年 1 月，該學院的董事會已恢復其對學院的所有方面的權力，包括其掌控預算的權力。相反，社區與初級學院認證委員會則繼續招來公眾批評。由該州立社區學院校長布里斯·哈里斯（Brice W. Harris）（2015）組成一個特別工作小組，總結調查報告認為：社區與初級學院認證委員會已經超越其權限，並經常對別人的建議和批評，不作任何回應。在 2015 年 12 月，教育部的一份報告又發現，社區與初級學院認證委員會在 15 個地區發生不符合聯邦法規的情事，並給予該委員會 6 個月的時間改善，以符合法規（Kelderman 2015）。

在最佳情況下，認證會激發大學組織的自我評估和持續改善的過程，讓每所大學都可以根據一套外部專業標準來檢討自己的表現。然而必須強調的是，美國的認證幾乎完全是基於「投入」的數量或品質來評估，例如，對學術課程進行適當的管理和機構監督，提供學習資源的證據（例如圖書館館藏），提供足夠的財政資源和進行績效責任制，遵守公認的學術信用標準、支出、授予的學位、課程和每門課程的學分要求，以及對教師要求具備相應的資質。最近這些認證機制，增加學生完成學業比率的資料，但沒有對學生學習情況進行直接評估（American Council on Education 2012）。

3. 文化認知系統

文化和認知系統是組織場域內參與者的共同概念，它「構成社會現實的本質並創造了有意義的架構」（Scott 2014: 67）。教育系統有強烈的制度化傾向，從這個角度來講，從業者和公眾對學校的基本性質達成很高的共識，如「教師」與「學生」的中心地位，諸如「課程」、「學分制」等共同概念以及「大學畢業生」的價值（Meyer 1977）。雖然知識和學習屬抽象概念，越來越多美國及世界各地人士，卻不斷要求大學必須明確列出各學科中所包含的課程，和所有畢業相關規定（Ramirez and Boli 1987）。

此外，將高等教育視為場域組織的一環，是因為它是唯一一個所有核心參與成員（如教授們），都需受過研究所以上的專業培訓等社會化過程，並且在許多方面，與他們受聘的組織（如大學），擁有相同的學術與教育理念，因而產生相互關聯。雖然二十世紀的大部分時間裡這一說法聽來真實可靠，但如今人們開始轉變這種觀念。越來越多的大學教職員工發現，自己需要適應在不同環境中進行工作，因為他們並非在所接受培訓的環境中工作。例如：雖然幾乎所有的教師都從業於研究型大學或綜合性學院，但他們中的許多人在社區學院或更專業的機構系統中找到了工作。結果一來，許多人試圖重新建構教育環境，強調文理教育如何具備協助學生轉換知識的功能，對抗當前各種以職業培訓為導向的方案（Brint and Karabel 1989）。

在現代社會現存的各種類型的高等教育場域組織中，特別是一流大學，包括研究型大學、綜合性大學和授予學士學位的大學，以及專業學校，都有著非比尋常的相似度，它們受到規範和文化認知力量的約束，而不是受監管制裁或市場機制的約束。這些力量多年來一直占領主導地位，並建立了一套分層學院體系，迫使個別學校嚴格遵守有限的合法模式。它們主導的制度邏輯核心在於維護文理教育的價值：讓學生接觸文學和藝術的偉大傳統，為他們成為有用的公民做準備，教導他們如何清晰地表達自己的思想，學會如何學習和思考（Zakaria 2015）。直到 1970 年代，高等教育場域才呈現出相對穩定且和諧的態勢。然而，最近因為競爭力量的出現，已經使這一場域變得更加動盪。

（二）競爭壓力

儘管對於一致性和統一性的同構壓力依然強勁，但反體制壓力正日益干擾著關於大學是什麼以及如何運作的主流共識。這些批評的原因是，現代社會普遍認為，組織（包括大學）是由「理性的行為者」組成，而代理人具有一系列明確定義的利益。這些利益支配著它們的組織過程和工作活動（Meyer and Jepperson 2000）。

作為組織之一員，大學要發展自己獨特的使命，追求與同行有所區別的戰略目標，而不是遵循早期組織場域學者的假設。如邁耶（Meyer）和羅恩（Rowan）（1977）及迪馬喬（DiMaggio）和鮑威爾（Powell）（1983）認為組織通常順應來自其機構環境的同構壓力。後來的學者，如奧利弗（Oliver）（1991）認為許多組織會選擇更多的戰略行動來追求自己的利益。它們從迴避、妥協和反抗，轉變為試圖制定新的規則和做法。事實上，正如第一章所提到的，所有場域都是由既有的參與者，即受益於現有條件的各個組織，以及挑戰現狀、尋求挑戰當前信仰和做法的行為者構成。在高等教育中，這種挑戰最好的例證是營利型組織的興起，它們進入到以前為公共和非營利型形式所保留的場域。以上不太極端的戰略行動，也被描述為代表了每個大學群體的各種協會或某一類專業行為人（如大學校長或財務分析師）的利益，例如，大學校長或財務分析師動員人們，以代表、捍衛和遊說他們在州、地區和聯邦各級層面的利益（Cook 1998）。除了執行這些場域和群體層面的戰略行動外，每個大專院校還必須在與同行機構的舒適性，尋求戰略競爭優勢的回報率取捨當中找到平衡點。

從大學在美國開始創建之後，美國的大學就比歐洲的大學更加參與社會，因此也更容易受到政治壓力和市場力量的影響（Washburn 2005b: chap. 2）。面對各州間水準較高的地域流動性，長期以來各大學一直在爭奪財政資源、學生入學人數、運動員、教師和培訓人才招生、教師和教練等。

從二十世紀中葉開始，大學和學院開始接受一種將自己作為戰略行為人的概念，爭奪聯邦政府來自因應第二次世界大戰戰後重建，和持續冷戰的軍事需要所產生的高等教育資源。隨著決策者的集中化、行政管理的取代或行政管理的加強、行政人員與教師的比例增加，建設和實施教育的灣區管理者需要獲得更多的控制權。大學和學院開始制定各自的使命論述，從事「品牌」活動，以突出其獨特的特點及課程（Hasse and Krücken 2013）。更具體地說，越來越多的大學選擇將學生視為客戶，並將他們更多的注意力和資源用於滿足學生的偏好，而不是教師定義的「需求」。因此，大學課程已開始強調職業和專業課程，而不是文理教育和公民教育（Labaree 1997）。制度邏輯越發將教育視為「私人產品」而非「公共產品」。

1. 評級系統

由於專業人員在複雜和不確定的環境中工作，這種環境往往會導致不好的結果：他們長期以來一直堅持認為應該由他們自己共同決定他們工作的品質，而不是外行人決定。教育工作者一直依靠同行評審，更廣泛地說，依靠聲譽，即累積過去業績的評價，將其作為教學品質的一般指標。他們也很容易將（個人的）資格和（組織的）能力作為教育品質的有效指標。他們的注意力集中在輸入和過程，即培訓教師與申請入學的學生的考試成績，而不在於學生的學術產出或最終的成績結果（Donabedian 1966; Scott 1977）。

由學者組成的認證機構已經同意了教育服務的「生產者」所偏愛的標準。相反的，大眾傳播公司對於高等教育機構的排行評估，則不斷在傳遞民眾為教育消費者的概念。而《美國新聞與世界報導》（*U.S. News & World Report*）在1980年代初開始引入大學排名，它首先依照大學校長與專家們的評估意見。這些評估方式被批評為是反映「校友」的觀點，是內部人士的偏見。於是他們又採用了其他措施，其中大多數一開始著重輸入的測量方法（例如，新生的平均分數，專門用於學士班教育的資金），後來還採取了其他指標，來評估學校的教育效能，而不僅僅提供對學生具有吸引力的各種校園設備。

然而，近來大學排行已經開始納入更多的辦學績效指標。《商業週刊》（*Business Week*）在其發布的「商學院排名」中，依賴於「客戶」的評估指標中，包括了畢業生與雇主這些項目。大學和職業學校在就業競爭中的表現越來越受到人們的重視，並對其進行比較和評價；如今，畢業生的收入情況開始都會被公布出來。調查報告以應屆畢業生和公司招聘人員為對象，評估他們對大學教育的就業準備度等看法（Zemsky 2009）。其他的方法考察了「學生參與度」，還有一些方法開發了測試學生技能（如批判性思維和解決問題）的工具（Arum and Roksa 2015）。

通過對這些排名的影響進行調查研究，結果表明，雖然這些排名從外部影響了學生申請者和資源提供者等，但受其影響最大的則是大學管理人員和教職員的決策與行為。許多大學的工作人員已經將外部評級報告的判斷內化，並致力於提高這些機構所判給的分數（Bastedo and Bowman 2009; Wedlin 2006）。

2. 成本上升

近年來高等教育最突出的特點之一就是：學生及其家庭取得大學學位的成本越來越高。二十多年來，美國的大學教育年平均成本比通貨膨脹率高出1.6%（*The Economist* 2014b）。與成本相關的三個重要改革都與競爭壓力的增加有直接關係。其中兩項改革發生在1972年，當時出現了一系列高等教育法修正案：(1)決定將聯邦援助經費分配給學生，而不是直接分配給學校；(2)將這一場域的概念從「高等教育」擴展到「後期中等教育」。第一項改革迫使各大學爭奪獲得助學金的學生，第二項改革建立學位授予的私人擁有的學校（proprietary school），如鳳凰城大學有資格招收這些學生。從那時起，非營利型組織不僅被迫與其他非營利型組織競爭，而且還要與營利型組織競爭（Carnegie Commission on Higher Education 1973; Peterson 2007；同時參見第四章）。

第三項改革是由於聯邦政府和各州公共教育財政支出下降而導致的結果。隨著冷戰的結束，人們對不斷增加的財政赤字更加關注，聯邦政府大幅削減了用於高等教育研究經費和合約。然而這些變化首先影響了研究型大學，對主流的公立大學來說影響更為深遠，公立大學受到各州政府的資助，其平均收入已從1970年代的50%，下降到2012年的30%以下（Snyder and Dillow 2012）。如前所述，這些下降與1960年代末在大學校園發生反戰抗議活動有關，這些抗議活動削弱了政府對大學主流的支持。大學試圖通過增加學雜費和爭奪生源來彌補這些缺口，包括招收州外學生和外國留學生，因為他們有能力支付高額的費用。日益激烈的「生源搶奪戰」也間接導致了大學成本的上升，因為大學需要通過擴大課程或提供更具吸引力的設施設備，來吸引學生，參與宛如「軍備競賽」般的競爭以吸引最優秀的學生。

如今，在爭奪生源之際，大學更側重於考量學生的學術資歷和支付學費的能力，而且隨著時間的推移，它們更加看重學生的支付能力。克拉茨（Kraatz）、文特雷斯卡（Ventresca）和鄧（Deng）（2010）記錄了這些變化是如何透過大學重組而得以實現，把招生辦公室和學生獎助辦公室合併成一個「招生管理」單位。這次的組織重組是在美國大學註冊和招生委員協會（American Association of Collegiate Registrars and Admissions Officers）的大力推動下完成，旨在突出大學在招生決策中，應把財務考量納入重要的決策思維中。在第四章中，我們將更詳細地探討公眾對大學如何實現真正意義上的支持。

五、結語：外部控制與支援

本段將簡短地概述當代高等教育場域的複雜性。大學組織的幾種次級群體，都被組織內的相互依存關係所約束和維繫。他們彼此間既存在相似性，又彼此不同。我們嘗試從其中的規則、規範和文化等脈絡中，綜合出全美高等教育系統場域中的爭議與問題，尤其各類型高校各有不同的協會組織和機構，它們也會為了保障自身的工作權益與機構目標，而相互競爭與衝突。。

　　圖 2.5 描述圍繞在一所高等教育機構的錯綜複雜關係。只是該圖忽略了高等教育場域中的若干共同點，如每所大學都必須接受特定認可機構或協會的評鑑工作。舉例來說，公立大學受到若干聯邦機構要求的影響，特別是政府政策的強烈影響。它們也高度回應來自不同專業和學術協會的規範壓力，這些協會與它們的教職員工建立起聯繫。相反，營利型大學也受到聯邦資助計畫要求的影響，且與公司總部的聯繫最為緊密。

　　儘管如此，高等教育系統仍然是主要的公共實體，這一事實有助於解釋在面對巨大的社會變革和強烈的改革壓力時，高等教育為何能夠彰顯出其顯著的穩定性。在過去的半個世紀裡，該場域已經擴大並增加了更多的參與者，但尚未經歷嚴重的重組。至少到目前為止，因擴招學生人數所遇到的變化：學生資格、需求和興趣多樣性的增加、財政壓力、以及來自線上教學的挑戰，這些已經被現有結

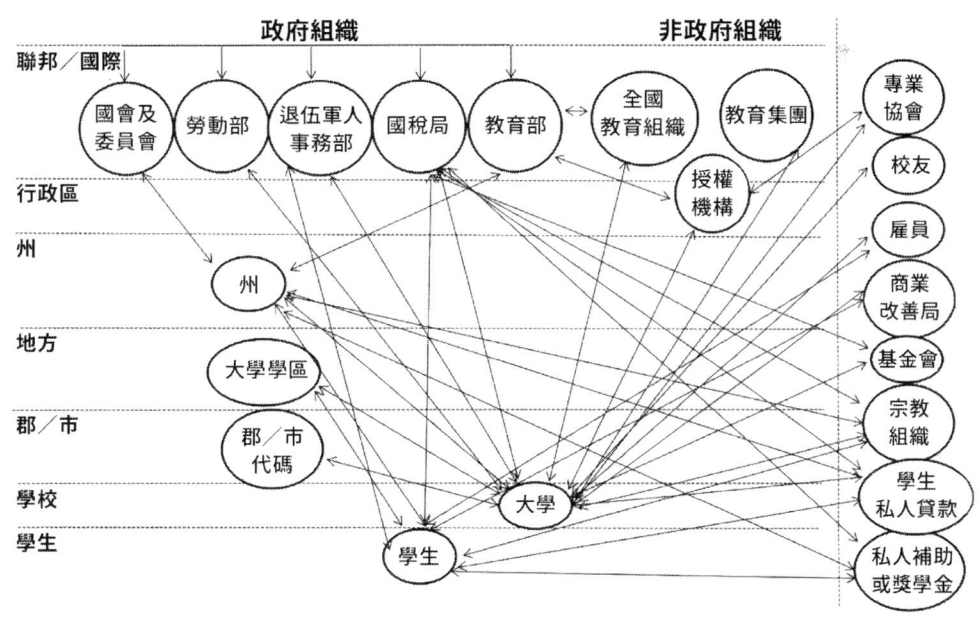

圖 2.5　大學和學生相關的支援與管理系統網狀圖。

構所吸收和適應。新的改革舉措、新的資金來源、新的規章制度不會憑空進入教育場域，它們必須找到一條新路徑，並通過無數現有的規則、傳統和既得利益才能做到。

可是，這並不意味著現狀沒有改變或將會發生改變。社區學院的急劇增加和營利型大學的興起，標誌著高等教育生態系統的重大變化。況且，開發友好型和複雜型的線上教育材料，可能會成為促使教育機構進行某種重大調整的因素。然而，更迫切的變革壓力是：所有的大學都與地方經濟因素相關聯。如果這種經濟影響像灣區當地經濟那樣特別明顯且充滿活力，那麼推動變革的動力就會大大增加，正如我們將在第三章中所討論的內容。

第三章　舊金山灣區的區域經濟

WILLIAM RICHARD (DICK) SCOTT, BERNARDO LARA, MANUELITO BIAG, ETHAN RIS, and JUDY C. LIANG

　　所有組織都會涉及到多個場域。在大多數情況下，有兩個場域尤為重要：一個是產業場域，囊括著提供相同服務或產品的組織；另一個是區域場域，囊括著發展內部的獨立性組織，因為它們在共用著一個共同的地理空間。在前一章中，我們分析了擁有多種資源提供者、相關支援和控制系統特定區域中的大學所受到的影響。在這一章中，我們將開始研究大學所在的區域和社區內，以及大學被嵌入的合作關係中的力量形塑及其發展的方式。

　　當前生物學家與社會科學家都在強調同一個地方所共同依賴的資源的獨立性，區域聚焦（regional focus）已經成了生態研究的主要內容。人類生態學的奠基人之一的霍利（Hawley）（1950: chap. 12）強調區域或「社區」相互依存關係在社會中的重要性。他認為區域群體重視不同個體或群體之間的共生關係，這種分工會導致勞動分化，這種情況下通過專家合作才能實現共同目標。近年來，區域經濟學家指出，類似的公司集中在一個地區可以創造有利於員工、雇主，支持組織和廣大社區的專業勞動力和專業知識庫（Moretti 2013）。地區應注重不同公共部門和私營部門的多樣化融合，鼓勵和支援組織的類型多樣化。

　　我們的研究具體聚焦於一個特定區域：舊金山灣區，我們的方法對於任何區域經濟的發展都有啟示作用。正如奧馬拉（O'Mara）（2005）、鮑威爾（Powell）、帕卡林（Packalen）和惠廷頓（Whittington）（2012）及薩克森寧（Saxenian）（1996）的研究證明，組織行為者的具體組合形式，如：公共組織、營利與非營利組織，對高新技術區域的發展都有重要影響。一般來說，所有的區域經濟體，包括那些聚焦在傳統製造業、批發貿易或金融服務業的地區經濟，都呈現出極具特色的的組織生態，都可以被那些概念以及本研究所採用的方法論工具所剖析。現代社會的多數行業，都在尋求高等教育的服務，來協助他們的發展。

　　不同組織在嵌入或面向本地區的程度上各有不同。規模較大的企業，如惠普和蘋果，相較於所處地區它們更願意協調美國乃至國際關係事件。同樣，大學群體在與本地的聯繫上也不斷變化，研究型大學和綜合大學更側重於與州、聯邦和國際建立更廣泛的連接；而在另一方面，大企業和大專院校對於本地區具有重大影響，以至於這兩種聯繫在某種程度上是不對稱的。相反，社區學院和許多非營利組織更多地融入當地的環境從而發展自身，例如，社區學院的生源更多是來自於附近的社區。營利組織由於要設計他們的產品而受制於當地的條件和要求。總之，地區十分重要，但它的重要程度取決於內部組織的類型。

　　儘管多數人認為地點位置很重要，但越來越多快速發展的資訊和通訊技術（information and communications technologies），要求分散各地駐點，擴大與加強更多的合作機會。新的資訊化社區形式開始出現，所在區域的重要性再次得到認可。這樣類型的社區，通過共同工作以實現一致性目標，比如「通過創造，不斷地交流、修改和知識重組而在前進的道路上不斷作出貢獻」（O'mahony and Lakhani 2011: 9）。其主導領域從軟體發展到解決科學問題，再到制定共同標準。目前很多學術界的文獻都在探討，在這樣快速的社會環境變遷下，個人和組織有哪些優勢？（例如：Marquis and Battilana 2009; Marquis, Lounsbury, and Greenwood 2011; O'Mahony and Ferraro 2007; Powell and Snellman 2004; Rosenkopf and Tushman 1998; Seely-Brown and Duguid 1991; Van de Ven 2005）。

　　矽谷，舊金山灣區的心臟，資訊化社區的典型代表，既強烈地依賴於當地的聯繫，同時也注重連接那些更廣泛、更遙遠的合作者（Saxenian 1996: 2008）。大專院校是這種社區活動的重要參與者，在知識形成的過程中提供至關重要的智力資本，在教育和培訓管理人員及工人時，進行人力資本的積累（Berman 2012; Lowen 1997; O'Mara 2005）。當然，學校也直接助力於它們所在地區的經濟，往往也是所在地區的最大雇主之一。由組織三角洲大學經費計畫（Delta Cost Project）蒐集的資料顯示，灣區中主要的大學每年經營性和非經營性的總支出超過 14 億美金。這些支出包括員工工資發放、設施的建設和維護、設備、物資和服務、研究經費以及校園訪問費用等（Siegfried, Sanderson, and McHenry 2007）。在 2013 年，灣區的加州大學系統的總開支就超過 7 億美金，其中加州州立大學花費就超過 1 億美金；這一地區的社區學院總支出總計超過 2 億美金；史丹佛大學作為單獨的實體，它的開支紀錄將近 4 億美金（Delta Cost Project 2013）。此外，這些資金的投入吸引了許多個人和組織，都在尋求如何從學校所培育的豐富的文化和輿論環境中受益（Steinacker 2005）。

同樣處在當代經濟重大轉型的浪頭上，矽谷產業從擺脫傳統製造業，蛻變到強調知識、構思和創意的發想。莫雷蒂（Moretti）(2013: 49) 估計，過去數十年間，美國網路工作已經增長了 634%，比其他產業高出 200 倍之多。這些產業不僅包括科學與工程等領域，也有來自其他行業，如：娛樂、設計、行銷、金融和醫療等。灣區甚至保留傳統製造業。根據赫爾珀（Helper）、克魯格（Krueger）和威爾（Wial）(2012) 的研究指出，在全美各大城市裡，矽谷是全國製造業薪資最高、生產行業第二集中的城市，超過 16 萬人在矽谷中的各式工廠就業。許多企業遷回矽谷，不僅是因為中國的工薪成本上漲，也因為矽谷高科技行業能夠提供品管嚴格、技術快速轉換、較高品質與智慧財產權更受保障的環境。同樣重要的是，這些創新產業所產生的「乘法效應」，也影響其他行業，特別是服務業。例如那些在餐廳、醫療、造型、房地產、運輸業領域的人們，不斷從這種持續創新的產業外溢效應中獲益（Moretti 2013）。因此，2015 年矽谷附近，包括舊金山和聖荷西（San José）網路領域等工作機會，躋身全美各大城市的頂尖地位，也就不足為奇了（Cox 2014）。

這也是舊金山灣區近年來作為整個加州經濟主要發動機的一個實例。聖荷西地區在 2014 增加了 6.7% 的經濟產出，舊金山奧克蘭（Oakland）地區增長了 5.2%，而整個美國的增長只有 2.9%。同年，灣區的兩個大都市一共為整個州貢獻了 27% 的經濟產出（Walters 2015）。

一、矽谷

矽谷是一個從區域發展的典型範例，它汲取當地知識集群和合作與競爭關係複合體中的優勢（Kenney 2000; Lee et al. 2000; Saxenian 1996, 2000a）。舊金山灣區由加州北部的七個郡所組成：阿拉米達郡（Alameda）、康特拉科斯塔（Contra Costa）、馬林郡（Marin）、舊金山、聖馬特奧（San Mateo）、聖塔克拉拉（Santa Clara）和聖塔克魯斯（Santa Cruz）。這一地區，包圍著整個舊金山灣，占地約 1,800 平方英里（見圖 2.1），在 2010 年，大約有 700 萬居民居住於此。這一地區的心臟即矽谷，這是一個有著一長串令人印象深刻的特點和成就的全球創新中心。例如，它有著全美主要都市中最高水準的人均高科技製造業活動（Harris and Junglas 2013）。這一地區的教育水準也比州平均水準高出很多，大約 46% 以上的成年人擁有大專及以上畢業文憑。相比之下，加州成年人中只有 31% 的人口取得大專文憑（Massaro and Najera 2014）。這些受過教育的員工中大部分是來自移民，工作在工廠和其他相關科學領域的人，超過 60% 是出生在美國領土以外（Handcock, DiGiorgio, and Reed 2013）。矽谷產業的年平均收入已達 9 萬美金，比整個加州的 60,000 以及全美的 52,000 美元高出太多。需要強調的是，當灣區經濟以科技為主導時，其他高技術產業也同樣存在，包括醫療保健和金融服務。儘管這些高技術人員必不可少，其他行業也包括並且依賴於這些高技術人員，許多其他類型的人員也都經歷過中等水準的、輔助專職人員的訓練。

雖然灣區受到區域性限制，但它的邊界仍舊是高度可滲透和不斷變化的。如前所述，它是移民的首選之一，每年來去的各種專長移民數量眾多。同樣，灣區還擁有遙遠的合作夥伴，它們之間通常跨越了整個海峽進行聯繫（Saxenian 2008）。舊金山灣區複雜的生態系統影響了它的居民個人和企業組織，儘管如此，人們依舊保持開放的系統，與大環境保持著相互的影響，我們將在第四章有更詳細的描述。

（一）矽谷：多重再造

儘管矽谷的國際聲響源自近半個世紀的發展，但矽谷的根卻是種植在二十世紀的前十年，不同的產業集群從出現到衰退，使得該地區經歷了一系列變化（圖3.1）。

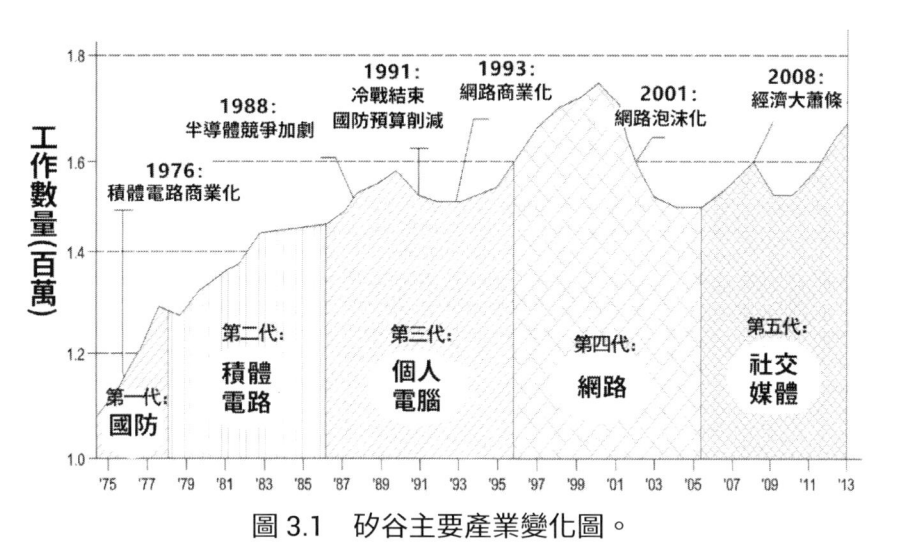

圖3.1　矽谷主要產業變化圖。

註：經 Silicon Valley Competitiveness and Innovation Project（2015）允許而使用。從圖3.1可看出，矽谷主要產業超過半個世紀以來，所經歷的五個變化階段：

1. 1950 到 1978 年
   美國國防工業浪潮，包括：史丹佛研究院（Standford Research Institute）、美國國家航空暨太空總署的埃姆斯研究中心（NASA's Ames）、洛克希德導彈和航太公司（Lockheed Missiles and Space）、聯邦軍事委員會（FMC）／聯合防務（United Defense）、史丹佛工業園區（Stanford Industrial Park）（包括：瓦里安聯合公司〔Varian Associates〕、惠普及其他）。

2. 1979 到 1986 年
   積體電路變化浪潮（又稱集成電腦，integrated circuit），例如：肖克利半導體公司（Shokley Semiconductor）、費爾柴爾德半導體公司（Fairchild Semiconductor）、英特爾、超微半導體（AMD）、國家半導體公司（NationalSemiconductor）。這一期間，矽谷超過50家公司在發展與生產半導體。

3. 1987 到 1996 年
   個人電腦轉型浪潮，諸如：帕羅奧多研究中心公司（Xerox PARC）、史丹佛研究院、家釀電腦俱樂部（Homebrew Computer Club）、蘋果，以及其他至少15家電腦公司活躍在這地區。

4. 1997 到 2005 年
   網路興起浪潮，包含：網景通訊公司（Netscape〔Mosaic Communications〕）、思科、谷歌、史丹佛研究院是關鍵創新者，上百家公司在這一地區活躍。

5. 2006 到 2013 年
   第五次企業革新浪潮則受到社交媒體的影響：領英（LinkedIn）與臉書逐漸在矽谷擴大其業務規模，現已有上百家社群網路公司。

資料來源：Employment Development Department, Labor Market Information Division。
資料分析：Collaborative Economics。

二十世紀早期，研究人員聯合史丹佛大學成了廣播行業的開拓者，開闢了無線電報和真空管生產領域（Sturgeon 2000）。早期的公司包括米羅華公司（Magnavox）公司和利頓工業（Litton），這些公司都與矽谷的發展息息相關。幾十年後（如圖 3.1 中的第一段曲線），為美國準備和進入第二次世界大戰，電子行業受到國防經費的鼓舞而延伸到了更多新領域，被這些國防經費推動發展的公司包括：洛克希德導彈和航太公司、惠普和瓦里安聯合公司（Leslie 2000; Lowen 1997）。隨著積體電路的發明，在 1960 年代出現的主要新興產業集群是半導體和大型電腦以及其他元件。參與這些發展的大公司包括：肖克利半導體公司（Shockley Semiconductor）、費爾柴爾德半導體公司以及它們的許多後代產業（"Fairchildren"），包括英特爾（Leslie 2000）。在 1980 年代，技術的發展開始導致個人電腦產業的興起發展，像蘋果、矽谷圖形公司（Silicon Graphics）和太陽微系統公司（Sun Microsystems）這樣的公司陸續出現。在這類產業集群的崛起之前，矽谷大多數的專業工作是技術性的，但隨著電腦的出現，消費者行銷以及客戶支援成為許多企業至關重要的投資組合。但客戶並不知道如何評價和比較他們買到的產品的特性，所以，工程師依然重要，但他們卻迎來了市場行銷和企業專家（Kvamme 2000）。

在 1990 年代早期，隨著冷戰結束後國防開支的削減，呈現一段時間的緩慢增長。矽谷再次歷經自我改造，由網景通訊公司、思科和三康（3Com）等公司所領導，成為了網路革命的領銜者（Henton 2000）。這種新產業的發展，後來被 1997 到 2000 年的「網路」泡沫化所打斷。太多沒有經驗的公司試圖抓住這個機會來運營網路，以達到商業的目的。矽谷經歷經濟倒退，一直持續到本世紀初。

然而，在二十一世紀的第一個十年，一種新興的網路使用方式開始發展，催生出社交媒體。一組新的網路供應商，通過經營網路在朋友和熟人中利用個人人際關係分享可靠資訊，而且還會告知商業服務供應商如何更好的服務和進行商業開發。像臉書和推特這樣的公司領導了這一階段，幫助矽谷恢復並刺激其經濟的持續發展。然而這一章的故事仍在展開，生物資訊公司應運而生，將大學的基礎科學與製藥公司和風險資本家聯繫起來,以此在遺傳學和醫學領域創造價值。其中,帶頭的企業包括:凱龍星健康公司(Chiron Health)和基因泰克(Genentech)(Powell, Koput, and Smith-Doerr 1996)。雖然最開始生物集群在矽谷並沒有迅速發展,但它後來卻成為國家的領導先鋒並且擁有超過 500 家公司,引領了全國生物產業的發展(Henton 2000)。現在看來,網路安全問題可能會加速下一次大浪潮的發展。總之,矽谷的高科技經濟已經在過去的四十年裡進行了六次澈底地自身改造,這是一種敏捷性與靈活性共存的非凡運動。

我們已經簡要地呈現了一幅產生和維持矽谷發展多重因素的詳盡歷史畫面。然而,另一些觀察家表明引發區域發展的最顯著的因素是聯邦政府和某些大學之間所締造的夥伴關係,比如史丹佛大學(Lowen 1997; O'Mara 2005)。奧馬拉(O'Mara)(2005: 2)認為,特別是一些以大學為中心的經濟發展重鎮,就是由於聯邦政府的政策所驅動的結果,形成了大學以研究為先,並鼓勵它們在本區域與私人企業進行合作。目前所嘗試的很多努力都是通過郊區大學以鼓勵土地管理政策的應用為目標,「考慮到受過良好教育的人喜歡生活」,從而創造有吸引力的住宅區。這項精心的聯邦政策,在於鼓勵私人企業家發揮作用,避免聯邦政府權力過大介入的情況發生。

史丹佛大學在很大程度上錯過了第二次世界大戰的聯邦政府的資助,在某種程度上是因為其保守的管理高層,包括其長期的董事會成員之一:美國前總統赫伯特‧胡佛(Herbert Hoover),都拒絕接受聯邦資助(Nash 1998)。在第一任工程學系系主任弗蘭德里克‧特曼(Frederick Terman)上任後,改變了史丹佛大學的保守立場。範內瓦‧布希(Vannevar Bush)畢業於麻省理工學院畢業的學生,他意識到與聯邦政府合作的價值所在。特曼先後與大學的唐納德‧特雷希德(Donald Tresidder)校長以及華萊士‧斯特林(Wallace Sterling)一起合作,參與由聯邦資助,針對灣區當地的研究計畫,希望建立起史丹佛大學及其周遭區域的「技術型學術社區」(Gilmore 2004; Saxenian 1996: 22)。不像許多東部的大學,史丹佛大學擁有許多開闊的土地,因此它創造了一個「乾淨」的產業研究園區。與許多東部城市不同的是,矽谷缺乏一個可以作為後盾的早期工業發展基礎，相對的也少了受舊工業的經濟影響所留下的發展限制。田園為新的產業經濟提供了理想的位置：這裡有郊區綠色的發展地帶，更有座落於其中的研究型大學。

（二）矽谷區域經濟的獨特特性

分析家們一直在試圖探究矽谷區域發展的獨特特性，尤其是產業不斷創新與持續發展的「秘方」是什麼。對此專家們有不同的解釋，但我們也可以從中找到共同的要素。

長期占主導地位的傳統產業模式是以大的領地以及公司的穩定為特徵，依靠垂直整合和專門的管理控制系統，提供長期的就業安排，以及利用公司剩餘資本投資新的企業（Chandler 1977）。相反，矽谷的特徵則是規模大大小小的公司組成的複合體，企業之間的橫向聯繫構建了新的網路，橫跨公司及美國的勞動力流動模式，不像單一的組織內因固守等級制度而各自為政，企業創業投資也是相互獨立的。與傳統產業模式由執行者運行並以「灰色法蘭絨西裝和白領襯衫」的情況相對比，矽谷的公司洋溢著濃厚的工程師文化，強調專業技術知識、技術秘訣、富有冒險的、非正式的（藍色牛仔褲和T恤）、悠閒的氣質以及對科層體制和規則的蔑視。科學家和工程師們發現，如果他們願意從概念到原型再到生產去進行他們的工作，他們可以獲得與傳統產業中專門為高級主管預留相差無幾的獎金（Lewis 2000）。雖然矽谷是由各種獨立的組織所組成，但他們中的很多人都把自己只當做一個「樂高積木塊」而不是獨立的企業。當公司的某項專業技術不是很需要的時候，就很有可能承包給另一家需要的公司。因為需求是不斷變化的，產品的壽命很短，所以供應鏈也是由來自不同公司的專家湊在一起而形成的臨時團隊（Saxenian 2000b）。

1. 組織行為體之間的不尋常組合

(1) 製造業與服務公司

因為我們的區域調查最初集中在高新技術產業，所以聚焦的「焦點」群體也是高新公司。由於在1980年代早期，當經濟基礎開始從國防設備和半導體轉向個人電腦時，越來越多的小公司開始出現並附著在大而傳統的公司旁邊，如曾主導該地區工業經濟的惠普和洛克希德導彈和航太公司。促使這種變化主要的驅動力在於從以「專利的方式」來鎖定客戶到硬軟體服務的單一供應商，再到「開放式體系結構」模式，鼓勵曾由共同企業標準所指導下的新成員，通過開發差異化的產品來競爭。太陽微系統公司開創了這種既合作又競爭的方法，讓許多新創公司急於加入並不斷發揮效能（Saxenian 1996）。資歷更老的公司，比如惠普，如果試圖加入這個新興領域就不得不進行重組，從垂直到水平的組織轉變，從而使運作單位能既謹慎又靈活。經理們也不得不學習新的技能和發展新商業模式以贏得競爭。除了開發技術以快速決策和轉變系統，他們還需要學習建立聯盟的精細工藝、外包模式的設計、與供應商和客戶的合作，以及掌握網路社區的操作規範（Nevens 2000）。此外，至少會有一部分管理層的人員會被吸引去學習創業藝術：識別機會的能力、計算合併進入新企業的風險、圍繞一個新任務能充分調動內部和外部的合作夥伴的能力、超越單純的掌握管理技能等（Lee et al. 2000）。在這方面，管理者應該融入並向工程師們學習。

　　該地區從事生產和提供服務的高新技術公司，可謂當地各種經濟活動的主要參與者。主要參與者為兩大類機構：資訊服務以及專業、科學和技術服務。從勞動統計局的資料顯示，在 1998 到 2013 年，灣區的近一半地區資訊服務機構的數量從 760 家增長到了 1,650 家。舊的出版和傳播領域產業，被電信和資訊資料處理所替代。在專門服務領域的機構數量也大幅增長，特別是在電腦系統設計領域（從 5,570 到 7,530 家）和控制、科學和技術服務領域（從 3,252 家到 5,980 家）。在 2010 年，矽谷的國內生產總值（gross domestic product）為 8.2，高於美國國內生產總值的 3.0，其主要歸因於資訊服務的發展；對於電腦和電子產品的製作，矽谷的國內生產總值為 9.2，高於美國的 6.9；專業、科學與技術服務，矽谷的國內生產總值為 12.0，而美國為 4.7（Randolph 2012）。

(2) 創業投資公司和律師事務所

　　其他新的或被改造的組織包括風險資本公司和矽谷律師事務所。新創公司的迅速大量湧現，使一種新融資投資模式的引入成為可能，大企業公司可以依靠剩餘資本基金投資一個新專案或者新部門；同時也更有資格享受從傳統融資機構，如銀行申請貸款，因為它們被視為擁有良好的信貸風險。相反，小企業需要不斷注入資本，卻並沒有這類資金。這個創新故事重要的一部分，就是透過矽谷如何關注風險資本家的出現，以滿足這些大小企業的需要。

創業投資公司是一種為新興企業提供貸款，以小額的權益股，收取日後較大回報的專業管理公司。它們願意承擔這種高風險，雖然它們投資的大多數新公司都是失敗了，但是它們相信它們支援的一些公司將會很成功，它們將參與其中並增加創造價值。除了資金，它們也提供其他資產，如商業和金融專業知識。它們經常充當「引導者」這一角色，定期諮詢新啟動公司的技術專家和工程師，這些技術專家和工程師雖然擁有非凡的技術工藝知識，但缺乏經營管理經驗。因為創業投資公司與許多企業一起合作，它們可以為新興的公司找尋潛在合作對象和供應商。風險資本家與創業企業的合作夥伴關係不僅停留在公司建立基礎的早期階段，在後期不斷擴張的艱難階段也會一直持續下去。直到 1980 年代，矽谷已經擁有世界上最大的創業投資基地（Florida and Kenney 2000; Hellmann 2000），且集中在舊金山郡和聖塔克拉拉郡（見第六章）。

矽谷銀行是一個重要的參與者，它成立於 1983 年，由一群美國銀行的前管理者們所成立，該銀行將自身定位為初創企業與風險資本家和專業服務顧問的連接代理。迅速成為了該地區「主要的存在」，所提供的一系列服務遠遠超過了一個傳統銀行的職權範圍（Saxenian 2006: 31）。

與創業投資公司不同，律師事務所並不是一個新專業組織，然而對如何提供一種獨特的法律專業服務，它們在矽谷已經取得卓越的成就。一位拉瑞‧桑希尼（Larry Sonsini）律師，被媒體形容為「矽谷的秘密武器」及「矽谷的最有力人士」（Suchman 2000）。桑希尼和他的同事們很願意幫助那些新啟動項目的、急需幫助的工程師們，他們比那些在舊金山的大型律師事務所更早表現出興趣，儘管今天那些事務所中的大部分都開始掌管矽谷這一區域的公司。在矽谷的律師事務所，不僅要學會作為法律顧問的服務，也要成為業務顧問，就像創業投資公司一樣，他們直接參與「交易」，說明那些年輕創業公司識別他們合適的合作夥伴以及提供基本的商業指導。當他們從一個公司跑到另一個公司時，他們能夠識別彼此組織的一般模式或模型，或多或少地保證成功，使把這些資訊告知給他們的客戶。律師事務所同時還以一種重要的中央仲介的身分，幫助起草創業企業與風險投資家之間的合約（Suchman 1995）。最後，他們也扮演著保護他們客戶新發明的財產權的傳統角色。

(3) 研究型大學

矽谷一直以來都在極力強調研究型大學的中心地位，特別是史丹佛大學，同時也包括加州州立大學、加州大學柏克萊分校、舊金山大學、以及聖塔克魯斯大學等等。如上所述，特曼曾任史丹佛大學工程學院院長（1946 到 1955 年）與該校教務長（1955 到 1965 年）。在職期間，特曼鼓勵該校教師在研究上超越現有的理論發現，研發工作原型，然後透過參與開創新公司，或與現有企業合作，來自我驗證與改進研究成果。教師以及學者都被要求成為創業家（Gibbons 2000）。同樣，在矽谷發展的早期，史丹佛大學開始與公司合作，比如與洛克希德導彈和航太公司及與惠普合作，提供這些公司員工的進階培訓。這種校企合作關係延伸到史丹佛工業園區於 1950 年代初的創建，鼓勵參與企業的研發工作，為史丹佛大學校企合作紮根（Gilmore 2004; O'Mara, 2005）。隨著時代的推移，其他院校也紛紛效法入駐企業，搭建類似史丹佛大學的合作夥伴關係，加州大學各校區如：柏克萊、舊金山以及聖塔克魯斯，都在矽谷經濟中扮演著核心角色（Kenney and Mowery 2014）。同樣，加州大學柏克萊分校以及聖塔克魯斯分校還進行推廣課程，為矽谷等員工提供進修機會（見案例 3.A）。

案例 3.A
研究型大學的推廣課程

大專院校規模擴展並不是灣區唯一明確提供勞動力導向教育的高等教育機構，該地區有三所研究型大學同樣也為對提升工作技能感興趣的學生提供教育。它們也經常直接與企業合作來贊助學生、創建自訂專案。以下介紹的課程計畫成果，不僅是一種公共服務設計，也是各校主要的收入來源之一。

A. 加州大學柏克萊分校推廣部

隨著越來越多大學教授提供免費公開講座的趨勢，類似的推廣課程在加州大學柏克萊分校，可以遠溯自1892年就開始。到了1914年，柏克萊分校率先推出「短期課程」(short course)，使得往後許多大學跟進，提供的不是學分，而是可以抵免日後就讀學位課程的證明。該校推廣課程的教學範圍不限於灣區，而是橫跨加州的其他四個中心城市（貝克斯菲爾德〔Bakersfield〕，索諾瑪〔Sonoma〕，薩克拉門托〔Sacramento〕和沃特森維爾〔Watsonville〕）(Stadtman 1967)。

柏克萊分校所管理的全州推廣課程，持續進行了幾十年。然而，在加州的總體規劃全面實施後，推廣課程轉移到加州大學的各個校區實施。1968年，聯邦直接下撥的資助終止，到1982年很多大學也就停止了支援超出它們一般預算的推廣課程。這就使得推廣工作對潛在入學者的需求變得更加敏感。有學者批評說，此種市場導向的推廣課程，將取代原本以提升勞動階層教育品質的重心，轉而關注那些擁有更高收入、已擁有學士學位以上的個人 (Rockhill 1983)。

今天，加州大學柏克萊分校推廣課程同時透過網路等方式，遍及灣區的三個城市進行授課：柏克萊、舊金山以及貝爾蒙特（Belmont，位於聖馬特奧郡）展開。根據其網站資料，加州政府估計每年可招收1,500個班級的35,000名學生。這些推廣課程與其他專業學院享有同等地位，行政上隸屬於柏克萊分校，由該校提供經費補助。推廣課程主任必須定期向行政副校長進行彙報。以2013到2014學年為例，夏季推廣課程為加州大學系統帶來了735萬美元的收入，而支出只有279萬美元。2015年秋季，大部分課程都是在舊金山中心地區的大專院校所提供（數量為304門），其次是柏克萊（244門，包括柏克萊校園自身所原有的課程），和貝爾蒙特（55門），另外170門課程是線上課程。這些課程中大多數（24%）都是商業領域的課程。

B. 加州大學聖塔克魯斯分校推廣部

加州大學聖塔克魯斯分校的推廣課程，早在 1965 年大學創校時就開始。最初二十年該校的推廣課程，主要為聖塔克魯斯當地居民提供一種非學分式、以「生活品質」為主的課程（這裡的居住人口比灣區其他地區都更密集）。1991 年，當類似課程在聖塔克拉拉（矽谷的心臟）開始授課時，開始有了一些新的狀況發生。1999 年，他們在森尼維爾（Sunnyvale）和庫比蒂諾（Cupertino）都有獨立的教學大樓。此外，在米爾皮塔斯（Milpitas）的太陽微系統公司校區裡也有共用的教學設施。在 1999 年，80% 的加州大學聖塔克魯斯分校推廣課程，都是在矽谷開設的（Benner 2002）。

近年來，參與加州大學聖塔克魯斯分校推廣課程的學生大部分都已完成了高等教育，截至 1999 年，80% 的學生都至少擁有一個大學學位，59% 的學生有兩個或更多的學位。許多人可能是處於職業中期的專業人士，因為有 50% 的學費都是直接透過償付計畫，由他們的雇主所支付的。在 1990 年代，加州大學聖塔克魯斯分校的推廣課程同樣也嘗試與一些企業主創建培訓專案，包括：太陽微系統公司、美國國際商用機器公司（IBM）和西門子商務通信（Siemens Business Communication）。這些培訓專案往往是 12 到 18 個月的認證課程，經常直接在公司中進行授課（Benner 2002）。在網路泡沫化（dot-com boom）期間，整體推廣課程的學生人數飆升，在 2000 到 2001 學年入學的學生就達到 5.2 萬人。隨著 2001 年經濟蕭條，這些數字急劇下降，迫使很多設備都必須關閉，工作、教學人員減少了 60%（Desrosier 2010）。

根據統計，在 2015 年秋季，加州大學聖塔克魯斯分校推廣課程年大概招生 12,000 人，有 201 門課程可供選擇。國內的任何學生都可以無條件報名，國際學生必須擁有學士學位。加州大學聖塔克魯斯分校的推廣課程只在聖塔克拉拉和網路提供，明確只關注資訊技術經濟，其宗旨所描繪的核心功能就是「滿足工作和生活在矽谷的人們，進行高級職業培訓的現實需求」。

比起柏克萊分校，加州大學聖塔克魯斯分校的課程，更加注重課程認證的結構性順序。目前，有 45 種不同的認證模式。要獲得證書，學生必須完成學業，平均成績需達到 3.0，達到 4.0 就可以獲得大學生榮譽證書。它們中的許多課程是專為在職的專業人員所開設，例如，提供針對 Linux 作業系統的管理者、開發商和程式設計師等，提供 Linux 程式設計和管理證書課程。但是有一些課程是線上提供的，這一類學生必須親自在聖塔克拉拉學校進行學習。相反，所有的這些課程都要求要獲得技術寫作和溝通證書（由工商管理部門頒發），可以採取線上學習的方式。這十門序列課程，成本大約 7,000 美元，目標在於培養各行各業專業人士，包括：工程管理人員、經驗豐富的建築師、設計師以及「轉換職業跑道者」。

C. 史丹佛大學合作計畫

　　加州大學並不是灣區唯一的一所為未入學學生，提供勞動力導向課程的研究型大學。史丹佛大學在這一領域的工作可追溯至 1954 年，隨著榮譽合作計畫（Honors Cooperative Program）的啟動而開始，如第四章所述。榮譽合作計畫的課程集中在工程學系，主要是迎合已經工作的學生追求碩士學位。這一計畫與當地雇主緊密合作，大多由企業提供場地，來進行影音教學與個別輔導等在職訓練。此外，榮譽合作計畫還為這種遠端教學提供了網路基礎，包括：史丹佛教育電視網（Stanford Instructional Television Network）和線上史丹佛（Stanford Online）。

　　今天，推廣課程依附於史丹佛專業發展中心（Stanford Center for Professional Development），而榮譽合作計畫依然繼續存在，為全職學生提供十一種不同的學科碩士學位，其中有八個位於工程學科之下。它們的學費按普通研究生的學費比率收取，而且很多幾乎都是由雇主支付。錄取榮譽合作計畫是有要求的，學生必須通過 GRE 考試以及有推薦信。

　　史丹佛專業發展中心還提供了廿八種理論學習的「進修結業證書」，從產品製造和創新型管理，到金融風險分析和管理。與史丹佛專業發展中心的八個「專業證書」不同，包括 IATA 航空管理以及先進的電腦安全。這些證書班招生標準各不相同，有的要求學士學位以及一個簡要的讀書計畫。值得注意的，這些課程也不需入學測驗或詳細的申請要求。進修結業證書通常需要三到五門課，都是線上課程，學費介於 15,000 到 20,000 美元之間。「專業證書」時間稍短，至少 20 小時的線上課程，或親自到史丹佛校園內上三天的課程。網路課程收費 250 到 1,300 美元之間，而面授的課程費用為 3,000 美元，包括使用線上內容的費用。最後，史丹佛專業發展中心也提供合作教育專案，這是為史丹佛教職員量身定制設計的課程，有提供線上的，也有在史丹佛大學內或在工作場所。這些課程主題往往較為廣泛，如創業創新或領導力等。史丹佛大學並未公開過這些課程的學生入學人數，或他們為學校帶來多少收入。

如果史丹佛作為矽谷南部的主要承租人而存在，那麼加州大學柏克萊分校在矽谷北部也扮演著一個類似的角色。最近的一項研究顯示，從 1970 年以來這所學校的教員、學生和校友就已創立了 2,600 所公司，有近一半都在灣區（Bay Area Council Economic Institute 2014）。該大學已成為一個創業活動的領導中心，培養了超過 25,000 位大學生和 10,000 位的研究生。經與灣區的其他研究機構合作，如：勞倫斯・柏克萊國家實驗室（Lawrence Berkeley National Laboratory）和聯合生物能源研究院（Joint BioEnergy Institute）合作，加州大學柏克萊校區在諸多領域取得領先地位，包括早期電腦的硬碟設計和開發 UNIX 系統，成為灣區資料庫相關軟體產業的中心。大學主持的或者催生支援創業的一系列多學科機構，包括哈斯商學院的萊斯特創業中心（Lester Center for Entrepreneurship）、加州大學柏克萊分校的工程學方面的領軍機構馮氏學院（Coleman Fung Institute for Engineering Leadership），以及與加州大學舊金山分校、聖塔克魯斯分校、加州量化生物科學研究所（California Institute for Quantitative for Biosciences, QB3）合作，支援著生命科學的基礎研究。加州大學柏克萊分校也同舊金山分校和史丹佛大學一同加入 I-corps：灣區的 NSF 創新團隊，由美國國家科學基金會（National Science Foundation）所資助，主要是發展為大學培養下一代創業者的創新生態系統（Bay Area Council Economic Institute 2014）。

鮑威爾（Powell）等人（2012）描述了在生物技術產業發展的過程中，灣區如何形成獨特的聯繫大學與當地夥伴群集關係。主要大學包括加州大學舊金山分校、柏克萊分校和史丹佛大學，這是最早一批孕育出基因泰克和凱龍星健康公司（Chiron）的學府，將基本生物醫療轉變成了臨床應用。他們的合作關係在灣區風險投資專家的支援下顯著提升。研究人員指出「灣區最顯著的特點就是商業組織嚴格遵守，包括出版和合作在內的學術規範的程度；同時，大學（尤其是史丹佛大學）也尊重並支持學術創業者。」（Powell et al. 2012: 449）

研究型大學通過創新專利以及許可證，也同樣有助於產業和區域發展。二十世紀最後幾十年前，假設大學生產的知識是公共財，任何人都可以學習和吸收。然而，1980年通過的拜多爾（Bayh-Dole）法案，允許大專院校擁有教師創出獨有的知識，包括由政府資助的研究也一樣。這一法案使得創新的商業化以及允許大專院校將其知識資本售出合法化。史丹佛大學處在灣區科技創新轉型重鎮，堪稱所有大學中第一所開設技術轉移辦公室的學府，為有個人貢獻的教師、他們的系所以及支持他們的國內外合作大學，提供這些盈餘收入，建立校企合作的分享模式，這一模式隨後被美國其他大學甚至全世界所模仿採用（Colyvas and Powel 2006）。

一些思慮周全的觀察家指出，這些發展所帶來的嚴重威脅，並不是對大學研究財政的入侵與金錢誘惑，或者將應用研究納入基礎研究的干擾，而是對學術核心價值的嚴重腐蝕，如對科學文化的開放性造成影響。學術界向來以自由追求知識、尊重同事之誼，以及對任何研究成果、方法和資料的開放分享與共用為榮。相反的，一種以專利掛帥為主的文化，禁止知識和資訊的交流，阻礙了人們對於真理的無限探索（見 Dasgupta and David 1994; Washburn 2005a）。

(4) 州立大學

就像在第一章中指出的，雖然認識到研究型大學提供了重要的貢獻，但本研究也試圖探討綜合型大學或學院所扮演的角色，它們並未真正參與啟動矽谷經濟，但是也幫助其維持經濟地位。例如，1970年代，由聖荷西州立大學培養了許多工程師，既不像史丹佛大學，也不像加州大學柏克萊分校那樣，成為了一個不僅為矽谷提供工程師還提供電腦科學和商業人才的領導者（Saxenian 1996; San José State University website; San José State University 2016；見案例 5.C）。後面的章節將會提供這一類州立大學以及綜合型大學在矽谷經濟中所扮演的角色的更多細節。

(5) 企業學院

在公司中，尤其是高科技企業中有這樣一種趨勢，就是企業通過創造自己的高等教育培訓單位而不是依賴大學為自己的員工提供培訓（Meister 1998）。波士頓諮詢集團（Boston Consulting Group）的研究發現，在 1997 到 2007 年之間，有立案的企業型大學（formal corporate universities）數量翻了一倍，其課程超過 2,000 門。在灣區，擁有這些課程的公司包括：蘋果、思科、谷歌、惠普以及領英等著名企業。這些企業之所以要開辦類似學校，原因是公司可以根據自己的需要，訂製出符合自己要求的課程，形塑本身的企業文化，透過福利分享的課程模式，提供員工進修機會。企業進一步引進大學企業管理碩士（MBA）課程，避免失去有價值的員工被競爭對手挖角風險。一項由《經濟學人》（*The Economist*）（2015b）對企業管理碩士課程的長期調查報告，從 2005 到 2015 年，由雇主支付學費讓員工到外面大學進修的比例，從 70% 下降到 40%。很明顯的，這些企業越來越傾向由公司出資在企業內訓練員工，而非過去讓員工到外面大學上課，以此減少員工跳槽風險。

這樣由企業主導的進修教育，在促進創新經濟發展方面扮演非常重要的角色，也是刺激大學不斷發展的動力，同時也為大專院校培養當前和未來人才，產生重要的互補功能。然而，因為許多公司認為這樣的資料是企業專有的，我們因此無法獲得這一課程的具體資料。

(6) 其他研究機構

其他對矽谷經濟發展產生重要影響的組織，如聯邦實驗室，包括：勞倫斯‧利弗莫爾（Lawrence Livermore）、美國國家航空暨太空總署的埃姆斯研究中心以及聯合基因體研究所（Joint Genome Institute）。此外，還有獨立的企業實驗室，如那些由惠普、史丹佛研究院和帕羅奧多研究中心公司所支持的實驗室。此外，隸屬灣區委員會的經濟研究所（Bay Area Council Economic Institute）、社會發展前瞻科技研發中心（Center for Information Technology Research in the Interest of Society）等組織，以及其他與矽谷合資的企業，除了為舊金山灣區的發展提供研究人力與專長外，並贊助一些致力於共用資訊及創建合作的論壇（Randolph 2012）等活動。灣區還為思維創新和開發以及在私人的、專業的、非營利的、公眾的組織間共用的資訊，提供了一個活躍的、動態的網站。

（三）靈活的勞動力市場

海德（Hyde）（2003）曾指出美國幾乎所有的勞動關係都建立在雇傭合約上，並不需要什麼特別的條款或利益，可以由雇員或雇主任意一方提出終止。而在矽谷的勞動力市場，最明顯的區別就是雇傭關係之間的極度靈活，無論是企業層面還是員工層面。在企業層面，機制被設計成可以快速增加或減少員工的數量以及類型，以此來適應變化的市場條件（數量的靈活化）；在員工層面，員工可以從這課程轉到那課程，包括跨公司的課程，以此不斷提高自己的專業知識和技能（功能靈活化）。激烈的全球競爭和不斷變化的市場條件，迫使勞工不斷發展新技能並保持在技術進展的最前緣。

由於這種高新技術企業之間的競爭不斷增強，在矽谷，工作崗位的變化相對於其他地區也要頻繁很多（Saxenian 1996）。由於深切地熱衷於他們的工作和同事，矽谷的員工們更像沒有強烈效忠於任何特定公司的「自由個體」。因為高新技術的強烈需求以及目前的供不應求，技術專才，特別是在較高水準的專才，就相對比較容易在這一地區找到新工作，使自己的工資最大化以及擁有股票獲利權（Harris and Junglas 2013）。

矽谷的另一個重要特徵是「約聘員工」相當普遍。約聘員工通常與終身雇員經常做著同一類型的工作，但沒有工作保障和福利。所以他們中的大多數，特別是那些低技能水準的員工，被迫作為獨立承攬人而工作，其他人也選擇這樣做，因為有更高的工資，工作自主權得到提高，能有發展新技能和工作經驗的機會以及有可以自主延長的假日。一些約聘員工受僱於持「W-2s」這樣的臨時聘僱簽證，由專門處理短期約聘仲介公司處理員工報稅相關問題；另一部分約聘人員就很「獨立」，有的就將自己作為一個獨立業務。各種業務負責人員的技能要求標準也非常之多元，從經驗豐富的高階開發專業顧問，到比較低層的維護技術工都有（Barley and Kunda 2004: chap. 3）。

矽谷的薪資報酬方式有別於一般傳統產業中，員工以追求工作上的安全和穩定，薪資多寡看年資決定的方式。矽谷員工在找工作時，更喜歡以能否取得該公司一次股權，作為求職談判籌碼，以換取高風險與高收益的工作機會。

矽谷利用臨時聘僱機構和獨立承辦人員已到了一種非同尋常的地步。矽谷的勞動力受僱於臨時聘僱機構的比例是全美比例的兩倍，在聖塔克拉拉大約有 30% 到 45% 的員工都處於「非標準」就業關係。非標準就包括：在一個臨時公司就業、個體戶、兼職員工和約聘人員（Benner 2002: 38–45）。雖然矽谷對人才的渴求以及持續不斷地在該地區創造就業機會，然而公司並沒有希望透過約聘人員和臨時工降低成本，反而這些當地固定受僱人員（places workers）在工作安全性以及福利上，就相對處於弱勢地位。

特別是移民勞動力，成了很多矽谷公司的主要技術來源（Pastor et al. 2012; Saxenian 2000a）。例如，在 2012 年，大約 36% 的矽谷居民是外國人，相比之下，整個加州是 27%，全國是 13%（Handcock et al. 2013）。矽谷儲備了大量來自中國大陸、臺灣、印度以及其他國家的高素質科學家、工程師、技術人員，為該地區帶來了巨大的人力資本，提供了語言和文化知識，從而鼓勵美國和他們的國家之間的貿易和投資流動（Lee et al. 2000; Saxenian 2000c）。這種流動促進了 H-1B[3]「專業職業」非移民簽證的使用，可以允許員工待上長達 6 年時間（Salzman, Kuehn, and Lowell 2013）。1965 年的《哈特—塞勒法案》（*Hart-Celler Act*）通過，這些特殊簽證也授予那些美國短缺的職業技能型人才；這一專案隨後在 1980 年和 1990 年逐步立法（Saxenian 2006），STEM（科學，技術，工程，

---

[3] H-1B：指美國為引進國外專業技術人員提供的一類工作簽證，簽發給來美國，為獲得移民局批准的美國雇主從事各項專業性工作的外籍人士，翻譯者注。

數學）相關職業占計畫的三分之二，旨在解決美國勞動力的技能短缺問題（Ruiz, Wilson, and Choudhury 2012）。矽谷的頂級雇主包括英特爾、雅虎、蘋果和易趣（eBay）同樣也需求 H-1B 員工。

　　本書之前提到的，高科技社區更有可能受益於資訊通訊技術的發展，可以支援遠距離的參與者們，如：個人和位於矽谷以外地區的組織而進行合作。薩克森寧（Saxenian）（2006）注意到了一個新的發展：矽谷還扮演著一個催生以移民作為驅動技術群的全球網路，因為這些外國員工有的會選擇返回母國，繼續建立新的創新企業。這些中心最早是位於以色列和臺灣的新竹科學園區，[4] 但是最近的中心出現在中國大陸和印度。這些發展是由一群來自四面八方的工程師和創業家共同促成，他們被稱作「新世代科技冒險家」（new Argonauts），[5] 彼此間有著共通的觀點、語言和互信基礎（35）。這樣才能夠在激烈的競爭中實現開放的資訊交換、合作以及學習（通常也會伴隨著失敗者的失敗經驗）。但這些外國員工們並沒有割斷反而繼續同矽谷保持聯繫，為矽谷個人和公司的合作連接新的網站。有證據表明這種矽谷與新中心的共同繁榮的過程，將更好地描述為「人才迴圈」而不是「人才外流」。

（四）勞動力市場仲介

　　高等教育與就業之間（以及員工和工作之間）越來越受到各種仲介的調解。而在過去，學生主要依靠大專院校職業與就業中心的幫助，以及與家人或朋友的個人關係（「社會資本」）。而在矽谷的勞動力市場越來越受到一系列新型組織的調解。就像本納（Benner）等人（2007: chap. 3）所指出，這些組織主要以三大市場功能而服務：1. 促進「市場交流」，從雇主那兒得到工作崗位，又以此匹配工作者；2.「市場製作」，包括影響職業的品質及其分布，提供員工培訓，作為法律的雇問，以及從事宣傳；3.「市場成型」，提供預就業和職業培訓等活動，

---

[4] 新竹科學園區：位於臺灣的新竹市，占地約 580 公頃。園區內擁有約 265 家大小高科技公司，其中超過 100 家由海外留學者建立，年產值高達 4,000 億臺幣。1995 年 5 月，美國《商業週刊》曾稱其為亞洲的矽谷，翻譯者注。

[5] Argonauts：指希臘神話中跟隨伊阿宋（Easun）乘坐快船「阿爾戈」號獲取金羊毛的 50 位英雄，翻譯者注。

促進資訊流動和勞動者和用人單位機會網路的形成。當然，這些有組織的安排是補充，而不是替代，是矽谷一系列充滿活力的非正式的人際網路關係的操作（Castilla et al. 2000）。下面我們將介紹一些仲介群體的主要類型。

（五）臨時員工仲介機構

這種以暫時或「臨時」安置為主的職業仲介機構，掌握雇主與求職者雙方所需的職業資訊，可以提供求職者面試洽談技巧等諮詢。他們依照付費標準，向顧客收取一些保證金。這些臨時安置機構，也往往擁有企業的求才紀錄，也可為員工提供就業收入中必須繳納包括聯邦、州和地方所得稅、社會福利等費用，以及協助各種行政業務（Kalleberg 2000）。因此雇主不僅可以免去行政責任，同時也能免去招聘、培訓和解雇員工的費用。此外，他們也不需要向臨時員工提供額外福利，如：保險和養老基金（Barley and Kunda 2004）。臨時員工機構同樣也為員工提供在某段雇傭期間試用服務。然而，這樣的員工會處於一定的劣勢，如：較低的工作保障，較低的實得收入，利益獲取的減少，經濟衰退時會容易被裁員等。這些問題不成比例地落在了婦女和少數民族群體身上，因為他們中的大多數都是通過這種代理機構來找工作（Giloth 2010）。

在矽谷的心臟聖塔克拉拉郡，這種臨時員工的數量在 1984 到 2000 年之間就翻了三倍，比整體勞動力增長速度快了近兩倍。有些機構為專門類型的員工服務（銷售或技術，高、低端技能人員），其他機構則提供廣義上的員工服務。這種最大的臨時機構是 1997 年的萬寶盛華集團（Manpower Group）提供，在矽谷經營著超過 20 家公司（Benner 2002）。

1. 網路仲介

由於雇主與員工之間高流動率，造成了資訊成本的高漲，一種以營利為主的網路仲介越來越受市場矚目。網路仲介機構服務範圍包括提供大型的線上招聘網站和社交媒體網站，如：凱業必達（Career Builder）、領英、Monster 和克雷格列表（Craigslist），為各種求職者及企業主提供所需的資訊，從整合、包裝到銷售資訊等服務，應有盡有（Cappelli 2001; Gutmacher 2000; HR Focus 2000; Marchal,

Mellet, and Rieucau 2007）。這些成千上萬的網站，如 Dicecom 和領英，在過去的十年，已經開發和創造出了一個廣泛的架構和商業模式。例如，Monster.com 首先從其掛出招聘資訊的公司收取費用。最大的職業社群網站，領英成立於 2003 年，現在已經擁有超 200 個國家的 3 億成員（LinkedIn 2015；關於這些網站聘僱公司的報告請看案例 3.B)。

案例 3.B
領英以及其他網上就業服務

當前的通信變得更加數位化和社交化。當談到將員工與工作結合在一起就更是如此了。作為領先的發展的產業，它們利用這種最新的技術創新來吸引合格員工，而大專院校卻無法跟上這些快速變化，尤其是在他們的預算已經削減的情況下。大部分大專院校都在尋找削減服務、專案以及費用的方式，我們發現職業中心和與職業相關的服務是第一個可被削減的。雖然這些中心仍然在許多高等教育機構存在，但是他們所提供的資源和服務往往是陳舊的，無法與當今學生的需要相一致。因此，操縱這世界的工作的負擔往往就落在了這些很少從大學職業中心獲得支持的學生身上。今天，大學生開始逐漸使用社交媒體網站並主動構建自己的簡歷和建立自己的個人網頁。

從表 3.1 可見，網路線上平臺如：領英和 Monster.com，不僅有效而且效率很高，並且對於雇員們尋求到一份工作或雇傭一個員工變得越來越必要。我們採訪了大專院校管理員、行業領袖以及大學生，反映出當前的趨勢表明，領英、Glassdoor 和 Monster.com 是被最廣泛使用的專業社交媒體網站。

就像《經濟學家》（*The Economist* 2014c: 51）所描述，領英「是一個線上通訊錄、簡歷以及發布平臺，任何人都可在這個世界的工作中找到他們想要的工作方式」。其成立於 2012 年，是全球最大的專業線上網路，擁有數以百萬計的人們利用它與別人交流，並用它來尋找和發布潛在的工作機會。此外，領英最近進入了高等教育地盤，「為學生搜尋一所大學或者一種職業建立一系列新工具」

表 3.1　最常使用的前十名就業網站（2015 年）

公司	創始時間	每月大約的上網人數	主要功能
領英	2012	40 萬	專業網路
Monster.com	1999	34.4 萬	搜索工作以及其他職業資源
Glassdoor	2007	26.5 萬	工作資訊以及比較
SimplyHired	2003	9.1 萬	搜索工作以及列出工作資訊
Indeed	2004	3.7 萬	搜索工作以及列出工作資訊
Dice.com	1990	2 萬	搜索技術類工作
CareerBuilder	1995	1.8 萬	搜索工作以及列出工作資訊
Linkup	2005	1.7 萬	從公司網站搜索工作
Idealist	1996	1.4 萬	非營利型工作搜索
USAJobs	N/A	4.6 萬	聯邦工作搜索

資料來源：jobsearch.about.com。

（Selingo 2015）。2014 年，領英收購琳達（Lynda.com），以此來填補勞動力的關鍵技能缺口。「一個人來到領英求職，意味著他們正缺失著某種職業的特定技能，因此可以通過學習 Lynda 課程來獲取」（Wong 2015）。領英「想改變的不僅僅是企業招聘，同樣還想以經濟效率的方式來制約勞動力市場」（The Economist 2014c）。

Glassdoor 是另一種被廣泛使用的專業網站，尤其是學生之間。Glassdoor 於 2008 年上線推出，總部在加州索薩利托（Sausalito）。不像其他線上招聘或專業社群網站，Glassdoor「可以匿名評估曾工作或面試過的公司」（Doyle and Kirst 2015）。並通過驗證和篩選他們的電子郵寄地址，來確保這些雇員的評論是真實的。事實上，大約有 15% 到 20% 的內容是不符合要求的，因此無法滿足公司的指標。Glassdoor 同樣也向求職者提供其他有用的資訊，包括：公司的具體薪資表、面試提問的範例以及公司效益的評價。

Monster.com 成立於 1999 年，目前是整個國家被訪問最多的就業網站。其主要特徵就是使雇主張貼工作機會，使求職者通過招聘啟事來匹配其技能和職位。Monster.com 同樣也注重搭建合作夥伴關係與聯盟，以此擴大雇主和求職者的搜尋範圍。2014 年末，Monster.com 合同 US Cyber 挑戰「建立一個網路安全專業人員和驗證人才的社群網路，以此政府和私營部門的雇主可以在這個至關重要的領域提供工作機會」（Boyd 2014）。知道如何最好地使用這些平臺和其他平臺，將對於學生找到工作和其他機會（比如：實習）十分重要。一位來自惠普的經理說，「我們要求每一位想要找到工作的學生都要善於運用網站，你不能只單單給我你的簡歷表。」同樣很多公司也表達了這一點，這讓我們對於大專院校目前為學生準備的勞動力市場的方式表示懷疑。我們與學生的訪談表明，他們的大學在他們求職中所起的作用很小。一位剛畢業的大學生現在在思科工作，他告訴我們，「我並不怎麼相信我的學校會為我找到一份工作，我主要依靠的是網上求職和其他資源，以及我所擁有的不同的社交……我得到的大多數機會，都是透過網路關係，而不是透過我的學校。」另一個學生也是在思科實習，描述了他找工作的過程是這樣的：「如果我要面試這家公司，我會更多的在網上瀏覽，我會儘可能多與這家公司的人們交流。」除了知道如何使用專業的線上網路以外，學生越來越需要建立一個強大的網路關係。一位學生說：「網路是絕對我用過的最主要方法……我發現最有效的方法就是和人們交流以及經常去網上瀏覽，你就有可能獲取什麼樣的企業都在尋找什麼樣的職員的訊息，同時也把自己的資訊放在所有網站上，招聘人員就可以找到我。」

雖然大專院校還會舉辦招聘會和教授面試技能與簡歷撰寫，而我們的採訪表明，很少有大專院校就當今真實的就業市場提供真正的幫助，比如如何應對領英或其他線上網站，如何建立專業網路，或如何接觸行業的專業人士。從學生對職業中心提供資源和服務的評論可以看到，一位學生說：「就業中心不給你任何工作的機會，比起發送電子郵件，它們在塑造自身形象上發揮了更大的作用。」另一位學生評價道：「職業中心應該教學生如何使用社交媒體……或許他們可以提供幫助人們做出漂亮的履歷或放在簡歷上的關鍵字的培訓。」

當被問到學生如何尋求到工作機會時，管理員和教師很少提及自己的職業中心或諮詢系統，他們依賴自己的人際網路，以支援學生。正如一位行政人員所說：「是的，我一直在幫助生物醫系學生聯繫業界，找尋就業機會。我深入瞭解他們，也知道哪裡有職位空缺。我會把資訊發送給學生，甚至幫他們聯繫公司。目前有一些已經在業界工作的校友，會通知我們哪裡有缺人，讓學生去申請，必要時我會親自轉交學生的資料給業界。我一直在系上搭建這種學生與業界的聯繫管道，但我不認為這種作法很普遍。因為它還需要大學更高層的重視與協助。」

總的來說，今天的大學生很少依靠他們的學校來幫助他們尋找工作以及就業保障。正如領英的創始人理德‧霍夫曼（Reid Hoffman）寫道：「公司和員工都需要向外看整體的運營環境，特別是當它涉及到網路的時候。公司要瞭解更廣泛員工的地方，而員工應該意識到自己的專業的網路關係是一個關鍵的資產，可以提升自己的長期職業發展前景」（Hoffman, Casnocha, and Yeh 2014: 97-98）。

2. 會員制仲介

這一類機構包括專業協會、行業協會、各類組織團體以及移民協會。他們說明其他成員以各種方式創造工作職位，培養網路的機會和技能（包括語言培訓），以及建設學習型社區（Benner 2002: chap. 5; Saxenian 2000a）。工會集體談判，以此對提高就業條件如工資、福利和行為規範等作出安排。面對區域經濟條件的波動性和對專業技能的需求，會員協會幫助確保他們的成員能跟上各領域最新的發展現狀，以及擁有必要的技能來應對競爭激烈的就業市場。他們還為會員提供專業的培訓，關於工資的資訊，說明掌握技能包括簡歷製作和談判策略。這種基於會員的群體，有助於推進促進員工的職業生涯的社群網路的形成（Saxenian, Motoyama, and Quan 2002）。

移民協會在矽谷一直都特別活躍且具有影響力。第一批移民網路的起源是因為「要共用教育和專業背景，以及共同的文化、語言和歷史」（Saxenian 2006: 49）。這是 1970 年代由伊朗、以色列以及法國的專家們所建立起來的非正式組織，隨後 1980 年代，由華人和印度人建立起了更正式的組織，後來的西班牙、韓國、臺灣、越南形成了更專業的組織聯盟。薩克森寧（Saxenian）（2006: appendix A）列出了之前活躍在矽谷的 30 個這樣的社團。

3. 公共部門仲介

這些組織包括各種聯邦和州的勞動力發展項目，試圖為弱勢的勞動者尋找就業、提供培訓和協助獲取技能以及提高就業能力的機會。公共部門仲介不同於私人部門仲介，他們主要集中在服務於少數民族和弱勢群體，並受到州及地方政策力度的強烈影響。在他們最近的表現來看，這些項目大多都是在1998年頒布的《勞動力投資法》（Workforce Investment Act）的資助下所進行的。基於矽谷的NOVA勞動力發展專案與公司進行合作、提供培訓和職業服務以及開展針對地方產業需求的研究，是所有項目中最為成功的一個（Benner 2002: chap. 6）。

4. 基於社區或非營利組織的仲介

雖然這些仲介通常大部分資金都來自於公家，但是他們卻比公共部門仲介操作更加靈活與細緻。例如，職業培訓中心（Center for Employment Training）在矽谷被認為是最有效的專案之一。它成功的發展到西班牙社群中去招聘網路員工，同時與雇主建立良好的關係（Benner 2002: chap. 6）。

5. 教育仲介

矽谷的大專院校，當然或多或少在某種程度上，都會把學生與當地的工作機會聯繫在一起。在第五章和第六章中將對此有一些描述。我們已經指出了加州大學柏克萊分校推廣課程和史丹佛大學榮譽合作計畫的重要性（見案例3.A）。這些計畫主要是針對年紀更大一些、沒有學位、正在尋求特定職業技能的成人提供一系列的培訓機會。這些課程都是自籌經費，且受加州大學或史丹佛大學等主流大學所管理。

（六）政府組織

1. 市場與網路

沒有一個單獨的個體能對舊金山灣區進行全面控制，公司以及所有的組織都被政府機制以及混亂的規則所操縱，包括聯邦、州、郡、市級機構和專門機關。

我們發現有一部分研究機構和政策協會，如：灣區協會經濟研究所（Bay Area Council Economic Institute）、矽谷合資（Joint Venture Silicon Valley）和矽谷社區基金會（Silicon Valley Community Foundation），它們為灣區的發展貢獻研究特長、撰寫研究報告、組織召開教育與政策規劃論壇，但同時卻不具備任何正式的權力。這種現象在其他區域機構或社團同樣存在，如灣區政府協會，是一個擁有來自市縣代表的地區規劃組織；以及一些專門機構，比如灣區保護和發展委員會，旨在保護舊金山灣生態環境。

雖然諸多方面都顯示，灣區的區域經濟最主要的治理結構應該是市場，然而，很多矽谷見多識廣的觀察家們認為，如果矽谷市場不是被征服的話，那也是被控制的，尤其是被共同行為標準以及強烈的企業間和人際間的紐帶所制約（Saxenian 1996）。正如瑟利－布朗（Seely-Brown）和杜古德（Duguid）（2000: 16）所指出的：薩克森寧（Saxenian）強調「應當將注意力從經濟問題轉向社會和文化的問題」。艾爾弗雷德・馬歇爾（Alfred Marshall）的觀點提醒我們：「通常都是通過經濟合作來定位社會力量。」矽谷的經濟結構通常具有社群網路的特徵，而不是市場或層級結構（一種單一的集成組織）。正如鮑威爾（Powell）（1990）指出的那樣，社群系統通過合作與競爭相互混合，依賴於關聯的（持續的），而不是短期的、觸手可及的關係。通過強調規範的相互性、開放性以及互惠性，他們允許競爭當事人（個人的與集體的）之間的合作更加靈活，以此跟上這急劇的變化速度。

2. 大都會中的媒體

儘管社區報紙不見得是一個政府系統，但卻在許多社區間發揮著重要價值。報紙提供資訊的共同資源，記錄感興趣的事件並輸送給當地居民，這些通常都能促進社區居民的身分認同感以及激發共同的社區意識。因為灣區是一個龐大而複雜的都會區，主要有三種報紙服務：《舊金山記事報》（*San Francisco Chronicle*），主要服務於北灣地區；《奧克蘭論壇》（*Oakland Tribune*），為東灣而服務；《聖荷西信使報》（*San Jose Mercury News*），為南灣服務。三種報紙中，《聖荷西信使報》擁有一個副標題叫「矽谷的報紙」，已經成為矽谷主要的經濟傳聲筒，記載這些高新技術公司的起起落落，以及針對他們的成功與失敗進行評論。首版一般是最新發布的招聘資訊、成功的首次公開募股集資（initial public offering）或者是關於簽證的有關爭議。也有一些專欄作家，邁克爾·馬龍（Michael Malone）、邁克·凱西迪（Mike Cassidy）和蜜雪兒·奎因（Michelle Quinn）都會把這個高新技術領域闡述給感興趣的外行讀者。這樣的媒體在幫助形成共同話語，對此構建整個區域領域起了重大的作用。

3. 評估人力資本

一些專門的監督機構正在以證書和認證機構的形式出現在高等教育與區域經濟的連接點上，這為所有大專院校提供了一個可實現高盈利的平臺。大專院校希望將人力資本和文化資本以某種形式傳遞給學生，雇主又尋求獲得具備基本知識和（或）特定技能的員工。為了確保雇主能可靠地獲得這樣的員工，一系列的專家、企業以及行業協會、商業供應商和政府機構都開始關注能力認證（Carnevale and Desrochers 2001）。

認證機構通過學位，如BA（藝術學士）、AA（藝術副學士）、MS（科學碩士），來評估學校包括其能力、教師資格、制度和規範的執行，以及學生圓滿完成特定課程的滿意度。如第二章所討論的，認證機構依靠輸入因素而不是輸出。這種監督機構是由聯邦教育部監督，而不是地區組織或大專院校，也不是為了代表自己的利益或者維護專業學院的學生。教育機構關注的是學位的品質，而非學生個人的表現。

證書在很多方面代表了學位，因為它們主要是依據組織機構對輸入的評價：對於特定項目完成的滿意程度。因為特定的領域預示著特定的教育與培訓，所以所授予的證書也不同，比如企業管理領域或健康領域。證書由公共的、非營利型和營利型大學所授予，通常用於補充已經獲得的學位基礎，標誌著專業領域知識的獲取。在二十一世紀的第一個十年裡（2000到2010年），美國通過高等教育機構授予證書的人數大幅度增長，從230萬增長到了340萬。公立四年制機構目前證書授予占比大概34%，兩年制公立院校為27%，非營利型學校17%，營利型學校的證書授予占 21%。同樣有趣的是，在 2010 年四年制公立機構授予的證書是學位的兩倍，兩年制公立型學校也同樣是接近兩倍；非營利型學院授予的證書相比學位大約多 10%；四年制營利型學院證書則比學位要少一些，然而兩年制營利型學院授予的證書是學位的五倍（National Center for Education Statistics 2013）。顯然，所有的大學都在致力於頒發證書，而兩年制公共和非營利型學校在參與提供證書的業務中更投入。

學術語言是複雜的，因此對於證書與認證之間區別的劃分是很重要的。「證書往往是國家的，有時是國際的，通常是基於學生知識評價標準」（Carnevale and Desrochers 2001: 27; my emphasis）。這種評價標準並不是基於輸入，例如，大學課程設置、教師資格、學生的「學業規劃」（seattime）或者對組織供應商的品質評估，而是依靠學生個體的輸出（知識、表現）評價：對知識和（或）技能的外部評價。證書則建立在國家與國際間的貿易，以及指定使用這些標準的專業組織之上。這些機構通常與專門進行評價的測試機構聯繫在一起。越來越多的證書被所謂的「供應商」所發明與實施，民營企業如微軟（Microsoft）或思科，就可以證明學生擁有某個特定的技術或產品的知識（Carnevale and Desrochers 2001; Patterson 1999）。很明顯，證書項目與支持機構發展迅速，但是在一個自由的市場環境中相對還有些混亂。另一個成就指標是數字徽章（digital badges），在像矽谷這樣的領域中逐步擴大使用。他們設計的目的就是滿足員工要求和使雇主承認持有人所獲得的特定技能和知識（見案例 3.C）。

案例 3.C
數位徽章

數位徽章概念起源於 2010 年，在西班牙巴賽隆納（Barcelona）摩斯拉（Mozilla）舉辦的會議中被提出。由非營利組織 Mozilla 基金會所開發的一款 Web 瀏覽器——Firefox，它的軟體就是「公開的資源」，任何人都可以免費下載、複製、升級（Ash 2012）。數位徽章的操作方式超出了傳統學術學分授予的環境，是一種驗證獨立能力的方式。類似於一種基於成就的補強，連接至偵查系統和視頻競賽，數位徽章本質上是一種傳統學分機構的網路版本。

然而，不像一紙文憑或證書，數位徽章提供細微的學分證明，包括對教育者的資格，徽章發布的時間以及完成任務的證據，如一組學生任務或者一系列測試和評估的學分（Carey 2015; Knight and Casilli 2012）。學生可以通過多種方式獲取徽章，如通過標準化的測試、觀看視頻以及參與課堂討論。

「徽章發行人」是學校、雇主和其他創建一套能力或課程的機構，並且建立一系列評價來確定這些「徽章收入者」（即學生）是否已經獲得徽章所要求的必要的技能。一些政府機構（如聯邦海洋大氣局），非營利型組織（如公共廣播公司）、企業（Disney-Pixar）、學院和大學都在使用數字徽章，其中許多用來補充傳統上獲得證書的方式。加州大學校區內的農業可持續發展研究所的大衛斯（Davis），提供了一個既能測量可持續農業與食品系統的常規學習（教室），也能測量非常規學習（野外實習）的測量方式（Fain 2014）。這種基於能力的測量，學生可以提高自己其他領域的能力，比如自己的系統思維能力、戰略管理能力以及人際溝通能力。通常情況下，支助者（其中許多人來自技術產業）看到了徽章在教學體驗和技能發展（「軟技能」，如團隊合作）之間搭建起了橋樑，在傳統學校內外課堂設置和學習者體驗之間合法化。

此外，「徽章」是可以相互堆疊的，也可以與發行人的其他徽章相結合。這樣的組織架構，可以提供學習者評估哪些是他們的關鍵技能，並選擇這些技能，作為日後向雇主和專業網路（如社群網站、部落格、個人網站、職業規劃系統，如領英）展現自己條件的機會。

一種線上控制臺，也被稱為「徽章的背包」，讓徽章變得更容易共用和驗證，從而引入一種檢查學分和證書有效性的，更透明更豐富的資訊系統，這是一種前所未有的系統（Acclaim 2014）。

當然徽章的發行也存在很多問題：誰應該來開發、分發和獎勵徽章？這些實體機構是否需要通過某種方式被證明或被認可？目前，沒有一個獨立的認證系統

> 來評估線上徽章方案,如:來自兩個機構的徽章,有可能反映的是同一種技能水準,或者並沒有反映同一種技能水準。

一般來說,證書與認證以及徽章使用的增加,都反映出一種微妙但是重大的轉變,從依賴一種傳統模式來識別和記錄教育成就,比如由學術機構所授予的學分,到了一種以行業協會和雇主團體所認可的能力信號的新方式。他們代表了一種趨勢,就是越來越多地使用這種受雇主認可的方式來培訓。

像灣區這樣的區域,在很大程度上依賴於證書、認證以及徽章,作為招聘新員工來填補許多中低水準職位的重要依據。由於他們的專一性和外部驗證性,將會成為雇員用來強調其能力所獲,以及雇主在網路搜索雇員所看中的首要資訊。然而,許多企業認識到,特定的技能是不能被這種與學位相聯繫的一般知識所替代的。史蒂夫・賈伯斯(Steve Jobs),蘋果創始人,指出「蘋果的DNA,僅有技術是不夠的,還要擁有通識能力,與人文素養,才會使我們生產出富有靈魂的產品」(Carmody 2011)。但學生擁有學位,仍然是許多公司和職位的基本要求。

二、高等教育與區域經濟間的緊張關係

就像我們試圖表明的,高等教育與區域經濟兩者都是高度複雜的組織系統:無論大學或企業都包含著不同的、不斷變化的生態組織及成員。每個系統都被地理邊界之外的眾多參與者支持與約束。這兩個系統都有一定的自主性,但也高度共生。我們要指出的是,有兩個重要的特點是這兩個組織系統所共同操作的。

首先,在灣區高新經濟區,不管是大學還是研發中心參與者,都對「知識經濟」有共同的興趣。儘管在高科技企業強調知識應用和技能時,學院派高度重視抽象知識,但對於專業知識、資訊與知識同樣高度重視。其次,這兩種類型的系統,特別是在上層,都創造密集的交互網路,是建立在專業知識和表現可靠的聲譽基礎之上。大專院校和高新技術企業都受益於強大的網路關係,在前一種情況下是教師和管理人員,在後一種情況下是公司及其領導班子,都在搭建更廣泛的

網路關係，在這種關係中或許競爭者就是潛在的合作夥伴。知識和資訊共用不僅在組織上，也用於他們建立共同的標準與價值觀。在這些情況下，各種充滿競爭關係的企業，從半導體行業、法律專業、市場設計和創業投資[6]等，都可以營造出一種以技術層面、快速取得客戶信任的商業模式，來取代原有的「矽谷產業必須透過詳細的法律合同，與多方顧客滿意度所贏來的聲譽作法」（Seely-Brown and Duguid 2000: xv）。

相對地，我們標注出幾個高等教育和高新技術區域不同的方面（表3.2）。首先，兩個領域的組織所面臨的監督機制的主要類型不同，大專院校一般受公共機構的規範控制以及學術和專業組織的標準控制。大專院校，尤其是公立大專院校，有著來自聯邦、州、地方（區、市）多層次的控制。規範控制強調一系列符合規則的課程、教師資格、公共資金的績效責任評估，並關注學生的權利。標準控制強調堅持學術和專業標準，受多個協會和認證機構的管理。大多數這些管理機構，關注的並不是大專院校必須具備的結構特點（例如，圖書館和其他學習資源、適當的治理和管理結構），也不關注所必須遵循的過程（例如，州批准、遵循計畫和任務、會計程式）。總之，過程在很大程度上依賴於輸入因素。至於輸

表 3.2　矽谷中企業與大學間的不同結構與邏輯表

	高等教育	矽谷
治理體系	監管（聯邦、州） 職業規範 程序控制	市場 網路 成果控制
制度邏輯	文科 學習技巧 理論知識 保存	實用藝術 職業技能 應用知識 干擾
主要受益人	公共利益	私人利益
發展階段	成熟	早期，形成性
時間範圍	幾個世紀；幾十年	幾年；幾個月
變化速度	緩慢地	快速地

---

[6] 創業投資（venture capital, VC），簡稱創投，或創業的風險投資，是透過私募股權等形式，由某家公司或基金，提供資金協助一些深具潛力或表現突出的新興企業，如：高科技產業等。創投是高風險，但回報也高的一種投資方式。

出端的測量（如畢業率、學生學習的證據）到目前為止很少被廣泛採用（見第二章）。

相反的，在該地區經濟下的公司及其他組織，同樣服從於各種聯邦和州稅、環境法規以及有關勞動和消費的規則被各種產出指標所掌控。這些市場的控制有多種形式，包括對生產、銷售、增長的常規測量等，也涉及到增值評估的比率，如生產率或投資回報率（return-on-investment）的指標。對於公開上市交易的公司，投資回報率經常在一季度的基礎上評估，其結果對金融市場和投資者兩方面的影響非常明顯。

這兩個領域被一些截然不同的制度邏輯所管控 (Gumport 2000)。像先前定義的（第二章）制度邏輯是一系列「物質實踐和象徵性的建設構成了一個領域，將原則以及可用的組織與個人相結合起來」（Friedland and Alford 1991: 248）。值得注意的是：大學與企業這兩個領域的成員都強調知識、專業和創造力，但著重點不同。所有的大專院校都是在跨越了幾個世紀的傳統學術歷史遺產的影響下形成的。大專院校將自己視為過去繼承了廣闊的知識和文化遺產的守護者：哲學和科學的建築、偉大的語言和文獻。同時它們還強調本身服務公眾的目的：為社會準備有知識的、有思想的公民與成員。科學研究是為了拓寬我們對於世界是如何運作的理解以擴大知識領域，並不是為了解決特定問題或保衛短期效益。精心設計的畢業典禮和儀式，純粹是為了尊重傳統。在許多方面，大學更像是「寺廟」，而不是公司 (Meyer 1977; Stevens, Armstrong, and Arum 2008)。正如他人所提到的，這種學術邏輯在這個國家，未必像歐洲那麼傳統，畢竟美國大專院校都不盡相同。不過，始終存在一個強有力的核心信念，那就是大專院校這種不變的價值：對所有人類共同知識進行保存和提升，進行時代智慧的保持和守護。但對企業來說，大專院校學生更有可能被視為「客戶」，他們的需求應該被認可和滿足，而不是被大學視為偏好保留的「消費者」。

當然，在這片經濟區域的私人公司，更多的是面向市場邏輯。它們被客戶不斷變化的口味和要求所引導。他們依賴大專院校幫他們解決特定的問題，特別是獲得合格勞動力以此服務於他們的研究、開發和生產系統。它們將創造力與知識當作成功的商業產品與服務的引領者。學生與雇主把知識當作私人財產：個人的學位證書不同，那麼具體的技能和知識的擁有程度也不同。

維吉尼亞州（Virginia）喬治梅森大學（George Mason University）的校長艾倫‧梅爾滕（Alan G. Merten）的辦學過程，正好可以詮釋 1990 年代末期，這些不同邏輯的爭論如何對辦學產生摩擦，也為大學日後提供理性的基礎。他說：「我們有義務為今日的勞動技術市場，培養能具有可雇用性的員工。」他認為，該校的學生是一群希望透過工作前景較好的學位領域，取得日後工作機會的「好客戶」（good consumers）。因此，大學必須致力於符合學生這種需求，協助他們日後的工作準備。為此，1998 年校長刪除該校人文系的預算，結果引來全校 180 位教授的公開信，提醒梅爾滕校長：「在一個強調技術和就業訓練的大環境中，該校的教育重心轉向培養學生就業能力，雖然堪稱合法的大學目標，但正因如此，……但喬治梅森大學更應超越現有以養成學生科技嫻熟能力（technological proficiency）的職場目標，致力於培養大學核心能力如：自我反省、知識廣博、批判思考，和懂得人類相互依存的公民」（轉引自 Washburn 2005b: 214）。

最後，根據上述的討論所顯示，在不同的時間框架和區域經濟領域下所運作的高等教育部門，都致力於追求一種長期持久的真理，它們將自己視為歷經百年努力，以積累和測試知識並培養人文藝術的一份子。它們也有責任把這些遺產通過教育和與學生交流而傳遞下去。教育需要時間，這種大專院校「生產計畫」都是以年、學期或者季度來衡量，文學士需要四年、碩士或博士需要更久。大專院校會設定目標並以長遠目標為導向，他們追求「完成使命」，被來自於費城、基金會和政府的「慢性」資金所資助。這類投資者不求其投資的快速回報，但是卻支持長期的知識課程、長期目標的進展（例如：一個癌症的治癒，或者促進世界共同體的理解）。

相反地，公司以及其他高科技經濟公司致力於一種強烈的競爭力，致力於率先為市場提供一種改進的產品或服務。它們的生產系統需要對市場信號作出快速反應。公司和它們的員工都生活在一個不確定的、短暫的，但卻擁有強大能量的世界。這是一個流動的世界，其行業公司邊界的重新配置、員工再轉行、新的不同聯盟再塑造。公司看重的是他們對新的不同的挑戰而作出的快速反應（Lewis 2000）。

我們已經刻畫了這種大學和公司之間的拉力模式，這裡分布著各類的大專院校，既有致力於學術的，也有願意擁抱勞動力市場的。此外，大專院校的成員與組織在其定位上也各不相同，有的可能著眼於長遠的獎學金，有的致力於工作場所的要求。同樣的，在企業中，他們在勞動力市場中所承受的壓力，以及科技的快速發展，對他們自身能力的快速提高要求，變化非常之迅速。然而，這種控制、邏輯和時間尺度的不同，我們必須要問：這兩個組織系統之間是如何進行聯繫和合作的？我們將在下一節探討這個問題。

三、大學群體對舊金山灣區經濟的適應

為解決灣區的院校如何適應矽谷經濟下快速變化的勞動力需求這一問題，我們觀察過去幾年美國經濟及高等教育的發展，且在第四章探討他們的綜合變動。不過毫無疑問的是，大學確實經歷了一段來自所在地區的巨大需求壓力。在這裡，我們以資料來呈現授予學位的大專院校如何因應所處地區經濟的挑戰。隨後的章節將關注大學如何作出改變，採取的具體策略，及如何加入不同需求與機會的子區域經濟活動中。

我們已經強調矽谷的主要特點就是變化的速度：這種速度就是新的公司和工作正在不斷創造，急需擁有新技能的員工。同時我們指出，大部分學校在他們提供的項目類型中，大都沒有回應這種快速變化的設計。大學的傳統特徵之一是終身教職制度和以規範管理的雇傭結構，這不僅是要保護每個教員學術思想和科學探究的自由，而且還要確保大學的課程和學術實踐具有連續性。然而，過去的半個世紀中，美國大學見證了終身教職員工聘用率的持續下降（見 Clawson 2009），這種變化在灣區更顯而易見。表 3.3 報告了灣區各類大專院校從 1995 到 2010 年終身教師與非終身教師的趨勢變化。從 1995 年起，在各種大專院校類型中非終身制轉或終身制的比率在上升，但是正如預期的那樣，不同類型的大專院校之間有重大差異。例如公立的四年制系統中，終身制教師數量保持相對穩

表 3.3　1995 到 2010 年舊金山灣區大學機構部門間終身制與非終身制教師數量

年分	公立四年制學校 終身制教師	公立四年制學校 非終身制教師	非營利型四年制學校 終身制教師	非營利型四年制學校 非終身制教師	營利型四年制學校 終身制教師	營利型四年制學校 非終身制教師
1995	3,863	31,018	2,211	13,844	0	782
2000	2,994	32,113	2,089	13,473	0	1,447
2005	2,665	25,519	1,845	16,220	0	2,424
2010	3,929	38,064	1,892	13,028	0	2,896

年分	公立兩年制學校 終身制教師	公立兩年制學校 非終身制教師	非營利型兩年制學校 終身制教師	非營利型兩年制學校 非終身制教師	營利型兩年制學校 終身制教師	營利型兩年制學校 非終身制教師
1995	2,826	10,798	9	427	2	307
2000	3,398	10,456	0	340	4	415
2005	3,663	11,077	0	164	0	530
2010	3,328	9,936	0	0	0	635

註：終身制教師是將自己職位視為終身制的個人，我們定義非終身制教師即區別於全體職員與終身制教師的個人。

資料來源：Integrated Postsecondary Education Data System。

定，但非終身制教師從 1995 年的 31,018 人增加到了 2010 年的 38,064 人。相較之下，在兩年或者四年營利型大專院校中，終身教職實際上是不存在的。這些營利機構的教師往往來自定期聘用制，以滿足不斷變化的市場需求。

　　這些資料的意義不只是表明教師在大專院校內部結構中的重要變化，非終身教職與終身教職也有兩方面的不同：第一，他們為大專院校提供了更大的用人靈活性。大多數的教師被錄用為兼職教授和短期雇員，他們讓大專院校能夠更好地應對學生數量快速變化對利益所產生的新要求。第二，比起學術課程，兼職教師更擅長教應用型或職業型課程。相對於傳統教育所提供的課程，兼職教師數量上的增加，意味著在學位和課程設置上，有更利於開發職業培訓的課程。

　　為了直觀審視學術項目類型的轉變，圖 3.2 反映了 1974 到 2010 年之間灣區各類大專院校授予學位的數量變化。各類院校授予的學位數量反映了，如：人文科學、自然科學和社會科學的減少，而有助於畢業生就業的項目增加，是轉變之一。

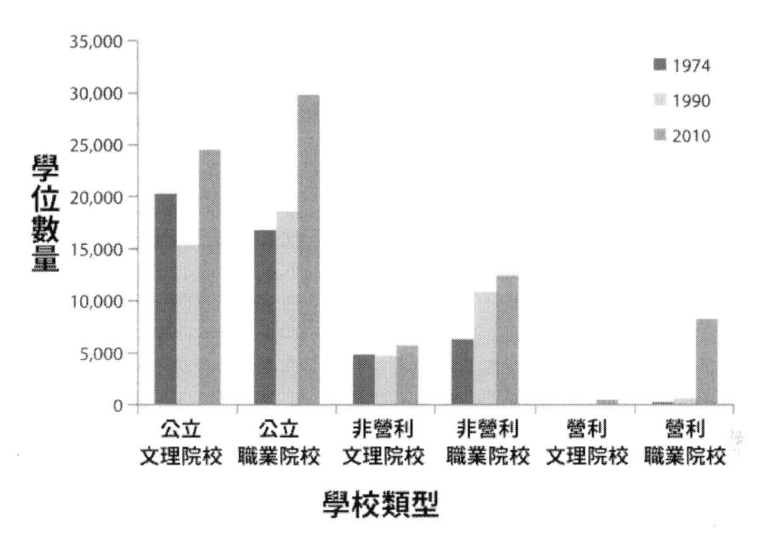

图3.2 1974到2010年旧金山湾区不同类型大专院校：文理与职业／专业学院。
资料来源：Higher Education General Information Survey (1970–1985) and Integrated Postsecondary Education Data System (1986–2012)。

在公立四年制的课程中，人文课程授予的学位从1974年的20,000个增长到2010年的25,000个。在非营利型的四年制院校在这一时期也略有增加，从略微低于5,000个到高于5,000个。可是，在同一时期，职业专案在人文公立大专院校几乎翻了一番，从16,000个增长到30,000个。在非营利项目，增长率更高，从6,000个增长到14,000个。显然，非营利型四年制大学的生存策略就是：提高他们的职业和专业培训课程。虽然有一些例外，比如米尔斯学院（Mills College），同样是营利型两年与四年制大学，就呈现完全不同的轮廓。这些项目在1974年的时候只授予极少的文科学位，但是在2010年时，开始慢慢提供一些学位。这种重大的转变几乎来自职业学位的授予，这也是营利型大学自我发展的体现。

在我们研究期间，几乎所有类型的学校都在创建创业导向课程，同时选择追求人文教育的学生的比例也越来越小了。正如预期的那样，公立四年制大学也在慢慢因应这些变化，但非营利型四年制大学以及公共社区学院已经基本上走向了这个方向。至于营利型学校主要以职业培训为主。正如前文所述，营利型学校作為分層與集中性管理系統，就是用於評估以及應對不斷變化的市場需求，快速取代學員以迅速回應培訓機會的發展。

一般從文科走向職業的轉變方式，首先是從四年制學位課程上開始調整。在檢視職涯和技術教育（career and technical education, CTE）時，我們發現了這種變化。職業技術教育，是一種既包括非學位證書又包含相關職業學位的項目，這種學位不能轉變為學士學位。在加州，這種方式主要集中在社區學院中。不過，多數學生都拒絕接受這種教育方式。在 2001 到 2014 年之間，CTE 的入學率從 31.3% 降到了 28.2%（Blue Sky Consulting Group 2015）。此外，入學的學科種類在 CTE 也高度集中，最近一項研究發現加州社區學院提供了 142 個 CTE 課程，但超過一半的人集中在八個領域。全州最流行的是司法領域，在灣區大學最受歡迎的領域中位居第二，僅次於護理（Moore et al. 2012）。

CTE 計畫除了面臨著削減、合併以及入學率的挑戰，同時還面臨其他挑戰。從歷史上看 CTE 課程的完成率極低，在 2003 到 2004 年，整個加州社區學院學習的 255,000 位學生中，只有 5% 的學生在 6 年裡拿到了 CTE 證書，只有 3% 得到了 CTE 相關的學位（Shulock, Moore, and Offenstein 2011）。此外，由於需要較高的啟動和運行成本，CTE 課程更顯高貴。這對於高度專業化的課程來說是很正常的。在 2011 到 2012 年間，每個學生每個小時花費在健身相關的課程上的費用是 131 美元，而其他一般生物課程教學成本是 64 美元（Shulock, Lewis, and Tan 2013）。這意味著，CTE 課程在財政拮据的年分，通常是一個很容易被削減的項目（Blue Sky Consulting Group 2015）。最後，在第五章所討論的，我們的資料指出，儘管機構領導人對 CTE 做出強有力的承諾，但學生和教師之間因興趣的使然，激發大家學習傳統藝術和科學類課程的趨勢和可能性，特別是那些轉學到四年制學術機構的學生。

第五章和第六章詳細討論了不同類型的大專院校，如何因應其需求環境變化的需求。而這種變化在灣區快速發展的經濟區域，就顯得更加明顯，對於全美來說，此種趨勢符合像布林特（Brint）（2002）在他 1970 到 1995 年對於全美所有四年制學位授予大專院校的研究。

四、結語

　　舊金山灣區在很多方面都取得了卓越的成就，它代表了「新」經濟在二十世紀後幾十年開始出現的一個主要例子。這是一種強烈依賴知識、專門技能，和創新的經濟，因此特別依賴高等教育作為其持續成功發展的基礎。不僅是研究型大學，州立大學、社區學院和各類的非營利型和營利型大專院校，在灣區都扮演了重要的角色。經濟是由多種類型的組織所構成的，企業、風險投資家、律師事務所、大專院校和各類仲介機構，他們之間充斥著各種代理關係。勞動力市場以其靈活與變動性而著名，然而這種高競爭的勞動力市場也受到其他的有力控制，因為新經濟同樣也受共同的規範，以及個人和組織間的關係網絡所支持。

　　高等教育與地區經濟之間相互交叉又互相重疊，但他們卻表現出實質上的差異，經歷著不一樣的壓力結果。大專院校強調學術價值以及對現有知識的保存，並不是很容易適應改變的。

　　矽谷無論是在其主導行業，還是所需的知識和技能方面，都在適應快速變化。傳統的大專院校雖試圖投入更多的關注和資源，打造新課程的研究和職業訓練，以滿足這些變化，但往往發現很難跟上矽谷的需求。看來這部分的需求是由那些不斷增加的企業大學和內部職業培訓，以及這幾年蓬勃發展大量短期的專科學校所滿足，但這些專案的資料是難以捉摸的，往往也是私人擁有的。儘管如此，大專院校也已經探索出一系列策略，包括同企業合作，以努力跟上灣區企業的發展速度。這些努力將在下一章進行評述。

第四章　影響高等教育與區域經濟的多元因素

WILLIAM RICHARD (DICK) SCOTT, MANUELITO BIAG, BERNARDO LARA, and JUDY C. LIANG

　　在第二章、第三章，我們討論了兩個非常重要的組織場域，美國高等教育場域以及加州舊金山灣區經濟場域。正如我們所強調的一樣，這兩個場域都是由多元化、相互作用的組織組成的複雜生態系統，並且這兩個場域在過去的這四十年裡歷經了巨大變革。在接下來的第四章裡，我們將更詳細地探尋他們是如何參與到彼此的場域，又是如何隨著時間的變化逐漸加深雙方聯繫。我們同樣也會研究觀察不同類型的大學，如何與這兩個場域碰撞後產生的結果，包括：策略的轉變、新的計畫和程序，以及對組織結構的重新配置等改變。

　　在深入探索這兩個系統的挑戰之前，我們需要在研究期間形塑這兩個場域的社會力量。正如定義的那樣，所有的組織場域都是更加寬泛系統裡的子系統，並且所有領域都會受到外在因素的影響（Friedland and Alford 1991）。我們雖無法描述所有的影響，但可從以下五方面探討：

一、州和地區層次上所發生的人口變化；

二、社會層面上發生的生活方式變化；

三、社會層面上發生的組織變化；

四、影響高等教育的政治和經濟力量，包括影響大學和勞動力培訓的聯邦和州政府結構和政策；

五、科技變化，尤其是在資訊和通訊技術上的變化。

　　廣泛的環境影響到具體的系統，反過來也是如此，系統也可以發揮對它周圍環境的影響作用。一個地區，例如矽谷，不能夠再被視為是一個被動接受的「次品」，它在人口、經濟、政治以及科技環境方面扮演了更加重要的角色。作為世界上最為創新和高速發展的大都市之一，舊金山灣區衍生了更加廣闊的環境。

一、人口的變化

加州已經長年累月地承受著比同樣規模的發展地區更多的人口增長。現階段，加州的人口數量幾乎是二十世紀後半葉的三倍。在 2010 年，其居民人數增長到了大約 3,900 萬。在 1970 到 2010 年間，舊金山灣區的人口規模將近翻了一倍，比加州其他地區的增長更加迅速，總體來說超過了全國的增長速度。然而，當加州高等教育部門嘗試通過迅速擴增大學的數量和類型來回應人口增長的步伐時（表 4.1），加州政府卻未能對快速增長的需求做出適時反應，擴大研究型大學和州立大學的規模。

表 4.1　1960 到 2005 年加州人口增長與高等教育入學情況

年分	加州人口（單位／千）	人口增長率（%）	公立高等教育入學總增長率（%）
1960	15,727	49[a]	67[b]
1970	20,038	27	300
1980	23,780	19	36
1990	29,828	25	12
2000	34,099	14	16
2005	36,154	6	14

註：人口和入學人數增長數字，都是與前十年相比而來，唯獨 2005 年是與 2000 年對比的數字。
[a] 增長以 1960 年為節點（increases are for decade ending in 1960）。
[b] 入學資料基於秋季學期全職學生。
資料來源：Callan (2009)。

長期以來，移民都是幫助加州成為世界上第七大經濟體的一個主要因素。從六十多個國家來的大批移民，將加州視為「新家」。從 2012 年美國社區調查顯示，移民團體中有 53% 來自拉丁美洲國家，主要是墨西哥，另有 37% 的移民來自亞太地區，尤其是中國、印度和菲律賓。與該國其他地區相比，加州來自歐洲和加勒比海地區的移民所占比重較低。近幾十年的移民人數增長主要原因是來自亞洲和拉丁美洲的國家移民。

與全加州一樣，灣區的人口結構在近幾十年發生了巨大的改變，在 1980 到 2010 年間，白人的人口數量從 360 萬降至 300 萬；然而非裔美國人長期保持在 50 萬左右（表 4.2）。與此同時，西班牙裔和亞太地區的人口數量維持增長趨勢，西班牙裔居民從 60 萬增加到 170 萬，亞裔居民從 40 萬增長到 170 萬。儘管這些增長幅度大體一致，但人口組成不同：西班牙裔與亞裔居民相比，其教育水準與職業水準，相對較低。

表 4.2　1980 到 2010 年舊金山灣區人口增長情況（按種族／民族）

年分	總數	白人(%)	非裔(%)	亞裔(%)	西班牙裔（及任何種族）(%)
1970	4,628,199	86.4	7.9	4.4	8.2
1980	5,179,784	69.6	8.9	8.4	12.2
1990	6,023,577	60.7	8.6	14.7	15.3
2000	6,783,760	50.0	7.3	19.3	19.4
2010	7,150,739	42.4	6.4	23.6	23.5

註：1970 到 1980 年人口普查將西班牙裔美國人視為「有西班牙血統的美國人」。1970 年將非裔美國人視為「黑人」。
資料來源：US Census。

顯然，矽谷就像一塊磁鐵吸引了大量的亞洲移民來到舊金山灣區。薩克森寧（Saxenian）（2006: 53）記錄了灣區移民團體在填補矽谷專業／技術職業的缺口（圖 4.1）。在 1985 年 2000 年間，來源於中國和印度的員工一同占據了技術領域專業職業的 57% 以上，然而來自墨西哥的人數卻只占據了 3%。如果算上通過「H-1B」簽證入境的 6 年時長的「非移民」的中國人和印度人的話，這個數目將會更加巨大（詳見第三章）。近期的資料顯示，在矽谷以 STEM 專業為職的居民中，有 58% 是外國人，大體上更多是在高科技領域（表 4.3）。

大量來自其他如墨西哥和拉丁美洲等地區的居民，被充滿活力的灣區經濟所吸引，但這些移民中的大多數都擔任著較低水準的技術和後勤職位，或在衛生服務等其他部門工作（見案例 4.A）。

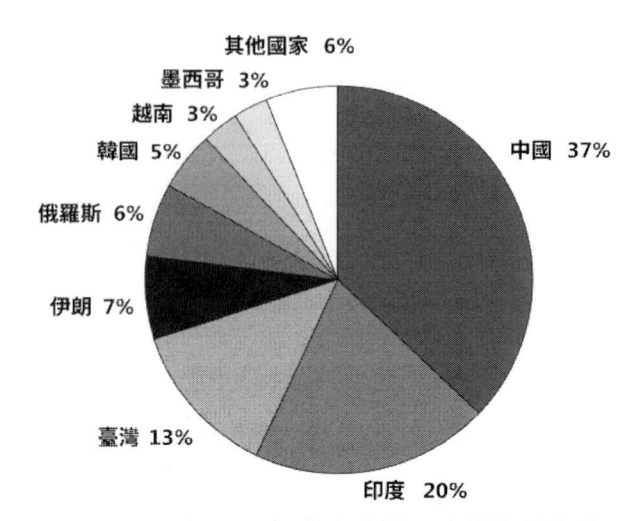

圖 4.1　1985 到 2000 年舊金山灣區專業和技術移民。

資料來源：Saxenian (2006)。

表 4.3　STEM 專業中擁有學士以上學位的外國移民與本地出生人數比例（2014年）

	外國移民所占比例（%）	本地出生所占比例（%）
矽谷	58	20
紐約	43	27
加州南部	39	34
西雅圖	34	21
波士頓	32	31
奧斯丁	25	36

註：經 Silicon Valley Competitiveness and Innovation Project 的許可使用。

資料來源：US Census Bureau, PUMS。

案例 4.A

移民

（一）移民對於矽谷的貢獻

移民在舊金山灣區技術經濟的發展和成功中，扮演了非常重要且必不可少的角色。大體上，矽谷的工作人員中有 25% 是外國人，他們大部分受聘於高技術職位，例如：工程師、科學家以及在軟體、半導體和網路內容和服務方面的高級經理（Saxenian 2002）。

鑒於矽谷外國工作人員所做的貢獻，以及臉書這類高科技公司對於技術人才短缺的憂慮，科技領導者和政治家等群體都希望支持改善移民法案，希望以此增加受過教育的外國員工的數量。這些法案包括《啟動法案》（Startup Act），[7] 該法案將為外國企業家創建一種簽證以及移民創新法案，這將使 H-1B 簽證的上限從 65,000 增加到 115,000（Benner 2015）。

在矽谷，外籍員工的移民路徑各有不同。許多的外籍工程師和科學家，大多畢業於美國大學與研究所。在 2003 年，外籍學生在獲得科學和工程學博士學位的人數中占 40%。1985 到 2005 年間，這些領域博士學位持續增長。在這段期間，來自中國大陸、印度、韓國以及臺灣的四個國家地區的學生占據了外籍學生博士學位授予人數的一半（National Science Board 2010）。

這份報告估計，大約有三分之二的外籍博士學生，在美國畢業之後的近五年間，都會選擇留在美國。相反的是，其他移民一般會在被仲介機構聘用後才會來到美國（Saxenian et al. 2002）。

（二）移民組織的角色

不論具體出身和背景，許多的移民人群都已經在舊金山灣區形成了強有力的社會聯繫網路，形成各種宗教、性別、專業或者是道德基礎的社會組織，他們一直是當地社會組織中的一員。其中，這些組織包括矽谷華人工程師組織，女性網路技術組織以及印度企業家協會。這些組織對移民的生涯發展至關重要，同樣也包括少數族裔，因為這些組織深切影響了社會網路，促進了資訊的交換，以及對新的冒險者提供了機構支援，由此提升了受僱者的職涯和前景（Saxenian et al. 2002）。這些網路組織同樣也為新興的企業家們提供了確立的榜樣，幫助年輕員

---

[7] 《啟動法案》：在 2011 年 7 月，其核心內容是美國在簽證和永久居民資格（即「綠卡」）上對特定的外國人群體放寬條件，這個群體主要包括來美國進行高科技企業創業、在高科技行業工作、從事與高科技有關的研究工作的人員，借此來創造、擴大就業機會，拉動整個社會的經濟發展，翻譯者注。

工與成熟專業人士的聯繫，及不同工作機會的招募管道還有提供資源與培訓等（例如：英文交流、談判技術、商業計畫制定）以及幫助建立與美國公司（US-based companies）的夥伴關係（Saxenian 2002）。

除此之外，許多協會還會幫助受僱人員與本國的其他業務夥伴建立聯繫。儘管來到了美國，但是他們之中許多受過高等教育的移民者都擁有建立跨國企業的雄心壯志，並且擁有文化、語言，以及專業技術知識。他們中的大多數人都希望在美國與他們的母語國家之間建立經濟和社會橋樑。矽谷的工業模式的特點是鼓勵追求這類全球性的野心。

（三）無形的勞動力

儘管受過高等教育的外籍員工在矽谷取得了不凡的成就，但是仔細研究這裡的移民工作者之後，就會發現更多的差異。在矽谷地區，移民約占了低工資約聘人員的五分之一，包括：場地管理員、看門人、保安、廚師、汽車駕駛員等。儘管這些低階工作者也為這個地區的經濟成長作出貢獻，但是他們卻是入不敷出的主要群體，常常時薪只能掙到 16 美元（相較其他軟體工程師的 63 美元），而這樣的收入遠低於這個地區任一家庭的平均水準（Auerhahn et al. 2012）。作為約聘人員，他們中許多人也沒辦法獲得其他福利（包括薪資照付的病假）。這種低教育水準與大專院校育水準之間的收入差距，在舊金山灣區還在繼續擴大。這給居住在類似舊金山灣區的高價昂貴地區的生活，帶來了巨大的挑戰，許多低收入的移民者生活在貧困的邊緣，在這樣的情況下，許多人組織起來向高科技公司施加壓力，像是英特爾、臉書、谷歌、基因泰克、蘋果以及雅虎，以為自己爭取到更高的工資和更好的福利待遇（Wilson 2015）。

（四）高等教育的含義

外籍學生仍然是許多高等教育機構人數不斷上升的原因。例如，在美國學院和大學中獲得 F-1 簽證的學生從 2001 年的 110,000 人增長到 2012 年的 524,000 人，其中來自沙烏地阿拉伯和中國大陸等新興經濟體國家的人數，急劇增加（Ruiz

2014）。這些國家的學生大約有三分之二來美國追求教育的發展，以及 STEM、商業、市場以及管理領域的訓練。此外，近期從美國勞工部（US Department of Labor）的相關資料顯示，在美國擁有學士及更高學位的全職工資與薪水員工中，外籍員工平均比他們的本地同事擁有更高的薪資水準。雖然從 2010 到 2014 年，中等收入水準的增長有 4% 來源於本地的大學畢業生，然而 9% 的增長卻來源於外籍的本科生，及其他更高學歷的學生（US Department of Labor 2015）。

然而，對於移民受教育程度仍存在錯誤資訊，因為不同的移民間的受教育程度不一。中國大陸、印度以及韓國教育水準較高，而來自墨西哥、薩爾瓦多、老撾（即寮國）以及柬埔寨的移民，教育水準普遍較低。矽谷的教育程度出奇的高，46% 的成年人擁有學士及更高的學位，與之相比加拿大的成年人只有 31%，而在美國全國只有 29% 的人擁有這一學歷（Massaro and Najera 2014）。儘管在亞裔成年人中擁有學士學位的人數正在上升，然而在拉丁美洲的成年人中受過大學教育的人數仍然停滯不前。事實上，從全美教育統計中心（National Center for Education Statistics）可以瞭解到，儘管大學註冊人數從 2000 年開始快速增長，但是學位獲得人數卻未跟上增長的步伐，尤其是拉丁美洲第一代大學生人數。

勞動力的發展首先出現在大量招生的大專院校內，為了確保這些機構能夠讓學生為未來的工作做好準備，需要意義重大的改革與投資，尤其是在新的中等收入的工作，如：先進的製造業、資訊技術以及健康科技方面（Holzer 2015）。加州的社區學院缺乏足夠的資源，為學生提供高品質的課程、學術和職業諮詢以及有效的輔導。一些招生管道比較多元的大學，同樣也缺乏相應的能力及動機，來回應當地勞動市場變化的需求。熱門的開課班級，如：資訊技術以及健康等相關領域，很快就會變得供不應求。然而，一些大學卻很少去關注如何把學生轉型成為可僱用的勞動力，只關注如何讓學生讀完四年大學（Backes and Velez 2014）。在這種情況下，那些營利型學院就能夠填補這些有利可圖的缺口，他們擁有強烈的動機，能夠回應勞動力市場的需求（Deming, Goldin, and Katz 2013）。

已受過培訓的移民會更少依賴地區教育培訓機構，但是普遍來說，灣區的人口增長對其高等教育系統提出了很高的要求。不僅人數的增加帶來挑戰，而且連學院以及大學也必須面對由「非傳統」學生提出的新需求。這些學生在背景、學術準備、期望以及語言上都有不同。圖 4.2 描述了來自不同族群，年齡在 15 到 24 歲（這個年齡的人群似乎更加擁有教育上的需求）的年輕人在 1990 到 2010 年人數變化比重。值得注意的是當白人的數量在下降的時，西班牙裔的人數卻在上升，在 2010 年增長到與白人在同年齡群體相等的數量。亞太地區 15 到 24 歲的人數也在增長，但是相比於西班牙裔增長率較低。這個趨勢表明，可能相對於亞太地區的同輩人群來說，西班牙裔的學生對舊金山灣區的高等教育形成更大的壓力。這個年齡級別的非裔美國人，在同一時段的人數稍微有些下降。

從以下表 4.4 顯示，在 1982 到 2010 間，舊金山灣區不同種類的大學的招生組成以及其分布。令人滿意的是，在這段時間，該地區的大學招生人數，也反應了人口組成的變化。不過，各大學的入學人數差異很大。白人的學生傾向選擇私立非營利型的學院，而西班牙裔的學生很少選擇公立四年制的學院，他們更多選擇兩年制公立社區學院。亞裔學生較少選擇私立營利或非營利型的學院；非裔學生很少選擇公立四年制高等教育機構，但很多選擇私立營利性大學。西班牙裔

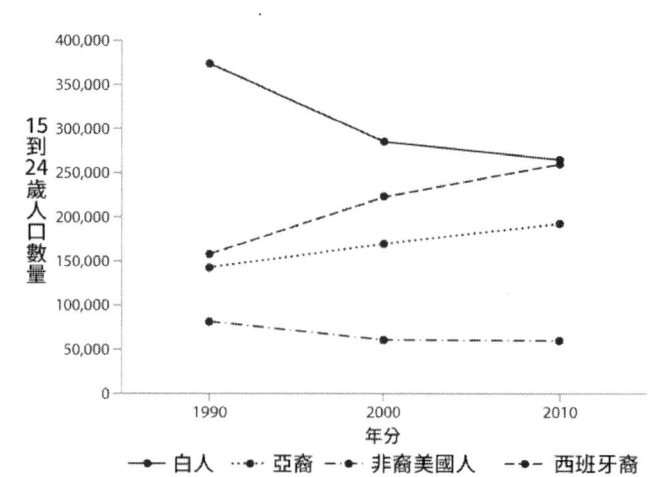

圖 4.2　1990 到 2010 年舊金山灣區 15 到 24 歲人口。

資料來源：US Census。

表 4.4　1982 到 2010 年舊金山灣區各類學校入學率（按種族／民族）

	年分	白人	非裔	西班牙裔	亞裔	其他
公立四年制	1982	0.66	0.06	0.06	0.16	0.06
	1990	0.55	0.06	0.10	0.24	0.06
	2000	0.39	0.06	0.13	0.34	0.08
	2010	0.35	0.05	0.18	0.31	0.11
公立兩年制	1982	0.69	0.09	0.07	0.12	0.03
	1990	0.59	0.09	0.11	0.17	0.04
	2000	0.41	0.09	0.17	0.30	0.03
	2010	0.32	0.09	0.25	0.28	0.06
私立非營利型	1982	0.73	0.04	0.04	0.07	0.11
	1990	0.68	0.05	0.06	0.11	0.11
	2000	0.54	0.06	0.10	0.17	0.12
	2010	0.46	0.06	0.13	0.17	0.18
私立營利型	1982	0.47	0.09	0.10	0.25	0.09
	1990	0.54	0.10	0.18	0.11	0.07
	2000	0.41	0.09	0.15	0.20	0.15
	2010	0.33	0.13	0.21	0.16	0.17
灣區總比例	1982	0.68	0.08	0.07	0.12	0.05
	1990	0.59	0.07	0.10	0.18	0.05
	2000	0.43	0.08	0.15	0.29	0.06
	2010	0.35	0.08	0.21	0.27	0.10

資料來源：Integrated Postsecondary Education Data System。

學生似乎會選擇低成本的社區學院，相對地非裔學生更有可能選擇高收費的營利型學院。

　　如表 4.5 所示，高中畢業生的種族差異，解釋了各類學院學生種族分布的差異。儘管最早只能獲取 1993 年的資料，但是仍然揭示了四個主要族群的畢業生在完成所有的學業申請進入兩個頂級學校系統（加州大學和加州州立大學）之間顯著的差異。亞裔學生達到成績指標的最多，其次是西班牙裔、白人學生和非裔美國學生。然而，值得注意的是，在 1993 到 2014 年間，所有種族的合格學生的比率都有所上升。當結合表 4.1 展示的這段時間所有人口增長的情況，這種變化表明了「為什麼加州頂尖的學院會面對這樣巨大的挑戰」：如第二章所述，加州州立大學和加州大學的合格生源數量的增長，超過了其可容納的空間（詳見圖 2.4）。我們將在接下來的章節詳盡說明這個問題。

表 4.5　1993-1994 年至 2013-2014 年不同族裔高中畢業生，完成加州大學和／或加州州立大學入學規定課程的比例

	1993–1994 (%)	2000–2001 (%)	2005–2006 (%)	2010–2011 (%)	2013–2014 (%)
非裔	28 (3,639)[a]	25 (3,785)	24 (3,868)	24 (4,084)	31 (4,013)
亞裔	52 (10,715)	58 (13,041)	60 (14,904)	63 (15,873)	69 (17,153)
西班牙裔	18 (7,419)	23 (9,580)	23 (10,769)	27 (15,752)	35 (17,870)
白人	40 (18,960)	48 (20,665)	51 (20,423)	54 (18,446)	61 (17,401)
總數	38 (40,970)	44 (47,540)	45 (51,441)	46 (56,145)	53 (58,716)

註：「完成加州大學／加州州立大學規定課程」（Completing UC/CSU Required Courses）包括表中所示須符合入學規定中的高中課程，並獲得「C」等或更高成績的十二年級畢業生人數，僅代表加州大學或加州州立大學入學規定的一部分。表中資料包括以下郡區：阿拉米達（Alameda）、康特拉科斯塔（Contra Costa）、馬林（Marin）、舊金山、聖馬特奧（San Mateo）、聖塔克拉拉（Santa Clara）、聖塔克魯斯（Santa Cruz）。「亞裔」（Asian）這一類別包括確定為「亞洲人」、「菲律賓人」（Filipino）或「太平洋島民」（Pacific Islander）的學生。被確定為「美洲印第安人或阿拉斯加原住民」（American Indian or Alaska Native）、「兩種或兩種以上種族」或「種族不明」的學生不列入分類統計資料（are not reported as subgroups）；但這些族群人口包含在「總數」中。

[a] 括弧中的數字代表畢業生人數。

資料來源：DataQuest, California Department of Education。

二、生活方式的轉變

除了要為多種種族的學生提供服務外，大學還必須協調那些有著不同的抱負和人生定位的學生（Settersten 2015）。從 1960 年代開始，期望能夠接受大學教育的高中生比例大幅增長。如今，有大約三分之二的高中生想要從四年制的大學畢業，四分之一想要從二年制的學院畢業（Aud et al. 2012）。結果，這個州想要接受大學教育的需求達到了歷史最高紀錄。由此類推，當前的申請者比以往的申請者來說，呈現出更大的差異。他們可能年齡更大、已婚、需要更多補習課程（remedial courses）、用業餘時間參加學習，或者是居住在校外。例如：在 2008 年，美國 53% 的大學一年級新生會利用課餘時間參加其他學習；有 38%

的學生超過 24 歲，有 36% 的學生必須接受補救課程，25% 的學生已經經濟獨立；只有 13% 的學生住在校內（National Center for Education Statistics 2012: Table 240）。簡而言之，所有種類的大學，尤其是招生門檻較低的大學，都期望能夠調整相關內容去適應不同種類的非傳統學生的需求（Deil-Amen 2015）。

這些資料還不夠說明尋求大學教育的不同種族學生的變化。大學仍期望能夠在給中學畢業生提供教育的同時，也能為尋求繼續教育的中、老年人群提供教育機會，包括新種類的技術教育。成人教育長期以來一直是招生門檻較低的教育學院系列產品中的一部分，但是這些教育大都是年紀較大的成年人為了尋求個人的成就，以及發展一項業餘愛好而選擇的。許多的高等教育培訓專案也是面向那些想要獲取或者提高他們工作技能的成年人而制定的。然而，隨著以快速變化的技術為特徵的新興產業之出現，在一般崗位上工作的雇員或者離開現在的工作崗位，或者重新回到大學去追求再教育和培訓，從而增加他們的工作機會。人們期望大學不僅能提供培訓給準備就業的年輕人，而且能夠給現有的勞動力提供再培訓的機會。

為了捕捉和評估這些改變中的重大變化，帕臺農公司（Parthenon Group）近期開展了一項研究，對目前在校和即將入學的 3,200 名大學生進行調查，目的在瞭解當前大學中的學生組成規模（size of student segments）。他們的報告稱：這些學生中大約有 35% 是專心於學術興趣，或者是一種探索性的取向，這些取向包括團隊運動和社交生活的快樂。大約 1% 的學生更多的興趣在於職業培訓，而不是學術學位興趣。然而，有很大一部分的學生（21%），上大學目的是為了「事業加速」（career accelerate），這類學生是在職求學，業餘時間參加大學課程來提高他們的工作技能，或者有人成為「行業轉換者」（industry switchers），他們被解僱或者處於低薪行業，尋求改變職業生涯的技能。最後，8% 的學生被稱作「學術流浪者」，他們沒有穩定的教育目標或計畫。由於學生差異性的不斷增加，人們對學院的要求比過去任何時候都要高。

三、組織上的變化

（一）分化

　　加州並不是唯一一個正在經歷人口增長的地區。縱觀整個美國社會，人口從 1790 年的 400 萬人增長到如今的 3 億多人。由於移民比率相對較高，最快的增長率發生在十九世紀。儘管在那段時間裡學院和大學的數量有所起伏，但是它們仍可以容納那些想要上學的學生。然而，從 1950 年代中期開始，隨著人口增長的加速以及高等教育需求巔峰的到來，增加各種規模的學院，但是卻仍沒有達到美國人想要招收的學生數量（Fischer and Hout 2006）。

　　一個老生常談的話題是，對於組織理論而言，隨著組織數量的增長與規模的擴大，它們會表現出一定程度的不同（Blau 1970）。這個過程會發生在任何組織部門中，例如：學術部門、行政單位、運動課程和學生服務。同樣地，在區域水準上，會出現各種各樣的組織形式。在第二章中，我們描述了卡內基基金會定義的主要大學類型，並描述了它們在舊金山灣區近期的發展狀況。蓋格（Geiger）（2011）從歷史角度，提供一個關於領域層次分化的詳細討論，包括：1776 年前殖民時期學院的誕生；1776 年後第一所州立大學的發展；1820 年後教會大學的發展，這些高等教育主要集中在文科以及神學上的訓練。1865 年贈地學院開始成立，強調農業和工程方面的實用訓練。1865 年贈地學院起源，強調農業和工程方面的實用訓練。1900 年後社區學院的產生與發展，以及 1975 年後營利型大學的增長。

（二）錯位

　　另一個在高等教育上的重要發展是源於 K-12 初等和中等教育系統裡逐漸衍生的差異。當他們在二十世紀初首次出現時，許多初級學院是高中的延伸產物（Geiger 2011: 56）。這些學校被視為讓暫時不讀大學的高中學畢業生獲得轉銜教育的機會。在二十世紀中葉，初級學院重新被確定為「社區學院」的一環，從基礎教育的地方學區分離出來，並由自己的董事會管理，同時須受地區或各州的設置標準所約束。與此同時，當中學開始發展，它們開始變得有所區別，開始被稱為「綜合高中」，服務複雜，有時候目的衝突，且並不主要專注於大學預備的教育上。大學預備班被保留下來，作為少部分學生在高級課程或榮譽課程所分開的一種教育路徑。或者，這種類型的教育發生在一些完全不同的頂級「預備」學校裡，在獨立的或者是公立的「磁石」（特色學校）模式中都有。在美國近十年中，公辦民營的磁石學校中等教育與高等教育之間的分歧，與其他工業化國家相差越來越大（Clark 1985）。

儘管在組織結構上存在差異，大學仍繼續依賴於其學生的主要來源──中學。差異化的系統在功能上相互依賴，需要某種整合模式才能有效地進行共同工作。依賴性越複雜，整合結構就會越精巧（Lawrence and Lorsch 1967）。在發展綜合中學之前，美國的大專院校在嘗試更好地平衡兩個組織上發揮著重要作用。從 1890 年代開始，早期的地區認證董事會和國家教育協會，開始為中學課程的發展設定標準，從而更有利於地讓學生走向大學錄取的道路（VanOverbeke 2008）。此後，加州大學的管理者開始認可州的中學，確保它們的課程適合於大學預科。監管組織在今天仍繼續用一種修訂後的形式去達到加州的「A-G」的要求，就讀該州公立的四年制大學需要的完成高中課程。

在第二次世界大戰後的幾年裡，中學和高等教育部門共用的學術標準概念逐漸消失。例如像 SAT 的能力傾向測驗取代了大學錄取的學科相關標準，中學轉變為更加強調在非學術領域的選修課程（Powell, Farrar, and Cohen 1985）。當前，儘管中學和大學的教師會分享一些相同的學科興趣，但是他們卻很少去討論課程的調整或者是去發展一種統一的標準。許多組織在地方、地區或者州層次上管理，它們通常是試著在中學和大學之間進行調整。然而，它們都需要在激烈的競爭中脫穎而出，所以常常傾向於竭力反對課程的調整。這些組織，包括大學委員會（以及它的搭檔 Educational Testing Service，管理 SAT 和 AP 考試的教育測驗服務）、美國大學測驗專案（American College Testing Program），還有國際文憑課程（International Baccalaureate Program），其數量和影響力造成了「近幾年在美國中學與大學之間關係的混亂和迷惑」（Stocking 1985: 261）。

最明顯的指標是中學與大學之間不平衡的嚴重程度，許多的學生請求接受「補習」來使得高中畢業生能夠完成大學水準的一些課程。例如，在進入加州社區學院的學生中，70% 的學生需要進行一些補救。在這些兩年制的大學所提供的英語和數學教育中，有 30% 的都是補救課程（Cohen and Brawer 2003）。參加這些課程的學生大多數都是大學生，在高中畢業後直接進入大學。這意味著，高水準的補救措施並不僅僅是為了讓那些已經離開學校的人去更新技能，而是需要教導在高中沒有學到的技能。在我們低畢業率中，一個明顯的指標顯示：不少美國學生無法按時完成大學的學業任務。高中畢業生中，有近七成的學生在畢業後兩年內進入大學，卻只有 57% 的學生能在 6 年內畢業，並獲得學士學位；同時在社區學院畢業的學生中，只有不到 25% 的人在 3 年內獲得了副學士學位（Lewin 2010）。

為處理高中和大學失調工作，2010 年的共同核心標準運動應運而生，這個運動將在第七章中描述。

（三）新形式的組織

矽谷並沒有獨立地產生出一種新風格的典型組織形式。隨著時間的推移，這些新形式逐漸顯現，以應對日益增長的全球化壓力、資訊技術的出現以及供應商之間的過度競爭。同樣地，這也將使舊的組織形式相形見絀。在整個二十世紀中，處於主導地位的公司變得越來越大，越來越多的職能也會隨之進行內部解決，這將使公司被專業的人士進行充分有效的掌控（詳見 Scott and Davis 2007: chap. 13）。然而，隨著全球競爭的加劇以及在需求推動下新產業的出線，組織形式的新模式已開始出現。

基於早期的工藝模型，如建築、出版和獨立的電影製作，這些新模式被標記為更加自主的工作小組或團隊，組成部分鬆散連接，以及由個人網路產生的信任共用的工作規範和信賴（Powell 1990）。

許多觀察家都呼籲，須關注各地區正在出現的密集和重疊的產業集群，例如在德國工業區或義大利北部的艾米莉亞‧羅曼尼亞（Emilia Romagna）地區中出現的那些紡織產業（Piore and Sabel 1984）。「靈活專業化」的競爭優勢正變得越來越明顯。精益和靈活性受到重視，小規模單元之間的橫向整合保證了快速回應不斷變化的需求，網路形式比等級結構有更大的優勢，聯盟優於收購（Child 2005; Malone, Laubacher, and Morton 2003）。這些早期的「異類」形式方案，被矽谷的公司所採納，這在第三章中已經仔細描述。

四、影響高等教育的政治經濟力量

社會學家克里斯多夫・羅斯（Christopher Loss）認為高等教育機構，在調解相對較弱的美國聯邦政府與其公民之間發揮了核心作用。在一些重要舉措中，聯邦和州政府之間，以及公共和私人組織與專業團體之間，建立起了夥伴關係，以推進共同議程。在過去的一個世紀裡，美國大學在推動公共政策方面一直是扮演關鍵角色，包括在兩次世界大戰期間的全國動員、在大蕭條時期（Great Depression）實施新政計畫（New Deal programs），以及持續到戰後的種族多元化問題（diversity issues）（Loss 2012）。

例如，在第一次世界大戰和後來的冷戰期間，聯邦政府與高等教育，包括公立和私立機構結成了重要的夥伴關係，支援在科學、工程和新的跨學科「區域研究」領域的研究和培訓。更廣泛地說，在1940到1960年代間擴大所有美國人受教育的機會期間，社會運動的融合促使美國進行改革，並要求總統當局做出相應行動。這些舉措主要是為了提高合格學生的受高等教育的機會。從1944年的退伍軍人法案，讓退伍軍人接受大學教育，到1964年的高等教育法案，其提出全州範圍的計畫和規定來擴大整個國家範圍的高等教育，再到聯邦學生援助項目，為大學生提供貸款和增款，聯邦政府幫助學生去追求大學教育（Cole 2010）。

我們的研究從1970年開始，強調了政府聲援支持增加教育和教育公平的這個時間，尤其是通過學生個人貸款和獎學金。在早些時候，儘管各州政府提高了對高等教育的支持程度，但是最近他們開始減少資金。

（一）獲取與公平

長期以來，美國人一直強調機會平等的價值，隨著大學越來越被視作是通向更好的社會和經濟生活的重要門戶和管道，我們已經努力確保所有合格的學生都能接受大學教育。澤姆斯基（Zemsky）（2009: chap. 7）讓我們想起了幾個阻礙著這個目標的障礙。第一障礙是，多年來許多學生因為種族、性別和宗教的不公平現象而被學校拒絕。儘管這些不平等現象依然存在，但是他們在對抗這些限制方面也取得了重大的進展。正如我們所看到的，在不同種類的大學裡，學生的種族背景也有不同的分類。

第二個障礙是學院和大學的不足，1960年代開始各種類型大學的擴張解決了這個問題。美國的高等教育在二十世紀經歷了一段巔峰式增長。在此期間，美國建立了世界上最大、最為綜合性的公共教育系統，擴張K-12教育和高等教育。在1900到2000年，獲得大學教育機會的大學適齡人口從不足5%，擴展到超過70%的年輕人上過大學，超過30%的人獲得學士學位（Fischer and Hout 2006）。正如費舍爾（Fischer）和豪特（Hout）（2006: 251）指出的那樣：「在二戰結束時，學院和大學的容納空間只夠滿足五分之一的美國人，年齡段在18到22歲；到了1990年代，學院和大學的容納空間可以滿足他們的五分之四。這個擴張幾乎完全是通過建構和資助公共高等教育來實現的。」這些擴張中的大部分，尤其是在加州、德州（Texas）以及佛州（Florida）這些高速發展的州，主要是通過大量的社區學院的發展來實現這一理想。這些社區學院提供了補習教育、職業教育以及文科教育的集合，來為學生準備轉換到四年制的大學（Marcus 2005: chap. 2）。在這個過程中，正如之前描述的那樣，社區學院與中學教育的距離拉大，並且開始承擔新的挑戰，包括職業和成人教育以及社區服務。除了最近的高中畢業生外，被忽視的家庭主婦、移民、失業的工廠員工以及老年人群也加了進來。

最後一個障礙是：一個已經被證實更難以克服的困難——財政問題。自二戰結束以來，大學一年的平均費用增長的速度超過了潛在的通貨膨脹率。正如表4.6所示，以當前美元計算的年學費和所需的費用已經從1970到1971年的約

表 4.6 1970–1971 年至 2010–2011 年全美學位授予機構全職大學生平均學雜費（按機構等級和管理權劃分）

	年分	四年制大學	其他四年制大學	二年制學院
公立	1970–1971	1,362	1,135	951
	1980–1981	2,712	2,421	2,027
	1990–1991	5,585	5,004	3,467
	2000–2001	9,948	8,715	5,137
	2010–2011	17,722	14,979	8,085
私立	1970–1971	3,163	2,599	2,103
	1980–1981	6,569	5,249	4,303
	1990–1991	16,503	12,220	9,302
	2000–2001	29,115	21,220	15,825
	2010–2011	46,519	30,071	23,871

資料來源：National Center for Education Statistics (2012: Table 349)。

1,000 美元增長到 2010 到 2011 年的 30,000 美元（National Center for Education Statistics 2012）。我們認為，列出的學費往往比實際的學費高，但是它還是提供了一個有用的指標，說明了隨時間推移增長的物價。大學的費用大約是兩年制大學費用的兩倍，是非營利型和營利型的私立大專院校的三倍。這些增加的成本越來越多地由學生個人及其家庭承擔。學生們被迫去借更多的錢，並且債務負擔的增加已經成為一個全國性的問題。2012 年大學學位的學生平均欠款達到 29,000 美元（*The Economist* 2014a）。

（二）主要政策變化

儘管美國教育一直是由各州和地方負責，但自二十世紀中葉以來，聯邦政府在該領域也發揮了一些作用。針對影響美國高等教育的主要政策，尤其是加州高等教育進行時間序列分析，可以發現在聯邦政策與州政策兩個層面上均有三大趨勢：1. 不斷關注和擴大高等教育受教機會，以滿足學生和市場需求；2. 試圖解決教育成本增加的問題，但州政府在此問題上經費一直不夠充分與穩定，聯邦政府的資源挹注也未能跟上；3. 無論聯邦與州政府都致力於教育機構和系統能回應學生和市場需求。

1. 聯邦政府結構和政策

在美國，與州政府相比，聯邦政府從一開始就在教育方面扮演著次要角色。但隨著時間的推移，聯邦政府在教育上的參與和影響力已經超乎想像。直到現在，在美國高等教育所做的各種努力依然非常零碎化，主要是因高等教育深受來自聯邦各個部門的影響，包括：教育部、國防部（Department of Defense）、勞工部、農業部（Department of Agriculture）、國土安全部（Department of Homeland Security）、交通部（Department of Transportation）、衛生及公共服務部（Department of Health and Human Services）、退伍軍人事務部（Department of Veterans Affairs）以及國家航空暨太空總署等，它們各有不同的關注議題與干預模式（Mumper et al. 2011）。

總體來說，二戰期間及戰後時期，聯邦政府參與高等教育的重要性持續提升。早在 1944 年，隨著《軍人再調整法案》（*Servicemen's Readjustment Act*）（通常稱為《退伍軍人權利法》〔*GI Bill*〕）的通過，退伍軍人有資格獲得納稅人資助而免費進入大學就讀。冷戰期間，聯邦基金向研究型大學提供資金和合約，用以壯大科學技術力量，以確保美國在航空和國防領域遠超蘇聯的主導地位。隨著「偉大社會」（Great Society）政策的出現，聯邦政府的作用不斷提升與擴大，旨在增加所有學生的教育機會，並解決種族和收入不平等等問題。這些目標是通過諸如 1964 年的《民權法案》（*Civil Rights Act*）、1965 年的《高等教育法》（*Higher Education Act*）以及 1975 年的《身心障礙者教育法》（*Individuals with Disabilities Education Act*）等法案，來推動實施。1979 年，美國立法將教育部設立為內閣級部門，此舉鞏固了聯邦政府在制定高等教育標準方面的作用，並消除了阻礙低收入家庭學生進入大學的障礙，尤其是成本障礙（Mumper et al. 2011）。

冷戰期間，國防部聯合國家衛生研究院（National Institutes of Health）將數百萬美元投入到研究型大學和綜合性大學，但自 1990 年代開始，這種針對性的支持一直在減少。到二十一世紀的第一個十年，聯邦政府對於高等教育的援助大致平均分配在直接的學生資助（43%）與研究經費（45%）上，而直接的學生資助包括：學生貸款、退伍軍人福利、給予學生及其家庭的稅收抵免（Mumper et al. 2011）。

2. 聯邦學生援助

《退伍軍人權利法》獲得成功後，教育部開始向更大範圍的學生提供直接的財政支援。「佩爾助學金」（Pell Grants）於 1972 年啟動，該助學金計畫的核心內容是為學生提供必要的助學金。早期的計畫包括補助金和貸款兩類，但後來聯邦財政政策逐漸向貸款傾斜，更強調為學生提供貸款（Thelin and Gasman 2010）。最先採用的方法是「向機構而非個人提供援助，並採用工作—學習、補助金和貸款相結合的方式，依靠援助官員來編制『援助方案』」（Loss 2012: 211）。受到保守主義與市場經濟所影響，尼克森（Nixon）政府主政時，聯邦撥款援助開始針對個人，使學生能夠在申請大學時，依照各校提供的公營單位或私人銀行貸款方案，選擇適合自己的學校。

為了繼續擴大二十一世紀的高等教育機會，聯邦政府主要通過《9/11 事後軍人安置法案》（Post-9/11 GI Bill）和《美國復蘇與再投資法案》（American Recovery and Reinvestment Act）為學生資助和學術研究提供更多的資金，後者也為各州提供了相當大的援助。這些州的教育經費受到 2009 年信貸市場危機的嚴重威脅，而該法案主要通過資助州教育預算來減少金融危機的影響（Mumper et al. 2011）。

儘管接受佩爾助學金的學生人數從 1977 年的 190 萬增加到 2007 年的 550 萬，但其補助金額增長的幅度卻未能跟上學費上漲的步伐。在 1970 年代，佩爾助學金覆蓋了公立大學平均學費的 80% 以上，但 2012 年不到三分之一（Kamenetz 2008, 2010: 61）。如上所述，這些發展態勢導致了大量學生的債務負擔增加。

3. 實踐教育和勞動力發展

美國內戰期間（1861 到 1865 年），聯邦政府採取了第一個影響高等教育發展的重大措施，即通過 1862 年《莫里爾土地捐地法》（Morrill Land-Grant Act），並與各州合作創建一系列「致力於將高等教育與農業、工程和『應用技術』相結合的公共機構」（見第二章）。與此同時，農業部成立，旨在推行一項平行議程（parallel agenda）的「為農民及其家庭提供和傳播有關農業技術、家庭經濟和管理的最新資訊和教育」（Loss 2012: 58）。美國農業部推廣服務部門（Extension Service）於1914年成立，並與贈地學院合作開展研究和教育推廣計畫，以提高農業生產力，創建了「美國主要教育機構之一」（Loss 2012: 55）。

1960年代，聯邦政府對勞動力發展計畫給予撥款支持，例如1963年公布的《職業教育法》（Vocational Education Act）。該法案提供了與聯邦基金相匹配的計畫，目的是在農業、家政和其他行業制定職業培訓計畫。到了1970年代初，由於《全面就業和培訓法》（Comprehensive Employment and Training Act）得以推行，這些為職業培訓所做的努力進一步擴大，該法案向各州政府分配資金，由州政府為低收入者或長期失業者提供在職和課堂培訓。

1990年代，《帕金斯職業和應用技術教育法》（Perkins Vocational and Applied Technology Education Act），為選擇職業技術教育專業的中學生和後期中等教育學生提供助學金，並開設強化學術知識、職業和技術技能的課程專案。後來的立法包括：1994年的《從學校到工作機會法》（School-to-Work Opportunities Act）和1998年的《勞動力投資法》（Workforce Investment Act），前者通過提供職業和學術教育，為學生順利完成從學校到工作的過渡給予了一定的資金幫助；而後者主要是為成人教育和職業計畫提供資金，以及針對來自弱勢學生而制定，提高教育程度和增加職業機會的計畫（Gordon 1999）。此外，一些社區學院也開始確定最有前途的就業機會，並採取提供相關課程的措施，以滿足就業市場需要（Grubb 2001）。

1990年的《移民法》（Immigration Act）提出了擴大全美受教育勞動力的另一種方法，該法案增加了H-1B簽證的名額，使美國公司能夠在有限的期限內聘僱合格的外籍雇員，這些雇員需要擁有「高度化專業知識」。而簽證計畫也規定，已從美國境內教育機構獲得碩士或更高學位的外籍雇員，不受簽證配額的影響。

4. 延伸高等教育的界限

正如彼得森（Peterson）（2007: 158）所言，除了將聯邦政府的支持從機構轉向個人（學生）外，1972 年的《高等教育法》「幾乎立即創造了一個新的行業概念」，或者說這個組織領域的新概念是將傳統的「高等教育」概念轉向「後期中學教育」的方向擴展。由營利型企業轉變而來的提供專業的職業和技術培訓機構，也有資格接受聯邦資助。當時，這一變化使得高等教育場域增加了近 7,000 個新的教育機構，而且有可能獲得聯邦政府資助的學生人數增加超過一倍（Carnegie Commissionon Higher Education 1973）。透過以往的機構財政援助轉向到支持學生個人，不但擴大不同類型機構援助的資格認定標準，也在 1972 年頒布《高等教育法》，試圖提升高等教育領域的競爭壓力。

由於這項政策，促使長期依賴學費運營的私立大專校院更加活躍。這些校院的營利部門看到了快速獲利的機會，大型上市公司，如阿波羅集團（Apollo Group）、科林斯（Corinthian）和德弗裡公司（DeVry），便迅速利用新的資金流，從 1990 年代開始提供文理學位和證書課程。在過去的三十年裡，提供學位課程的營利型學院的入學率，增長率約為整個高等教育部門的 7 倍（Hentschke, Lechuga, and Tierney 2010; Tierney and Hentschke 2007）。

由於營利部門幾乎完全依賴學費收入，一些公司採用積極的行銷策略，並向申請學生承諾畢業後的工作安置，以此吸引學生。自 1990 年代開始到現在，聯邦教育部、國會委員會和司法部加強了監管審查，調查了上述大專院校欺詐、違規招聘、違反佩爾助學金要求以及對未來工作的虛假申明等指控。這些指控不僅針對那些唯利是圖的運營商，而且並涉及一些主流的營利型機構，包括 ITT 教育服務、科林斯學院（Corinthian Colleges）和鳳凰城大學等（Breneman, Pusser, and Turner 2006; Tierney and Hentschke 2007）（同樣見案例 5.A）。

雖然有人認為高等教育場域的界限，已經延伸到包括一系列專業化和營利型的高等教育項目／課程，然而適當的治理結構和機制的發展卻遠遠落後。正如第二章所討論的，大多數官方資料蒐集專案和研究機構仍將注意力集中在學位授予上，這意味著其他有關參與者的資訊十分有限（見附錄 B）。而且大多數州還未有效地將這些計畫的監督和整合，納入他們的教育政策和規劃活動中。

進一步說明，為了控制國家提供的高等教育的標準，擴大的邊界意味著高等教育中專業團體長期行使的權力被中斷。之後這些專業團體在控制決策方面的權力得到削弱，例如教學資格、課程的提供，及有資格獲得聯邦資助的學院和課程類型等權利。相對而言，高等教育似乎處於過渡階段，從一個廣泛受到專業化控制的領域（如美國的醫藥）向其管轄權受限的領域過渡，以使該領域更大範圍地在其監督之外運作。以心理健康領域做對比，其中約 20% 的心理健康服務是由心理健康專家管制的從業人員（如精神病專家、心理學家）提供的，而大多數服務則由非專業人員提供，這些非專業人員包括宗教、刑事司法和社會福利人員（Koran 1981; Scott 1985）。

5. 績效責任

任何接受聯邦資金的組織都必須接受聯邦政府的監督。部分原因是由於提供資金的特定機構數量眾多，所管理的具體計畫的範圍廣泛，因此參與聯邦計畫的大學承受了相當繁重的會計核算負擔（Scott and Meyer 1992: 147）。只是，每個機構都有自己的規則和報告要求。隨著公民權利專案的施行，從 1965 年的《民權法案》開始，通過立法、監管機構制定規則以及司法裁決，聯邦當局在監督大學錄取情況、獎學金獎勵辦法以及教職員工的聘用與晉升方面發揮了重要作用。實際上，羅斯（Loss）（2012）認為，自 1960 年代以來，高等院校已成為聯邦政府推進多元和公平價值的主要手段。此外，法院還在諸如言論自由保護、教會與政府的分離、資訊自由、專利發明，和智慧財產權保護等方面監督院校（Olivas and Baez 2011）。

近年來，聯邦政府已開始審查處於中部和敏感地區的學院，主要瞭解這些學院的招生和畢業情況、學生學業成績以及對社會經濟的貢獻等。研究顯示，自 1970 年代以來，高等院校的畢業率有所下降。如 1972 年進入大學的高中生中有超過 58% 的學生在 4 年內畢業，而在 1992 年，僅有 44% 的大學生能夠順利完成學業（Bound, Lovenheim, and Turner 2010）。然而，也有一些人注意到了關注畢業率的侷限性，這些指標沒有考慮到各種高等教育的教育項目、各類大學的不同教育目標和使命以及學生多變的學習軌跡。學生的入學原因很多，包括獲得短期證書或非學位項目特定技能的學習。但這些研究未對學生在不同機構間的轉換，進行跟蹤調查和資料統計。此外，隨著高中畢業生求學率的提高，大學課程的預備水準已有所下降。目前的大學入學評估，未能針對這些入學學生特徵的差異調整相應的結果指標。

除了考察畢業率之外，教育部還開始呼籲應更好地測試大學生的「學習成果」。在斯佩林斯委員會（Spellings Commission）的努力下，這一議程於2005年得到推進。喬治・布希（George W. Bush）總統成功地將全國性評選機制引入K-12學校，教育部長瑪格麗特・斯佩林斯（Margaret Spellings）（2006）組織了未來高等教育委員會（Commission on the Future of Higher Education），該委員會就建議應改進學生表現評估。雖然最終未能建立一套國家評估體系，但該委員會致力於記錄當前評估體系的不足，並促使人們更加關注如何做出改進（Zemsky 2009: chap. 1）。

大眾媒體也越來越多蒐集和報導關於大學表現的資訊。除畢業率之外，《美國新聞和世界報導》（U.S. News & World Report）等媒體的評論員還提供了新生保留率的資料。還有一些媒體則更加關注市場導向的評估，如以薪資代替技能，評估畢業生的薪資水準。所有這些評估措施都有其侷限性，但毫無疑問，在當今競爭激烈的背景下，大學面臨著更沉重的責任壓力（Arum and Roksa 2015）。

6. 州政府結構和政策

長期以來，美國各州政府一直對教育政策負有主要責任，但參與高等教育的積極性卻不高。大多數州將大學治理的責任分配給一個或多個機構，這些機構通常由代表公共利益的非專業人員組成。而且，各州所採用的具體行政機制也各有不同（McGuinness 2011）。

在全美各州中，加州在1960年首創的加州大學「總體規劃」（Master Plan），堪稱各州翹楚。此法案規定確保州內所有合格的高中畢業生，都有機會進入公共資助的高等教育機構就讀。這一計畫是由克拉克・科爾（Clark Kerr）擔任加州大學總校長所提出。包括加州大學體系、加州州立大學以及加州社區學院在內的三級高等教育框架，並對各自特定的教育目標和學生生源進行了規定和分配。其中在 2017 年，有 10 所校區的加州大學被指定為加州的主要研究型大學，而 23 所州立大學則主要負責提供學士班和碩士研究生教育，其中包括教師與其他專業的培訓教育。社區學院共有 112 個，其目標更為多元化，主要為希望接受高等教育的居民提供職業和學術培訓，並提供輔導、勞動力培訓、成人教育以及可轉入四年制學院的課程項目。通過為每一層的教育任務都提供相應強有力的方針，該計畫避免了提供相同類型教育項目的所有公共機構同構的高昂成本。

儘管加州大學系統被稱為促進高等教育綜合體系發展的絕佳設計，在實施中，「總體規劃」為每個層級的教育創建了個性化政策，而非單一的協調合作框架，以支持全州教育改進工作（Finney et al. 2014）。此外，州政府對各層級的掌控權也有所不同。加州大學體系內的學校擁有高度的自治權，其作為加州主要研究型大學，其使用州內資源的權利也受到保護，但這種做法在相當程度上減少了加州學生進入這一層次的受教機會（Douglass 2010）。1973 年，通過建立加州高等教育委員會（California Postsecondary Education Commission），州政府試圖恢復其作為高等教育政策領導者的地位。該委員會負責協調州內的高等教育政策和實施，並改善與私營部門發展的一體化／整合。然而，該委員會未能制定一種綜合全面的方法，來應對不斷增加的學生人數，或促進不同類型的院校更好地整合。相反，加州高等教育委員會越來越關注各層級和部門的需求，僅提出短期解決方案。因解決問題的效率和有效性飽受質疑，加州高等教育委員會於 2011 年解散。

加州曾一度被譽為全美各州高等教育領域的領導者，但如今在高等教育入學和學位授予等標準方面的排名，屈居末座（Douglass 2010）。加州經濟衰退已經嚴重影響到加州內的大學，並對大學入學進行了嚴格限制，尤其是在州立大學和社區學院體系中。以下將探討，大學通過提高所有層級教育的學費，所做的應對措施（Callan 2009）。

7. 州政府資助學院

公立學院的經費支持主要來自州政府，但州政府對大學的資助已從超過50%的費用覆蓋面，2012年下降到30%以下（National Center for Education Statistics 2012）。另外，州政府資金援助的水準經常波動。由於高等教育通常是州政府預算中最有支配自由度的專案之一，因此其資金費用也往往隨著經濟的變化或政策變化而增減（Zumeta et al. 2012）。例如在加州，1978年通過的13號提案（Proposition 13）《限制財產稅的公眾倡議》（People's Initiative to Limit Property Taxation），規定在個人當地擁有房地產範圍內，只能課徵1%的稅率。因此，13號提案對「總體規劃」的最初承諾給予了一定程度的經濟上的限制，即向所有合格的加州居民提供高等教育（Callan 2009），此外，法案的通過還要求加州各地徵收諸如營收稅和個人所得稅等不穩定的稅收，來補貼教育經費。

在1980到1990年代，加州都著眼於不同層次大學和短期問題的解決方案上，缺乏一個針對高等教育的全面長期的財政計畫。例如，在一段時間內，加州州長、加州大學與加州州立大學之間的契約，提供了特定水準的支援，以換取特定水準的表現，其中主要涉及州內學生的錄取水準、學費以及對學費上漲的控制（Finney et al. 2014）。然而，這些契約在二十一世紀初的經濟衰退中被打破（Douglass 2011）。1988年98號提案的通過保證了社區學院和K-12公立教育的最低資助額，為社區學院提供了一些安全保障。然而，與四年制大學不同，社區學院的學費收費很低，且沒有如捐贈、研究經費等其他收入來源。在節流預算年度，他們往往無力完成多項任務要求，面對越來越多的求學者，他們也無法應對。

在我們研究中發現，加州政府的財政補貼在不斷減少。加州財政部提供的資料顯示，州政府分配給高等教育的一般資助費用的總體份額，已從1976到1977年的18%，下降至2012到2013年的12%（Randolph and Johnson 2014: 14）。縱觀州政府對同一時期加州三大層級大學的資金支援情況，其資助總體上呈減少的趨勢（圖4.3）。針對全職學生的一般資助撥款，由於通貨膨脹進行了調整，加州大學這層級調降的幅度最大，州立大學次之；儘管資金不多，對於社區學院的資助卻相對穩定。

在州財政支援減少的情況下，公立院校必須通過削減成本的措施來因應，這些措施包括：擴大班級規模、減少招生班級、削減服務、減少教師聘用，同時還相應提高學費及其他費用。加州大學的學費自 1990 年代初開始調升，並自 2000 年以來加快了增長速度。此外，加州大學和州立大學都增大了招收州外和國際學生的比例，原因是能夠收取比州內學生更多的費用。加州大學校長辦公室編制的資料顯示，自 1996 年以來，申請加州大學和州立大學系統的高中畢業生人數與被大學錄取人數之間的差距翻了一倍。越來越多符合條件的申請者，無法獲得進入州內任何一所四年制公立院校就讀的機會（Campaign for College Opportunity 2015；另請參考圖 2.4）。造成這種局面的原因是遭遇瓶頸期的大專院校及專案越來越多，這也是影響社區學院入學的一大問題（見案例 4.B）。

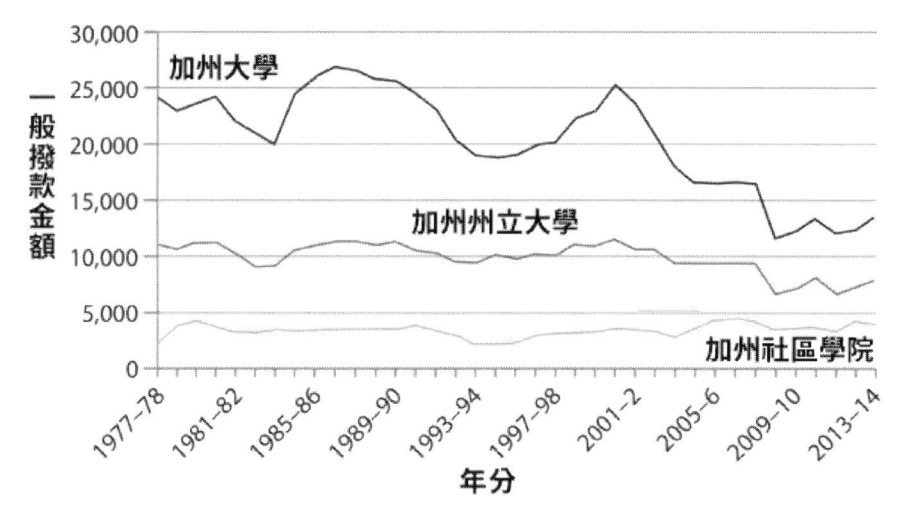

圖 4.3　1977 到 2014 年州政府對加大系統中全職學生的撥款狀況（2013 年按通貨膨脹對金額進行調整）。

註：多年來，全職學生的定義發生了變化。這一圖表獲藍道夫（Randolph）和強森（Johnson）（2014）的許可使用。

資料來源：California Postsecondary Education Commission "Fiscal Profiles 2010"。

案例 4.B
(1) 加州州立大學的瓶頸與衝擊

　　加州高等教育體系的預算短缺，使三大層級的學校（加州大學、加州州立大學與社區學院）都發生問題。最主要是州立大學系統遭遇瓶頸。此處的瓶頸被定義為任何限制學生進一步獲得學位和順利畢業的事（例如，因修讀人數過多，而無法報名某一必修課程）。學生就讀州立大學過程中，遭遇的各種瓶頸（bottlenecks），會引發各式各樣的嚴重後果（如：延遲學位取得時間）。在高科技區域（如聖荷西、長灘〔Long Beach〕）附近學校的類似問題，比其他工業化程度較低的地區（如弗雷斯諾〔Fresno〕、多明戈斯山〔Dominguez Hills〕）來得嚴重。

　　另一個問題是超額問題。如果資源和容量有限，而從合格的申請人中錄取了超出大學本身可容納的學生數，那麼這一本科課程或專業就「受到影響」了（California State University 2002）。儘管沒有任何保證，但申請人仍可獲准進入他們所選擇的學校修讀其他不受影響的專業，或在符合補充錄取條件的情況下，進入超額錄取的「受影響」專業（例如：GPA 較高、接受過相似的社區學院課程）。從 2009 年 2014 年，受場地和削減預算的限制，加州州立大學拒收了約 14 萬名合格學生（Campaign for College Opportunity 2015）。一些州立大學校區（例如聖地牙哥〔San Diego〕、富勒頓〔Fullerton〕、聖路易斯奧比斯波〔San Luis Obispo〕）受到很大程度的影響，因它們所有課程都已滿額。有超額問題的大學必須通過提高招生過程中的遴選標準來限制招生。事實上，自 2004 年以來，23 所州立大學中已有 6 所將入學標準提高了 135%，要求申請人獲得更高的 GPA 和／或 SAT 分數（Campaign for College Opportunity 2015）。

(2) 四類瓶頸分析

　　州立大學系統（California State University system）對導致上述就學瓶頸的四類問題，提出以下說明：A. 學生準備度和課程（student readiness and curriculum）；

B. 所在地區限制（place-bound）；C. 設施（facilities）；D. 諮詢與時間安排（advising and scheduling）。州立大學校長辦公室（http://courseredesign.csuprojects.org/wp/mission）致力於增加錄取學生名額、縮短學位課程時間，並提高畢業率；同時，它還繼續採用多種策略來解決長久以來的入學瓶頸問題。這些干預措施大多結合了科技，如：針對一些課程的重新設計與驗證。。

首先，學術準備程度往往是學生能否在大學獲得成功的一個較大的障礙。州立大學的許多學生，儘管他們符合入學要求，但對大學這一水準的學習毫無準備，因而導致大量學生退學或課程成績不及格，而後又必須重修課程才能畢業。對課程沒有合理準備，就會導致新生和需要重修的學生，在課程註冊上相互衝突的瓶頸。最近，州立大學系統針對一些高選修率，卻低完成率的課程進行調查。這些課程中有 36% 是 STEM 相關學科，如：化學、生物學、微積分和統計學等。根據加州立法分析辦公室（Legislative Analyst Office）的統計，在 2009 年秋季錄取的新生中，約有 58% 的新生被認為缺乏上大學應有的寫作能力，或數學上課水準（或二者兼而有之）。因此，許多學生不得不選修某種形式的補救教學課程。這樣一來，又推遲了他們完成大學學位的時間。

為了解決這些問題，加州州立大學於二十一世紀初發起了早期評估計畫（Early Assessment Program）。該計畫旨在評估出那些還沒做好準備接受大學水準課程的學生，並給予他們一定支持，以便他們做好充分準備（Howell, Kurlaender, and Grodsky 2010）。早期評估計畫由三部分組成：對 11 年級學生進行測試，評估他們對達到相應大學水準課程的準備程度；為高中教師提供專業發展培訓，以提高學生的高等教育學術準備；並為高年級學生提供輔助性的教學支援（例如線上數學課程）。

在早期評估計畫取得成功的基礎上，加州大學系統在 2012 年啟動了上述計畫。該計畫要求未通過入學考試的新生在進入正式課程學習之前，進行暑期補習。此外，一些校區還推行了其他策略。包括：為低收入家庭的第一代學生提供暑期銜接課程（Summer Bridge Programs）。這些課程提供補習班或來自大學的支援、諮詢與指導。

　　為了緩解與課程相關的瓶頸問題並促進學生成功，校長辦公室實施了「暑期電子學院」（Summer E-Academies）計畫，以幫助州立大學的教師利用電子科技，對課程進行重新設計。例如：聖荷西州立大學的教師為受歡迎的工程課程（Engineering 098），開發了一個「翻轉課堂」。其他課程也可能被重新設計，以便可以全部線上學習，以滿足需求。存在了十多年的翻轉課堂，通常將傳統講座或知識傳遞轉移至線上平臺（如影音授課），方便學生課外學習。而面授課程時間，教師則用來檢核學習成果，查驗學生能否應用所學得概念。

　　第二種類型的瓶頸與學生所在校區有關。通常，加州的學生都會受地區限制，選擇就讀居住地附近的大學。因此，學生必須等待該校區安排特定的必修課程。這些校園的所在地大小瓶頸，對於那些進入較小校區的學生來說，會受到限制，在那些校區，廣泛的課程需求與有限資源之間存在著競爭的現象。為了改善此問題，加州大學實行了系統內並行校際錄取計畫（Intra-System Concurrent Enrollment），在有空缺的基礎上，且那些校區或課程未受影響條件下，就入讀任何一所州立大學的學生，都可在其他校區修讀課程。很多人認為增加校區間的線上課程數量，是解決入學和容量需求的一個有效方法。

　　校園設施的限制使用，也可能導致瓶頸期的出現。例如，入學人數和需求超過大多數提供 STEM 入門課程的校區的實際容量，而這類課程往往需要提供實驗室學習（如：化學），從而限制了可以在安全配備的設施中使用實驗室的學生人數。為此，加州州立大學啟動了虛擬實驗室計畫，以解決這類問題的出現。該計畫是一項全領域的學術技術倡議，旨在創建基於電腦的學習活動，讓學生通過電腦介面與實驗設備或其他活動進行互動。透過翻轉實驗室與課堂授課相結合的虛擬實驗室，可讓學生們選擇實體或線上實驗的混合形式。如此，還可以解決實驗空間不足的問題，讓更多的學生得到服務。

　　最後一類瓶頸與資訊有關。學生通常沒有意識到選擇更加廣泛、多樣的課程和計畫，可以幫助他們完成通識教育和達到專業要求。上述情況，與學生沒有及時獲得自身學習路徑，和課程安排的資訊相關。為了防止這些問題發生，校長辦公室敦促大學利用技術為學生提供更為清晰的畢業路線圖。提出的解決方案包括：面向學生和學校的干預措施、升級學位審核系統（使學生及其導師都能評估學術進展情況）、基於網路的學術計畫工具、早期預警系統（為可能無法畢業的學生提供更好的個人管理）以及預測分析，使學校能夠找出有關學生成就的模式，並對緩解瓶頸措施進行追蹤。

儘管加州大學系統實施了多種策略來解決上述問題，但許多觀察人士認為，為了全面解決高等教育體系中的缺陷，對於「總體規劃」的更新與升級十分有必要（Douglas 2010; Finney et al. 2014）。

8. 州政府的學生援助

加州政府對高等教育機構行使權力的另一種方式，是進行學生援助。卡爾助學金計畫（Cal Grant Program）由加州學生援助委員會管理，這一計畫最早可追溯到 1955 年，只針對入讀州內公立和私立學校的學生。2000 年，格雷·大衛斯（Gray Davis）州長簽署了將該計畫重組為五項不同助學金的法案，其中三種項目是針對剛畢業高中生。另外兩種則是針對非傳統學生、[8]有名額限制的競爭型計畫。加州學生援助委員會並未明確宣布資格認證規則，只是鼓勵所有學生完成統一的申請流程。

2012 年，傑瑞·布朗（Jerry Brown）州長簽署了一項法案，通過削減預算，利用卡爾助學金計畫，加強高等教育機構的管制。為了幫助解決 1,600 萬美元的總體缺口，州政府對於卡爾助學金計畫的預算減少了 1.34 億美元。並在獲取資助上規定，6 年畢業率低於 30% 的大專院校和三年連續貸款違約率超過 15.5% 的學生沒有獲取資助的資格。新規定特別將社區學院排除在外，使其完全成為營利性組織。州立法分析辦公室的初步報告發現，在法案通過後的 2 年內，共有

---

[8] 非傳統學生：指的是年級超過同批申請者平均年紀較多的學生，也稱「大齡」學生，翻譯者注。

154 個大專院校被裁定為無法獲得獲卡爾助學金計畫的資助，其中包括該州 80% 的所有營利型學院和大學，如鳳凰城大學（Legislative Analyst's Office 2013）。

2015 年，加州公共政策研究所（Public Policy Institute of California）的研究人員，在加州學生援助委員會會議上表示，卡爾助學金計畫的結構，並不能很好地達到預期目標，如說明學生完成預科和四年制學習。考慮到該州在這些指標上表現不佳，他們建議修改卡爾助學金計畫，以激勵學生能更大限度地承受課程負荷（15 個或以上）。計畫的一部分將包括提高獎勵的價值以涵蓋生活費用，方便學生進入四年制大學學習並減少他們的工時。政策研究所還認為，加州應該仿效其他州的做法，創建一個縱向的州資料庫，用來跟蹤卡爾助學金計畫受益者從高中至大學，再到工作的表現，以評估該助學金計畫各方面的有效性（Johnson, Mejia, and Cook 2015）。

卡爾助學金提出了不同的政策建議，它並不針對學士學位課程，而是為「技術或職業教育」的學生，提供 3,000 美元的學費和其他資助（California Student Aid Commission 2016）。然而，該助學金的申請資格要求，只適用於至少 4 個月的課程計畫，一些短期的「技能再學習」計畫不符合申請資格。此外，該助學金只能用於那些在年度認可名單上的大專院校，不能用來參加像德夫培訓中心（Dev Bootcamp，如案例 2.A 所述）這類高度專業化的培訓計畫。

9. 州政府的學生就業培訓援助

隨著高中生申請州內學院和大學的人數創歷史新高，越來越多的學生在獲得文憑之前也接受高需求技術職業的實踐培訓。從 9 年級開始，許多學生就開始尋求職業教育路徑，與航空、醫療保健、工程、服裝設計、旅遊和新媒體領域的專業人員一起學習工作技能。這些融合了學術和現實工作經驗的路徑，得益於加州對職業技術教育巨大的投入。近年來，州政府投入了超過 15 億美元，用於建立和加強 K-12 學校、社區學院和企業之間的夥伴關係，旨在更有利於學生進入大學和職場做好準備。

在 2014 到 2016 年間，近 5 億美元的職涯發展信託基金（Career Pathways

Trust）分配予 79 個學區、縣教育辦公室和社區學院及特許公立學校，每個學校 58.3 萬到 1,500 萬美元的補助金。去年，加州還批准了額外 9 億美元的職業技術教育獎勵補助金（Career Technical Education Incentive Grants），將在 3 年內撥款至數十個地區和其他機構，以加速新專案課程的開發。還有六個較小的贈款項目，也有助於推動加州職業技術教育前所未有的增長。然而，這些舉措均是州政府一次性的資金援助，目前尚不清楚是否能在當地持續。加州的 K-12 教育法規只包含職業技術教育政策的一般性描述，而試圖提供更全面的 K-12 和高等教育的努力才剛開始。

10. 大學財政概述

在進入對大學財政支持的討論之前，我們先將範圍擴大到包括非營利和營利型組織的所有大學。正如所預期的那樣，各類大學的收入來源差異很大（表4.7）。在 2006 年由韋斯布羅德（Weisbrod）、巴盧（Ballou）和阿施（Asch）（2008）的資料中，四年制公立大學的收入，與州和聯邦政府撥款和補助大致相等，而兩年制公立學院主要依靠州政府的財政收入。非營利型大學的學雜費幾乎是公立大學的兩倍，而營利型大學更是高出公立大學三倍多。非營利型大學的大部分收入來自私人和企業捐贈，這也相當於聯邦和州政府的補貼，因為政府會對捐贈者給予稅收減免獎勵。

為了應對聯邦和州政府的補助削減，大學以增加費用和提高學費，將財政負擔轉嫁給了學生。圖 4.4 顯示，1980 到 2010 年期間，加州的公立、非營利型大學學費收入增加了一倍，而營利型私立大學學費收入增加了三倍多。例如，加州大學和州立大學的平均學費就增加了一倍多，從 4,000 美元增加到 9,000 美元（Jackson 2014）。實際上，隨著高等教育資助模式的改變，公立大學的學費增幅較大，現階段學費的收取已從州政府資助轉向學生自費。在這其中，大部分是以學生貸款的形式。這種財政負擔的轉嫁，導致學生債務負擔的增重問題，值得注意（Kamenetz 2008）。

表 4.7　2006 年大專院校資金來源（按收入類別劃分，原文為 ownership）

	總收入（百萬）	學雜費[a]	聯邦政府撥款[b]	州及地方政府撥款	聯邦政府贈款與合同[c]	州及地方政府贈款與合同	私人贈款及合同[d]	捐款收入[e]	教育活動的銷售、服務所得[f]	銷售輔助企業[g]	其他收入[h]
公立大學											
四年制	5,315.2	17.10%	18.50%	26.80%	13.00%	6.80%	2.70%	1.30%	—	9.10%	4.70%
兩年制		46.8	14.7	5.6	54.9	10.7	6.4	1.1	0.4	—	4.3	1.9
非營利型大學											
四年制	93.1	31.4	8.2	5.8	13	4.8	12.7	—	8.7	9.9	5.6
兩年制	11	20	7.3	33.6	5.5	3.6	4.5	—	3.6	8.2	13.6
營利型大學											
四年制	29.8	68.8	16.1	2.7	—	—	0.3	—	4.4	4.4	2.7
兩年制	9	55.9	22.3	4.5	—	—	0.6	—	3.4	3.4	5.6

註：「—」即沒有資料。

分類說明／定義：

[a] 學雜費：學雜費總數扣去折扣。

[b] 聯邦、州和地方政府撥款：由立法法案提供的收入，通常用於學校營運支出，而不是特定項目；包括州政府的一般撥款。

[c] 聯邦、州和地方政府贈款及合同：政府機構為特定計畫和項目，包括研究和培訓提供的資金。

[d] 私人贈款及合同：私人捐助者的收入（不涉及法律考慮），以及私人約同提供給捐助者的特定商品和服務的收入（作為接受資金的規定），僅包括：與教學、研究、公共服務或其他機構直接相關的禮品、贈款和合約。

[e] 捐贈收入：包括無限制和有限制的養老收入，不包括「用於當前業務的商品或服務的收益」，這些收益被視為轉移支付」。

[f] 教育活動的銷售、服務所得：「教學、研究或公共服務附帶的商品或服務」的收入，如：乳製品、電影租賃、測試服務、大學出版物。

[g] 銷售輔助企業：為學生、教師或員工提供服務的「自營活動」的收入，例如：宿舍、餐飲服務、學生醫療服務、校際體育活動、大學聯盟、大學商店和電影院。

[h] 其他收入：例如：無限制流動資金投資的利息收入和收益（損失淨額），雜項租金和銷售額，到期的期限捐贈，以及終止的年金或終身收入協議（如果不重要的話）；還包括內部服務部門銷售和服務產生的收入；向機構外部的個人或機構銷售：出售電腦時間。

資料來源：Weisbrod et al. (2008: 30, Table 2.1); Authors' calculations from data in U.S. Department of Education National Center for Education Statistics (2007b)。

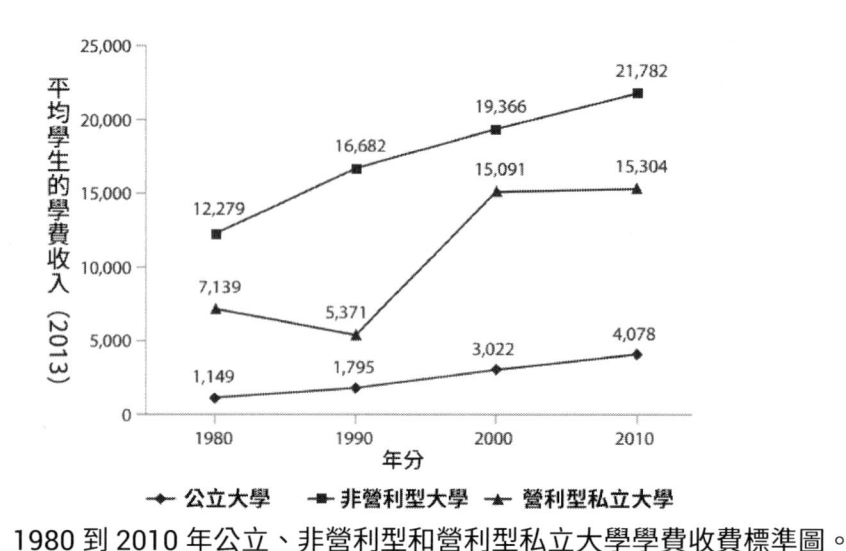

圖 4.4　1980 到 2010 年公立、非營利型和營利型私立大學學費收費標準圖。

資料來源：Higher Education General Information Survey (1970–1985) and Integrated Postsecondary Education Data System (1986–2012)。

（三）改變制度邏輯：營利型大學的興起

　　從二戰開始，在林登・強森（Lyndon B. Johnson）時代的「偉大社會」計畫，對高等教育進行大量公共投資之後，1970 年代以來的聯邦政策，開始有所調整，轉向給予私立大學更多的支持，並利用市場而非基於政府的治理機制加以調節。正如我們所見，政府對州立大學的公共財政支持一直在下降，學生及其父母承擔著越來越高的教育成本。媒體對大學的排名越發提高監督的力度，並越來越影響學生的入學選擇，和大學管理部門的教育決策。

　　營利型大學的數量也在不斷攀升。在過去的三十年裡，其增長速度比其他任何的教育實體都快，主要提供廣泛的商業、資訊技術和醫療保健等領域課程，其入學人數在 2000 到 2010 年間增加了兩倍多。截至 2010 年，專業學院的商業、管理和市場行銷專業副學士學位占該類總數的 33%，電腦科學占 50%，而醫療服務占 23%（Deming and Dynarski 2010）。這些學院提供的課程非常靈活，能夠根據學生需求制訂相關內容，讓在職學員也能在晚上或週末上課，並提供具有明確職業目標的短期課程，因此具有極大的吸引力。同時，這類學院在借用電腦教學方面，也一直走在的最前端（Tierney and Hentschke 2007）。然而，這些實質性優勢仍被其績效缺陷所抵消。

如前所述，1972年，這些有學位授予資格的學院，能接收受聯邦政府補助和貸款的學生。但由於其收費遠遠高於公立大學而入學標準較低，營利型學校的輟學率和學生貸款違約率均高於同類公立大學。2012年國會調查發現，營利型學院的輟學率高達64%，而其財政收入的22%用於市場行銷、廣告宣傳、人員招聘和招生，與教學的支出的比率一樣（*The Economist* 2015a）。自2010年以來，這些機構的招生情況一直在下滑，部分原因可能是受這些統計資料的負面宣傳影響（見案例5.C）。

五、技術驅動的變化

（一）早期遠端學習技術

很長一段時期內，美國高等教育都在嘗試將技術作為一種手段以更廣泛地吸引學習者。我們已在前文介紹了十九世紀與捐地學院有關的推廣計畫。到1920和1930年代，這些旨在為非傳統學生提供技術知識和大學水準課程的項目，開始將廣播作為教學媒介（Craig 2000）。電視是另一個重要工具，可以用來對非在校人員提供教學指導，並被廣泛認為是最有可能提高學生數量的一種方式（Schramm 1962）。

一項當時最具想像力和成功的專案，是利用來自海外遠距技術所開發的廣電教育：即1970年代早期於英國發展的開放大學（The Open University）。在即將成為首相的哈樂德‧威爾遜（Harold Wilson）願景的引導下，英國希望創建一個「空中大學……旨在為那些因某些原因未能接受高等教育的人提供機會」（Wilson 1963）。透過電視和廣播播放的講座，以及電子郵件發送的學習資料（包括文本和「家庭實驗套件」〔home experiment kits〕），開放大學於1971年開始開設課程。21歲以上（後改為18歲以上）的成年人，可以自由參加本科課程，且課程費用適中。直到1985年，隨著大學商學院的開放，開放大學的入學率一直在穩步上升。

到 1990 年，開放大學共授予 108,000 個學位，其中大部分為文學士學位，還有數十萬未完成學位的學生（Weinbren 2014）。除了郵件外，開放大學前 30 年的主要教學模式是以電視為媒介，通常是與 BBC 合作製作。1990 年代中期，隨著電視作為首要媒介的地位逐漸消退，一些學生開始接受互動式光碟（CD-ROM）課程。自 1999 年以來，以網路教學的課程數量不斷增多，線上技術使大學得以進一步擴大其影響力。截至 2015 年，開放大學已經為近 200 萬名學生提供服務，並使其獲得了 38 萬多個的文學士學位（The Open University 2014）。

大西洋的這一邊也開始受其影響。1999 年，開放大學在美國開設了一所分校，總部設在科羅拉多州（Colorado），主要對象是社區學院畢業生，最初只提供學士學位的後兩年課程。然而，這種課程項目未能吸引足夠的學生，最終於三年後關閉（Kirp 2004）。最近，開放大學得到了中部各州校院高等教育評審會（Middle States Commission，區域認證協會之一）的認證，並繼續努力吸引美國的非傳統學生。

在灣區，史丹佛大學工程學院處於遠端教學實驗的最前緣。這項嘗試始於移動學生而不是課堂：1954 年，學校開設了校園榮譽合作計畫（Honors Cooperative Program），為選定的當地公司的全職雇員提供數學、科學和工程課程。如案例 3.A 所述；1969 年，通過利用閉路電視，將課程教學直接帶往附近公司的工作場所；在二十一世紀初，這些課程與網路相連。一些課程對入學資格進行了限制，並且能夠授予高級學位，而大多數課程都與專業證書相關。

（二）電子化教育到來：重新定義高等教育領域？

三十多年來，未來學家們一直預測著數位教學的出現和加速發展。由於許多知名大學通過舉辦大規模的開放式線上課程（通常稱為磨課師 MOOCs）（見案例 4.C），對這一議題的關注在過去幾年裡持續上升。隨著開放式課程（OpenCourseWare），可汗學院（Coursera）、達先（Udacity）等平臺的出現，評論家們預測這一網路學習的「線上海嘯」將帶來高等教育的大規模重塑（如果不是結束的話）（Carey 2015）。技術烏托邦已經領略了數位教學的魅力，正如早期的擁護者所堅信的那樣，我們的教育需求最終會隨著廣播的出現，而後是電視這一奇跡的到來，而得到滿足。由於傳統的教育系統無法應對日益增長的需求和持續上升的成本，對於許多合格的學生來說，這一美好的願景極富吸引力，早期獲得了成功。2011 年球季，來自 190 個國家的 16 萬名學生參加了由史丹佛大學教授開發的達先免費人工智慧課程（Lewin 2012）。然而，到目前為止，磨課師（線上學習）的引入帶來的結果卻令人大失所望。雖然大量的學生參加了這些課程，但僅有一小部分完成了課程。此外，大多數受益於這些項目的學生，都是受過良好教育的人、男性為主以及目前在職的人員，而非那些處於教育邊際或弱勢的群體（Alcorn, Christensen, and Emanuel 2014）。

案例 4.C
大規模線上開放課程（可汗學院、達先與 edX 等線上學程）

2001 年，麻省理工學院（Massachusetts Institute of Technology）啟動了開放式課程（OpenCourseWare），透過提供傳統課程的「縮寫版」，來推動這一領域的線上授課發展。許多人認為開放式課程是一種可以被普遍仿效的模式。2002 年，聯合國教科文組織提出了「開放教育資源」（open education resources）這一術語，「包括開放式應用程式、工具和體系結構，以及像知識共用組織（Creative Commons）。這樣的法律支持者，使開放教育的精神和實踐得以實施」（Fizz 2012）。包括史丹佛大學和哈佛大學在內的選擇性大學，為網路學習的發展做出了貢獻，並將其擴大到如今數量日益增多、各種形式的大規模磨課師（Johnson and Mejia 2014）。

在高等教育領域，目前排名前三位的磨課師平臺是 edX、可汗學院和達先，可汗學院和達先位於矽谷，雖然這些平臺具有某些同樣特徵，但也各有特色、各有所長（表 4.8）。

可汗學院於 2012 年 4 月由兩位原史丹佛大學電腦科學教授開創，被認為是磨課師最大平臺。該平臺是一個營利組織，通過收取認證費和學費獲取收入。可汗學院致力於讓高等院校認可他們的大學學分線上課程。認可這些課程的大專院校包括美國主要的研究型大學，如：史丹佛大學、杜克大學（Duke）和密西根大學（University of Michigan），以及世界各地的 100 多所高等院校。截至 2015 年 5 月，可汗學院已提供 1,000 多門課程，並在 190 國家擁有約 1,300 萬用戶（表4.8）。

達先線上課程由史丹佛大學電腦科學和電機工程教授，賽巴斯汀·特倫（Sebastian Thrun）於 2012 年創辦，是一個營利型網路平臺，擁有約 160 萬用戶和 26 項免費課程。最近，達先將策略重點從專注於大學課程轉向，強調專業人士的職業課程。

2012 年 5 月，麻省理工學院和哈佛大學合作推出了 edX。作為提供廣泛課

表 4.8　三大磨課師（線上學習）平臺比較

優勢和劣勢	可汗學院	達先	edX
優勢	免費的非認證證書	隨時開課，無需等待感興趣的課程	免費的非認證證書
	最全面的課程目錄	按自己的進度進行，適合自我導向的學生	來自著名大學合作夥伴的課程目錄
	最佳交流論壇，但仍十分有限	眾多程式設計、電腦科學課程	優秀的科學和醫學課程
	最多樣化的合作夥伴	關注時下工作技能	一些外語課程
	多種語言的成績單	支援 iOS 和 Anroid 系統	免費「榮譽系統」證書；收費認證證書；專業工作高級證書
	支援 iOS、Android 和 Kindle Fire 系統		
	免費「榮譽系統」證書；收費認證證書；專業工作高級證書		
劣勢	過於結構化	收費證書	欠佳的交流論壇
	教學品質不統一	較小的社區；大多數學生獨自學習，除非他們額外支付費用	教學品質不統一
	課程不依需求提供	較少的外語課程	無可用的應用程式

資料來源：skilledup.com。

程的平臺，edX 與其他平臺有所不同，因為它是一個使用開放式軟體的非營利型組織。目前，全球約有 400 萬學生參加了 edX 的 500 所門課程。同時，edX 還參與研究工作，蒐集學生資料以尋求提高課程完成度和留住學生的方法。與其他非營利型機構類似，edX 面臨的最大挑戰是如何維護自身的發展，它需要考慮如何籌集足夠的資金來支付運營成本，包括對合作夥伴的補償。

不斷增加的磨課師機構反映了用戶的強烈需求。支援磨課師的人士認為，高等教育需要的是一個規模足夠大的媒介，能夠隨時隨地向所有學生提供各種知識。他們認為通過增加低成本甚至免費的學習途徑，磨課師有助於打破傳統的高等教育模式。磨課師擁有的一大優勢是其學習進度可自我調節，學生可在方便的時候進入課程，並按自己的步調開始和完成課程。這對於在職、必須承擔照顧孩子或其他家庭成員的責任或者無法到實際校園上課的學生特別有益，尤其對許多原本因社會經濟地位，而無法接受高等教育機會的學生，格外有助。

與磨課師平臺合作的大學受到了積極影響，例如，「去年秋季（2012 年），聖荷西州立大學使用 edX 磨課師課程『電路與電子』作為混合線上課程的基礎，提供給 85 名在校學生。最初的效果激勵人心。在 edX 試點前的一個學期，60% 的學生通過了聖荷西州課程；91% 的學生通過了與 edX 合作的課程」（Kolowich 2013）。

在高等教育的生態環境中，磨課師扮演著舉足輕重角色，為所有網路學習者提供相對低廉且有效率的教學內容。傳統的實體大學需要適應不斷變化的高等教育環境。蒂耶（Thille）、米切爾（Mitchell）和史帝文斯（Stevens）（2015）認為，這些新類型的課程雖不是萬能的，但它們仍是當今高等教育的重要組成部分：「磨課師並未使高等教育定型，然而卻尖銳地提醒著我們當前的大學費用和入學問題。同時，磨課師還是真正有效的潛在教育技術先驅，推動了科學學習的進程，從這種意義上來說，這即是進步」。

從史丹佛大學到聖荷西州立大學，再到佛德喜爾社區學院（Foothill Community College），都已將線上課程納入其課程計畫中，讓眾多需要補救教學和有進修需求的學生，也能利用這些資源學習。然而，到目前為止，這些措施和其他大學的相關策略都未成功改寫傳統「大學教育」這一詞彙。大多數大學繼續照常運作，營利型學院則是例外。這些學院很快接受線上課程，這項新技術十分契合其生產模式，該模式依靠以高效率和低成本地方式向大量學生提供課程。由於營利型學院沒有大量的終身教職人員，因而很少受到公立和非營利型大學的一些障礙的影響。它們在課程和教學決策中有極大的發言權。與公立大學所面臨的課程和課程變革相比，它們面臨的規則和條例也相應更少。此外，營利型大學存在的理由是要滿足消費者的需求和偏好，並跟隨需求的變化迅速調整其產品服務。

網路教育將引發革命的預測，不僅是在討論一種改進的教育方式，也提出了理解教育方式上的範式轉變。任何分析都應從現有的教育供應方觀點開始，這一觀點建議我們將高等教育系統視為市場，在市場中，消費者（學生）是利益的主角，將關注從供應方轉向消費者，從供應轉向需求。這種策略符合幾十年前教育組織評論家所表達的擔憂。伊裡奇（Illich）（1972）認為，我們或許不該將教育與學校相提並論，事實上，如果社會可以「去學校化」，那麼它該為所有人服務。

半個世紀前，像伊裡奇提出的這些觀點，只是一種烏托邦式的想法，但在二十一世紀的第二個十年中，這些想法開始出現可能。早期的教育替代方式，包括：經驗、旅行和閱讀，已可藉助網路，提供資訊和潛在學習機會，擴展了教育範圍。各種搜尋引擎協助人們從事各種資料、資訊蒐集，甚至是各種主題的知識搜尋。隨著所有可以使用網路的人們，都能免費獲取大量的大學課程，高等學習機會不再限於那些進入大學校園學習的人。因此，一些熱情倡導者建議學生現在可以「設計自己的大學」（Kamenetz 2010）。卡梅涅茨（Kamenetz）（2010: 109）介紹了一些還在開發中的教學創新方案，可以用來支援一些上述作者所形容的：置身於無邊界智慧中心的自主獨立學習者，可以分享來自「關注社區和實踐等學習主題」，所提供的資源。這些學習者擁有由麻省理工學院開放式課程和開放大學等平臺開發及提供的資源，使其得以組合自己的課程。線上資源可以結合自己的學習群組，選擇大家同處一室（co-located），或透過線上虛擬學習。這些創新都是希望超越現有高等教育組織限制，如：課程考核機制（the gatekeepers）、在特定時空中進行 50 分鐘授課、上課前需要的先備條件與規定、期末考試，及最重要的高成本。

儘管這種方法在許多方面都十分吸引人，但依照學習者自身的成熟度和判斷力來繪製自己的課程及促進相關智力支持，在這一定程度上講是不切實際的。事實上，管理和安排這些任務所需的技能，恰好與受過高等教育的人有關。迄今為止，大多數受益於磨課師或類似課程的學生此前已擁有大學學位，這一點值得注意。

西蒙（Simon）（1945/1977）早就提出關於個體認知侷限性的觀點，指出創建組織的主要目的是簡化複雜的工作，將其細分，並通過創建管道向參與者提供適當的資訊，並為個人決策提供支援。簡而言之，他認為組織需要克服個人理性的侷限。出於認知和社會原因，學生從學習組織體系——大學中獲益。

而且新型機構出現後，它們利用個人學習者及新的商業模式和收入流。到目前為止，已開發了線上課程的大專院校，都不確定是否可以從它們的產品中獲利。這些發展態勢提出了許多關於監督和治理及如何保證品質以及認證能力的問題。此前我們已討論過一些正在努力中的新型培訓計畫和證書認證措施（見第三章和案例 3.C）。

更普遍的是，雖然新技術和線上課程的支付系統正在開發和評估之中，但它們都面對一個高度制度化的教育供應和認證系統。總之，對於這些新的參與者來說，最重要的環境即是現有的高等教育系統。

這些新舉措不會毫無用處，而是參與到一個既定的、複雜的教育計畫和支援實體的組織系統中。考慮到這些結構和流程的熟悉和廣泛接受度，新型教育的供給和方法必須要學習、適應和發展與現有大學間的聯繫。制度變革涉及新舊形式和方式之間的對抗。大多數情況下，通過拼湊複雜的學習和互補、組合和重組過程，新的混合體制結構才能應運而生（Scott 2014: chap. 6; Stark 1996）。

六、結語

　　社會系統包括州、聯邦、甚至國際社會所有的組織系統。與其他系統相比，人們期待高等教育系統更能依照人口規模及構成、政治信仰和政策、經濟力量與技術變革等方面變化，做出反應和調整。

　　人口變化對高等教育的挑戰尤為突出，自從1970到2010年舊金山灣區人口翻了一番。這一增長大部分來自墨西哥和亞太地區的移民，並造成該區白人僅占總人口的40%。在本研究期間，雖然州政府仍主要負責K-12及之中學後教育事務，但聯邦政府已開始在高等教育中發揮更大的作用。1960和1970年代高度關注種族和收入不平等問題，並將這些問題轉化為教育系統中的壓力，以便為所有合格的學生提供更好的高等教育機會。壓力是全國性的，但是擴張大學系統的責任重擔則主要落在各州，在同一時期，高等教育私有化成為主要的經濟趨勢。越來越多的學生及其家庭支付更高比例的學費，大學對市場壓力的反應更加敏感，許多營利型大學也有資格獲得聯邦政府資助，導致了這些大學的快速增加。

　　這一時期也是通訊技術參與大學核心進程的開始。與大多數組織一樣，它們被用來實現行政、人事和研究職能，但在過去幾年中，大量精力投入到將電子化和網路系統作為教學媒介方面。雖然這些發展大多與傳統教育系統並行，但越來越多的大學正試圖將常規教學和線上教學相結合，以發揮各自的優勢。

第五章　不同地區的各類型學院與大學

WILLIAM RICHARD (DICK) SCOTT, ETHAN RIS, MANUELITO BIAG, and BERNARDO LARA

　　到目前為止，我們仍從宏觀角度上來考慮高等教育系統以及區域經濟的構成和結構，然後再從更廣泛的人口、組織、政策、科技環境等進行探討。在本章中，我們將把故事說得更貼近事實。

　　通過說明高等教育與區域高新技術經濟的起源、歷史、結構限制、制度邏輯和時間方向上存在著巨大的差異，我們總結了對這兩個領域主要特徵的回顧，兩者之間存在著極度緊張關係（見表 3.1）。既然存在這些差異，那麼在這些系統內的組織是如何聯繫和協作的？這個普遍問題最好的解決方法是理解不同類型的學院和區域的力量強弱是不同的。研究型大學和綜合性大學更加複雜和分化，能夠更好地適應大學和企業間相互衝突的壓力。同樣地，社區學院也被發展為混合型組織，教育學生轉到四年制大學攻讀學位，同時也為職業取向的學生職業生涯做準備。相較而言，營利型大學更不受高等教育控制機構的限制，而且更能應對市場壓力。

　　不同區域內的企業構成與所需人員類型也各不相同。儘管舊金山灣地區相對而言聚集著高科技產業，但在整個灣區內，各郡之間的地理位置和實力都有很大的差異。

一、不同區域的多類型大學

　　當我們開始推進本研究設計時，針對舊金山灣區的大學，如何適應所處環境的挑戰時，兩大事實逐漸浮現：（一）大學的使命——它們對自己是誰以及它們能夠提供什麼課程，什麼支持和限制了它們的實踐？這些觀念有很大的不同；

(二) 儘管所有大學都在灣區範圍內，但其面臨著截然不同的微觀環境，這些環境對每個學校都構成了特定的挑戰。事實上，我們驚訝地發現，研究中的三個不同區域之間，存在很大的差異。

（一）選擇大學樣本：確定區域

　　研究型大學在引領創新，和促進經濟發展方面的重要角色，已獲得媒體的廣泛認可，並在研究中多所記載（如：O'Mara 2005; Saxenian 1996）。本書嘗試從各種多元的社會需求與貢獻角度，探討這些不同類型的高等教育機構，如何透過本身關鍵且直接的典範作用，來定義社會期望中的「最適切」大學為何。具體來說，它們提供了重要案例經驗，成為其他類型大學的實踐典範。例如：史丹佛大學的榮譽合作計畫（Honors Cooperative Program）案例，鼓勵了聖荷西州立大學將更多的精力和資源，投入到該校工程領域的生涯和職業發展中（見案例3.A）。

　　然而，由於之前很多媒體和研究都集中於研究型大學，特別是史丹佛大學和加州大學柏克萊分校，故我們選擇將主要精力放在一個門檻不高的大學樣本上。我們認為，這些學校在說明滿足地區政治經濟需求方面所起的作用，尚未得到應有的重視和認可。有許多不同創校規模與使命，並且採取開放多元入學方式的大學院校（broad-access colleges）提供了各種公辦或私人的課程，來因應不同的社會需求。它們承認，大多數申請和就讀的學生絕大多數都來自該城市。我們決定把重點放在四種類型的大學，包括公立四年制綜合大學、社區學院、非營利型學院和營利型學院，並在三個不同區域內各選擇至少一種類型的大學。

　　識別子區域（sub-regions）並不困難：灣區的三個子區域地理劃分相當明顯。我們在第三章已經提過每一個區域都由自己的都市報紙提供服務。通過郡界劃分，我們開展了三個不同區域的研究。

1. 舊金山區域

　　由舊金山郡（San Francisco County）和聖馬特奧郡（San Mateo County）所組成。2010年，這些郡縣是150萬居民的家鄉，在過去的20年裡，這些居民看到了舊金山灣區高科技產業的快速增長。該地的加州大學舊金山分校主要是一所透過研究和治療來為該地區提供服務的醫學院。整體來說，此地由於擁有加州大學舊金山分校這所重要機構，舊金山區域已經成為生物技術產業的重要樞紐，是基因泰克（Genentech）和凱龍星健康公司（Chiron）等所在地。它也是許多社交媒體公司的所在地，其中就包括：推特、點評網（Yelp）以及賽富時（Salesforce）等商業巨頭。我們所研究的樣本囊括舊金山州立大學、舊金山城市學院、社區學院、非營利型的金門大學（Golden Gate University）、以及營利型的舊金山藝術大學（Academy of Art University）（見表5.1）。

2. 南灣地區

南灣地區與聖塔克拉拉郡相連，它是矽谷經濟的發源地，也是矽谷經濟的中心。自1970年代以來，該地區人口迅速增長。現在的人口比之前增加超67%，達到了180萬，主要集中於聖荷西市。這裡曾經是一處充滿梅樹和杏樹的地區——「心之穀」。現在這裡有一些矽谷最具影響力的公司，包括：惠普、蘋果、谷歌和雅虎。此地也是最成功、最有影響力的律師事務所羅沙迪律師事務所（Wilson Sonsini）以及著名的創業投資公司克萊恩那・帕爾金斯風險投資公司（Kleiner Perkins）的所在地。同時也是極具影響力的大型研究型大學史丹佛大學的所在地。在南灣地區，一些採取入學多元方式的案例學校，包括：聖荷西州立大學、佛德喜爾社區學院（Foothill Community College）和常青谷社區學院（Evergreen Valley Community College）；非營利型的門洛學院（Menlo College），和營利型的德弗裡大學（DeVry University）。

表 5.1　個案研究學校

區域	四年制公立大學	兩年制學院	非營利型	營利型
舊金山	舊金山州立大學	舊金山城市學院	金門大學	舊金山藝術大學
南灣	聖荷西州立大學	佛德喜爾社區學院 常青谷社區學院	門洛學院	德弗裡大學
東灣	加州州立大學 東灣分校	阿拉米達學院	聖名大學	鳳凰城大學

3. 東灣地區

東灣地區由阿拉米達郡（Alameda County）和康特拉科斯塔郡（Contra Costa County）組成，2010年的人口超260萬。它的中心城市是奧克蘭（Oakland），是加州大學系統中，最大且聲譽卓著的柏克萊分校所在地。到目前為止，東灣區域在高科技經濟領域的參與度不如舊金山與南灣區。相反，東灣區域的工業基礎傾向於製造業，包括太陽能製造公司索林佐公司（Solyndra）和個人電子公司羅技科技（Logitech）。我們在東灣區域的大學樣本包括：四年制加州州立大學東灣分校、阿拉米達學院（College of Alameda）、社區學院；非營利型的聖名大學（Holy Names University），和營利型的鳳凰城大學。像德弗裡大學這種在鳳凰城名下運作的學校，在舊金山灣區和全國範圍內都有。但在我們研究的較小子區域中，我們只關注這些為住在校園與附近學生提供服務的學校。當然，所有高等教育機構都會有相當數量，不住在學校附近地區的學生。

（二）資料與方法

迄今為止，本書的大部分研究是依據許多統計資料分析而來，包括：高等教育綜合資訊調查（1970到1985年）、後期中等教育資料綜合系統（1986到2012年）、十年一次的美國人口普查（1970到2010年）以及其他的學術著作等。這一章和下一章都採用了一些不同來源的資料。雖然我們仍然依賴於二手資料，但我們也利用了勞工就業統計局和就業調查（Occupation and Employment Survey, Bureau of Labor Statistics）、每月的人口調查報告和加州就業發展部門關於工資和工業聚集等資料。綜合來看，這些資料來源使我們能夠掌握這些地區的人口、勞動力和市場狀況的變化。

這些資料的補充是通過對樣本學院檔案中的系統分析，與各種利益關係人（包括地區經濟學家、大學管理者、教授領袖和系所主管），進行半結構式訪談及焦點座談的所獲得的資料。實際上，樣本學院只提供了一小部分案例（14個），好讓我們進行以下比對：1.同一個子區域中，不同類型大學之間有哪些活動上的差異；2.在不同子區域之間，同類型的大學有何運作上差異。對教授領袖和系所主管的訪談中，主要是針對與高科技產業相關的四種學科對象，即：工程、電腦科學、生物科學和商業管理。

檔案的系統分析，則針對三個區域的五個樣本學院，和部分學術課程進行評估。這些評價集中在四個目標學科上。這些評鑑資訊首度來自 1970 和 1980 年代，州政府所推動的評鑑運動中，要求公立大學的教師參與教學成效達標的分析與檢核資料而來。他們在自我學習方面是值得注意的，因為他們是由教員撰寫的，往往反映出與官方政策或大學管理者目標的背離。我們還發現，它們在方法和細節上有很大的差異。一般情況下，為了檢查我們的大學樣本的結構和行為，我們採用了多種方法和資料來源，進行三角測量（Miles and Huberman 1994）。採訪時間平均超過了 60 分鐘，並進行了音訊記錄和使用重複過程來比較與分析重複出現的主題和模式。

二、比較灣區間的不同區域

這三個區域在社會經濟構成上有很大的差異，它們的人口在結構、經濟分層和經濟結構方面都有不同。如圖 5.1 所示，南灣地區是亞裔和西班牙裔居民比例

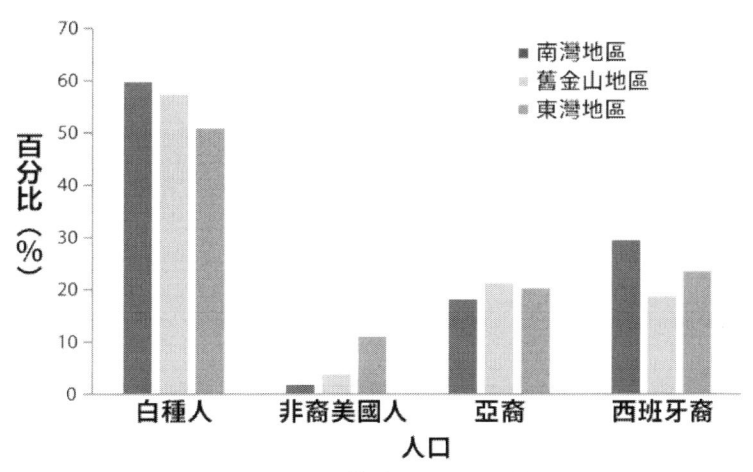

圖 5.1　2010 年舊金山灣區種族差異。

資料來源：US Census。

較高的地方,但非裔美國人比其他地區更少。舊金山地區的白人和亞裔居民比例更高,西班牙裔人口更少,而東灣地區則是非洲裔美國人比例較高的地方,亞裔美國人的比例要比舊金山地區和南灣地區要少。

圖 5.2 顯示了這三個地區的人均收入。1973 年,東灣和南灣地區的收入水準沒有差別,而舊金山地區的平均收入水準則顯得更高。然而,在接下來的 40 年裡,每一個地區的平均收入都出現了變化,因此到 2012 年,南灣和東灣地區之間收入大約有 1 萬美元的差距。與此同時,舊金山地區一直保持了它的收入優勢。到 2012 年,它分別超過南灣地區 1 萬美元、東灣地區 2 萬美元。平均收入的差異反映了工業成分的差異,也反映了相同類型職業的工資差異。例如,在 2012 年,舊金山地區在商業和金融業務領域支付的平均工資為 9.2 萬美元,南灣地區為 8.9 萬美元,東灣地區則為 8.2 萬美元;在工程和技術領域,舊金山地區為 9.8 萬美元,南灣地區為 10.6 萬美元,東灣地區則為 9.5 萬美元(US Department of Labor 2012)。當然,這些工資差異也反映了這些地區的生活成本差異。

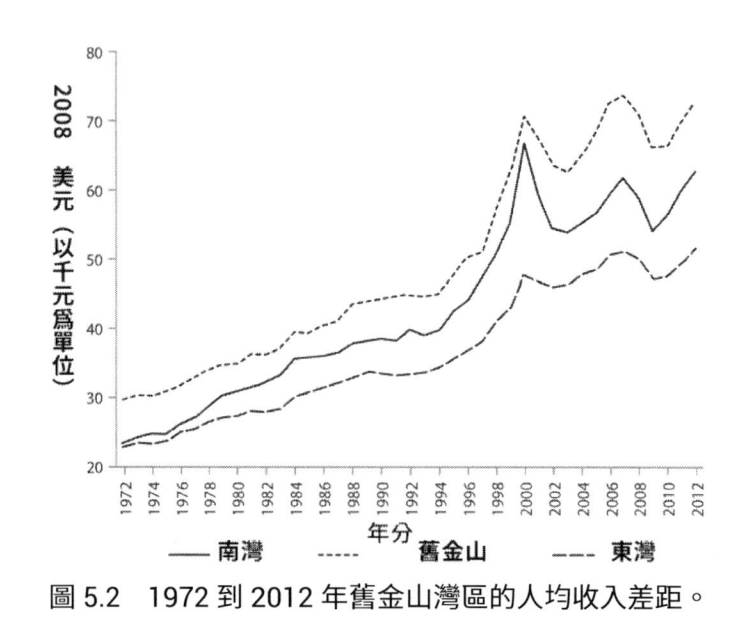

圖 5.2　1972 到 2012 年舊金山灣區的人均收入差距。

資料來源:California Regional Economic Analysis Project, US Department of Commerce。

不同區域的工業構成要素也有所不同。南灣地區繼續由電腦和電子公司主導，而舊金山地區長期以來一直是金融和交通樞紐，也是一個重要的旅遊目的地。由於這些特性，該地區現在已經增加了越來越多的生物技術和社交媒體公司。東灣地區在交通方面投入了大量資金：奧克蘭港（Port of Oakland）是一個主要的海陸轉運中心。這裡也是大型建築和生產公司的所在地。我們通過分析不同區域行業中選擇的就業類別來分析它們的廣泛差異。這些被選擇的就業類別主要圍繞與高科技經濟相關和能夠在不同區域體現出最大差異的標準來進行。表 5.2 呈現了 2012 年所選職業的就業金額差異。正如預期的那樣，舊金山地區在法律、商業、金融、休閒和貿易等行業的就業比例與南灣和東灣地區的比例相當。南灣地區在工程技術和生產活動中擁有更多的涉及電腦和數學職業的就業基礎，而東灣地區則更集中於貿易、銷售和運輸。

表 5.2　舊金山子區域所選產業的就業人口

工業	舊金山地區（%）	南灣地區（%）	東灣地區（%）
法律職業	1.5	0.9	0.7
商業和金融業務	8.6	6.6	6.1
娛樂	12.4	9.2	9.6
電腦與數學	6.3	10.1	4.0
工程和技術	1.4	5.6	2.1
貿易（銷售和翻譯）	14.9	13.5	16.5
生產	2.7	5.5	5.1

資料來源：US Department of Labor (2012)。

正如第三章所討論的，另一個有趣的問題是創業投資公司的地位，它在推動新行業的初創企業發展方面發揮了重要作用。如果我們比較一下這方面的重點城市排名就會發現，在 2014 年與聖荷西 11 億的風險投資及奧克蘭 2 億的風險投資相比，舊金山地區是這些活動的主要中心，擁有 109 億風險投資的支持。如果我們將創業投資公司納入周邊社區，南灣地區的排名將會有所改善，但 2014 年的排名不會改變。南灣地區 68 億美元，東灣地區 40 億美元，但舊金山地區仍有 133 億美元的投入（CB Insights 2015）。

三、不同區域間常見的問題

（一）學生和雇員流動性

　　一開始就承認三個區域絕不是孤立或獨立的實體是非常重要的。跨地區的學生（包括教師）有很大的流動性。史丹佛大學和加州大學舊金山分校的學生來自不同州和許多國家，而加州大學則吸引了來自全國各地的學生，以及一些國際學生。儘管如此，學校的地理位置，深深影響那些上普通大學的學生。根據希爾曼（Hillman）（2014）編制的美國最新資料顯示：公立兩年制社區學院學生的住家與學校平均距離為 8 英里；四年制公立大學為 18 英里，私立非營利型大學為 46 英里。相對較短的距離在某種程度上反映了資訊的可得性和方便性的重要。但是，由於越來越多的已婚學生有孩子需要照顧，並且有全職或兼職工作，交通上的便利性相對而言很容易變成必要條件。對於今天的大學生來說，通勤距離仍然是選擇大學的一個非常重要的因素。

　　大學畢業生的職業生涯，會有大量的變動。他們從一所大學轉到另一所大學，這種現象被稱為「旋轉」（swirling）現象。根據美國學生資訊交流研究中心（National Student Clearinghouse Research Center）公布的資料顯示（Adams 2015），37% 的大學生在 6 年內至少會在校際間當轉學生。此種「旋轉」現象並不僅僅限於當地發生。報告發現，約五分之一的公立兩年制學校學生，以及四分之一公立四年制學校學生是跨州就學的。旋渦現象也發生在四年制大學流向兩年制的學院，最著名的是「夏季旋渦器」──四年制大學的學生，他們利用社區學院進行暑期課程，然後在秋季回到他們的四年制大學繼續就讀。

　　由於快速的繁榮和蕭條週期橫掃整個地區，高科技地區的學生比傳統工業地區的學生更容易受到影響。這裡包括跨類型學校的流動性、退學和重新進入同一所大學。我們的案例研究提供了一些證據，來證明這些經濟事件對學生就業和就學行為的影響。

　　由於生活和工作分處不同地區，人口移動也很明顯。灣區的生活成本很高，許多員工經常往返於遠至聖華金郡（San Joaquin County）、索諾馬郡（Sonoma

County）偏遠地區，和阿拉米達與康特拉科斯塔郡以外的郊區。最近，越來越多的高科技公司員工選擇搬到舊金山居住，以充分利用城市的便利設施和知識菁英文化（cultural zeitgeist）。像谷歌這樣的公司租用的巴士，為它們配備了無線網路，好在城市和南灣的學校之間穿梭。為了減少通勤時間，臉書、財捷（Intuit）和蘋果等公司，正在興建類似於校園中的工作和生活設施，鼓勵員工在同一個地方生活、工作和娛樂（Quinn 2014）。

（二）公司間差異

在矽谷形成早期，一些較大的公司紮根於當地的社會和政治環境之中。像惠普這樣的公司是土生土長的，不僅存於社區，也源於社區。史丹佛大學與南灣地區公司之間的聯繫尤其緊密。史丹佛大學工程學院的院長弗蘭德·特曼（Frederick Terman），後來擔任該校教務長，為史丹佛大學和附近許多剛成立高科技公司，搭建合作橋梁。這些公司包括：惠普、肖克利半導體公司（Shockley Semiconductor）以及瓦里安公司（Varian Associates）（詳見第三章）。它的許多學生致力於創辦企業，並於1952年創建了史丹佛工業園區，進一步促進了大學與當地企業的聯繫。當前以及未來的員工都會在當地的大學和學院接受培訓，公司經常會為學生提供實習機會，並為學校提供設備。這些早期的公司與社區緊密相連，並且還參與了更為廣泛的公民和慈善活動。但這種情況開始發生變化，我們中的一位精英人士將惠普公司早期和後期公司狀態進行了對比：

> 例如：比爾·休萊特（Bill Hewlett）和戴夫·帕卡德（Dave Packard）就住在這個社區中，他們是帕洛阿爾托大學（Palo Alto University）學校董事會的成員，都非常積極地參與社區活動，十分投入矽谷生活圈。如今，許多首席執行長都不住在社區裡，而是長年在飛機上到處洽商。在美國所培養的工程師數量越來越少的同時，惠普等公司過去從最好的學校找到的好人才，也越來越少。本研究詢問一位首席執行長是否為此感到困擾？他說：「作為一名美國人和一位父親，這讓他很煩惱。但作為一家跨國企業首席執行長，他一點也不介意。他可以花費更少的錢，在別處找到人才。

首席執行長們必須關注投資回報……我認為，首席執行長們從當地社區和藹的族長，變成貴族，這是全球經濟變化的象徵。矽谷最大的高科技公司，特別是那些上市的高科技公司，在很大程度上比它們較小的對手公司更少融入當地的經濟活動中。」

（三）經濟波動因素

如第三章所述，高技術地區經歷了高速變化和巨大的波動。隨著時間的推移，矽谷的產業類型不僅發生了變化（見圖3.1），而且行業內特定的產品和版本，因不斷升級而需要不同的員工和技能。此外，整個矽谷都受到更廣泛週期性經濟波動的影響，比如本世紀第一個十年間的網路「泡沫化」或2008年的全球金融危機。該地區的大學必須努力適應這些快速變化。不僅是它們被要求定期幫助學生獲得改變，而且在需求高峰時期，學生自己也極力追求改變。正如聖荷西州立大學的一名院長所言，有時招聘人員在校園裡提供簽約獎金，但僅限於那些願意「現在」就開始投入工作的學生，而不是等到6月分畢業。後來，當經濟放緩時，這些學生中有許多人重新回到了學校。根據這所大學的專案評估，該校電腦科學課程的註冊人數從1991年的550人，增加到2001年的1,100人，到2003年才降至840人。在接下來的十年裡，這些數字再也沒有恢復，這個專業的註冊人數繼續流失。大學還必須應對在經濟發達時，具有企業經驗兼職教授的短缺情況和在經濟增長緩慢的情況下申請人過多的情況。所有的大學都必須找到應對快速變化挑戰的方法。

公立大學受到第二個不確定因素的困擾，正如第四章所指出的那樣，由於他們的收入依賴州政府資助，政府的財政收入來自於營收稅和居民個人所得稅，所以大學得到的財政支持，隨著經濟的波動而調整。公立大學和社區學院適應學生不斷變化的需求能力受到公共財政預算的嚴重限制，這往往導致在學生需求最高的時候學校卻不得不削減較為受歡迎的課程（詳情見案例4.B）。

四、灣區大學的比較

（一）舊金山地區

　　舊金山和聖馬特奧郡是灣區多元化經濟的發源地。最近，資訊技術領域的向北傳播，也使其獲得了舊金山區域在金融服務和生物技術領域的長期優勢。近年來，像賽富時、推特和愛彼迎（Airbnb）這樣的大公司，已經把舊金山變成了他們的家，而像谷歌這樣的南灣公司，則在這個城市運營著大型的衛星學校。這種多樣化的結果讓灣區的普通大學可以找到一個清晰的自我定位。

　　舊金山州立大學：是該地區的四年制大學，2014 年秋季招收了 2.5 萬名大學生和 4,000 名研究生。在 2014 到 2015 學年，本州學生的平均學雜費是 1.1 萬美元。大學部學生的種族非常多元，各族群比例大致相當，亞裔、西班牙裔和白人分別占 28%、25% 和 22%，而非加州居民的外籍等類型學生占 7%，非裔美國人占 5%。到目前為止，最受大學部學生歡迎的是商科，占所有學生主修的近四分之一，其他專業領域都只占個位數。這所大學的學生 6 年畢業率為 50%。

　　在訪談舊金山州立大學管理人員後發現，該大學一直在努力與當地勞動力市場建立牢固的聯繫。該校與生物技術巨頭基因泰克的實習和就業合作，已獲成果，但與其他行業的聯繫仍未成功。該大學的生物學系從未有過行業諮詢委員會，而電腦科學系在 2005 年才成立行業諮詢委員會。大學和行業之間的差異有時會延伸到課程本身。與聖荷西州立大學不同的是，近年來舊金山州立大學的工程系並沒有進行職業人力培訓。根據 2007 年的一份研究報告：「學生群體已經從兼職或在職生，轉變為具有研究方向的全職學生。」

　　研究生課程代表了大學的一個新領域。一名管理人員稱，商學院的 MBA 課程對該機構來說是一種受歡迎且有利可圖的專案。2010 年，生物系發起了一個生物專業的「專業科學碩士專案」。該項目包括要求合作實習和應用研究項目。國際學生也是舊金山州立大學的發展重點，尤其是在研究生階段。近年來有 33% 的 MBA 學生是外來移民。同樣地，自二十一世紀初以來，工程系的碩士專案也一直是國際學生的首選。這些學生集中在少數幾個國家。在 2012 年，超過 60%

的電腦科學碩士專案的申請人都是印度人，而美國人卻只有 25%。

舊金山城市學院：是灣區最大的兩年制院校，2014 年招生人數超過 2.3 萬人。學生極具多樣性，亞裔占學生總數的三分之一以上，白人和西班牙裔學生各占 13%。和其他加州社區學院一樣，所有擁有高中文憑或高中同等學歷的學生都擁有入學資格，學雜費也很低，每年招生人數大約為 1,500 人。

長期以來，舊金山城市學院一直被內外部的挑戰所牽制。內部預算緊張、招生過多、教師和管理人員之間的緊張關係隨處可見。1985 年，生物系課程確立了一個將可持續 30 年的研究主題，但由於官僚作風、資金缺乏以及行政管理態度的阻撓，教師的努力變得更加困難。這些因素往往會削弱教師的熱情，並對任何創新嘗試產生悲觀態度。大學內部缺乏協調，是另一個常見的問題，這意味著這所大學最大的商業課程，在多個部門和校園中都有很長的一段路要發展。在 1990 年代中期，該機構才將它們合併為一所新的商學院，但專案審查指出，課程之間長期缺乏整合和協調。訪談資料證實了這一點，高層管理人員在受訪中談道：許多部門都在採用「筒倉」（silo）散裝式的運行方式，而且預算削減，已經讓那些原本可能從事協作性或創新性程式設計工作的教員不堪重負。

近年來，舊金山城市學院遭遇外部挑戰，因難以通過每年的認可評審，而陷入辦學困境（在案例 2.C 中有更詳細的討論），這要追溯到 2006 年的一份由社區與初級學院認證委員會（Accrediting Commission for Community and Junior Colleges）的評估報告。該委員會是西部院校聯盟的一個分支，在報告中提出舊金山城市學院預算管理處理不善等問題。在 2012 年 7 月危機擴大，當時該委員會批評其「治理結構混亂，財政控制糟糕，以及自我評估和報告不足」。這就意味著該大學面臨關閉的風險（Asimov 2015）。最近，加州高等法院的一項判決阻止了這項關閉行動，認為該校仍處於被觀察階段。然而，這場危機以及隨後的媒體報導，影響了該學院的招生。2014 年秋季，該校招生人數比 3 年前下降了 30%。

除此之外，舊金山城市學院長期以來，一直難以與行業建立強有力的聯繫，一名管理人員推測：學院的社會使命，限制與雇主間的合作，無法真正開設有利於員工的課程。而另一名管理者則指出，這種用人結構使得雇傭與產業直接相關的兼職教師變得困難。一個明顯的例外是舊金山城市學院的電腦科學系，自1990年代初以來，一直保持著活躍的行業諮詢服務，並提供與微軟、思科和甲骨文公司等行業設計的相關證書和項目。

斯凱蘭學院（Skyline College）：是位於聖布魯諾（San Bruno）的一所小規模的社區學院，距離舊金山以南10英里。與舊金山城市學院類似，該校的學生也呈現多樣化趨勢，其中亞裔學生占38%、西班牙裔學生占30%、白人學生占20%，只有3%的學生屬於非裔美國人。學費和入學標準與舊金山城市學院相同。

與我們研究中的大多數大學相比，斯凱蘭學院一直試圖創建與市場勞動力培養相關的正式課程。學院的職涯和技術教育課程通常與當地的高中相結合。根據該校管理者的受訪內容，於2007年成立的職業發展學院是他們的驕傲，作為一所高中以培養勞動力的「職場橋樑」課程獲得廣泛的認可。目前，該課程在健康、汽車、法律職業和兒童早期教育四個領域提供了認證專案，而且管理者希望能儘快啟動生物技術領域的課程。

然而與其他社區學院一樣，斯凱蘭學院也在受預算問題和身分不確定性的影響。一名行政人員注意到，大學行政部門希望將重點放在職業教育上，這與學生的需求上形成鮮明對比。許多學生表示他們的最終目標是希望轉到四年制大學學習。儘管如此，斯凱蘭學院在職業培訓方面取得了巨大的成就，它是加州排名最前的三所社區學院之一。

金門大學：是一家總部位於舊金山市中心的非營利型大學。作為一個獨立的機構，它的創建可以追溯到1923年，目前服務於一個由研究生主導的學生團體。如今只有7%（489人）的學生是大學生，但這個數字在過去20年裡出現急劇下降的趨勢；在1996年，該校招收的大學生數量是目前的四倍。在2000年網路泡沫化後，大學生的入學率急劇下降，至今仍未恢復。大學生群體中有17%是白人、亞裔和西班牙裔學生各占15%、非裔美國學生比例為12%。非裔美國人所占的比例是本研究所有學校中比例最高的。研究生的分配更加不均衡，白人學生占31%、亞裔和非本地居民分別占17%和16%、西班牙裔和非裔美國學生比

例則更低。

在 2014 到 2015 學年，金門大學的大學部學雜費總計為 21,370 美元。雖然這比我們研究樣本中的公立大學要高，但它比灣區的其他非營利組織要低得多。這所大學並沒有公布新生錄取率。該大學的大學部課程都與商業營運和服務等有關，包括：會計、人力資源、國際商務和供應鏈管理等專業。

金門大學的研究所複製了所有商業項目，增加了心理學和法學院的兩個碩士學位課程，並在 2014 年招收了 301 名法學學生。稅收是金門大學最大的學科領域之一，包括 7 個碩士學位和在稅法、會計和財務規劃方面的認證課程。在 1970 年代，它在西雅圖（Seattle）和洛杉磯（Los Angeles）各開設了一個與稅收項目有關的衛星學校。如今這些學校仍在招生，並且與產業界保持密切聯繫，例如：洛杉磯分校則位於安永稅務會計公司（Ernst & Young）總部附近。這所大學在南灣聖塔克拉拉市也有一個衛星校區，被稱為「金門大學的矽谷」，它主要為學生提供夜間和週末課程。金門大學在網上提供了許多晚間和週末課程，不過它沒有提供有關這一形式的學生人數的統計資料。一名管理人員說道，該校 85% 的課程是由兼職教授提供的，他們中的許多人都是現職的商業人員。

舊金山藝術大學：是一個大型營利型的生源廣泛的機構，分布在舊金山的幾個校區。它被歸為專門研究機構，因為它的絕大部分課程都與視覺藝術學科相關。在 2014 年，該校招收的學生數量略高於 1.5 萬名，其中三分之二為大學生。到目前為止，它最大的人口群體是非本地居民；34% 的學生都是外國公民，白人學生占 23%、西班牙裔學生占 9%、亞裔占 7%、非裔美國人占 7%。

舊金山藝術大學沒有報告錄取標準，但是它的學位課程對任何有高中文憑或高中同等學歷的學生開放。學士學位申請人 6 年的畢業率是 31%，明顯低於舊金山州立大學（該地區唯一報告此統計數字的機構）。全日制大學生的學雜費總計 25,750 美元。過去的二十年裡，該學院的入學人數出現了波動。在 1906 年，該校只招了 2,675 名學生。這一數字在 2011 年穩步上升至 18,093 人，但自那以後下降了 16%。這可能與營利型大學入學的整體下降趨勢有關，詳見案例 5.A。

案例 5.A
營利型大學面臨的挑戰

1. 內部實踐

正如蒂爾尼（Tierney）和亨茲奇克（Hentschke）（2007：1）所提出的那樣，營利型大學「代表了一種全新的，從根本上不同的高等教育機構」。他們指出了許多與傳統學院和大學不同的因素。第一個特徵是極度精簡和高度職業的課程，進行構想和提升的不是教員，而是機構公司總部的管理者（Tierney and Hentschke 2007: 94-96）。這種方法允許快速的適應，但是它也創造了一個狹隘的證書，在矽谷這樣快速發展的勞動力市場中，這樣的證書長期價值是受到質疑的；第二個特徵是營利型機構的性質，這些機構主要是輔助性、專門性的教學。此外，教師的自主權也很有限：課程負擔、課程設置和評估都受到機構的嚴格控制（Tierney and Hentschke 2007: 100-106）。

2. 績效表現所導致的外部質疑

近年來，營利型大學面臨的最大挑戰是來自於一些大學的欺詐行為，這些行為已經引起了聯邦政府進行嚴格審查。調查的主因源自聯邦政府對這些學校學生的巨大投資。在 2009 到 2010 年，320 億美元的聯邦學生貸款和補助金流向了營利型機構，這幾乎占了所有機構的收入來源。在該學年，在全國範圍內營利型大學獲得了所有聯邦學生助學金的 25%，而只有不到 13% 的學生進入了這個機構（Harkin 2012: 12-14）。

美國國會的一項調查發現，數十家營利型大學存在問題，它們採取了激進和欺騙性的招聘做法、學費過高和學生支援結構不善。調查委員會指出了這對學生將造成的三大不良後果：第一個是高負債，57% 在營利型大學學習的學生，離開大學（畢業或輟學）時負債超過 30 萬美元，同等情況下，在私立非營利型大學和公立大學負債超過 30 萬美元的分別只有 25% 和 12%（Harkin 2012: 130）。第二是高失業率，儘管在營利型大學的課程中有大量的職業課程，但 2012 年對營利型大學畢業生進行統計之後，發現仍有 23% 的學生處於失業或待業狀態（Harkin 2012: 138）。這些後果綜合起來會引起第三個問題，非常低的貸款償還率和廣泛蔓延的違約風險。在 2012 年，64% 的前營利型大學學生，沒有償還貸款，或者僅僅是支付利息，22% 的學生在離校後的 3 年內違約。據教育部估計，有 46% 畢業於營利型大學的學生最終會違約（Harkin 2012: 131–133）。這種情況導致了借款人的信用損失和納稅人的負擔。

經過數年的訴訟，聯邦法院最終賦予了一項富有成效的就業規則並於 2015 年 7 月生效。新就業規則關注的是學術專案而不是機構，重點關注的是畢業學生的債務與收入比率而不是違約率。教育部估計，在規定實施的 1 年內，有 1,400 個專案將無法獲得資助，99% 的項目是在營利型院校（Lough 2015）。

聯邦政府並不是唯一一個對營利型大學進行外部審查的機構。在 2013 年，加州總檢察長卡瑪拉·哈里斯（Kamala Harris）對科林斯（Corinthian）提起訴訟，指控該公司是一家營利型企業，旗下子公司經營著希爾德學院（Heald College）、珠穆朗瑪峰學院（Everest College）和威友科技學院（Wyo Tech College）。哈里斯認為，「掠奪性的」大學「故意通過欺騙性和虛假的廣告以及積極的行銷活動，故意把低收入、脆弱的加州人作為目標，這些宣傳活動歪曲了就業安置率和學校教育項目」（Office of the Attorney General 2013）。面對這起訴訟，聯邦消費者金融保護局（Consumer Financial Protection Bureau）進行調查，聯邦教育部也提出 3,000 萬美元罰款，科林斯公司因而倒閉，在 2015 年宣布破產，並關閉了所有校園。該公司在舊金山灣區運營了九個校區，在本研究的所有三個區域中都有分校。他們共同為該地區的 1.4 萬名學生提供服務，占了科林斯全美學生總數的近 20%（Murphy 2014）。

3. 入學挑戰

營利型大學在招生人數方面也面臨著獨特的挑戰，儘管它們靈活的人員配備和大量使用線上指導能夠迅速擴大能力，以應對市場需求，但也很容易受到學生偏好變化的影響。在經過十年的爆炸性增長之後，從 2010 年開始，營利型大學的入學人數開始急劇下降。在授予學位的四年制營利型大學中，學生總數下降了25%（Smith 2015），一些機構的損失則更大，影響最顯著的是鳳凰城大學。該校在這段時間裡失去了超過一半的學生，並且預測較其最高峰時招生人數將下降到70%（Gillespie 2015; Hansen 2015）。

招生人數的下降，無疑是由於政府對營利型機構的審查和媒體對該行業的關注所引起的負面效應。此外，一些大學還面臨著來自學生激烈的公開批評，有些學生拒絕按規矩償還貸款，聲稱他們受到了欺騙性資訊和低劣的教育（Lewin 2015）。最後，該行業還面臨著來自公共和非營利型機構的日益激烈競爭，這些機構以較低的價格，模仿了該行業的某些作法（尤其是線上課程）。

舊金山藝術大學成立於1929年，與廣告界淵源很深。儘管廣告藝術課程仍持續開設，但該校現在又提供了23個從藝術史到時尚領域的課程。儘管這個學校網站載明所有課程都有實習機會，但我們無法從訪談或資料分析中找到明確的聯繫方式。根據「大專院校記分卡」（College Scorecard）資料庫顯示，52%的藝術大學畢業生收入，高於持有高中文憑者；66%高於較低學費的舊金山州立大學。

（二）東灣地區

東灣地區是灣區最大的區域，估計到2020年，在阿拉米達和康特拉斯哥郡的人口，可能會攀升至300萬。與南灣和舊金山灣區高科技產業欣欣向榮不同，東灣地區的企業從上一次經濟大衰退中復甦速度緩慢。行業估計，該地區營收最好的產業包括：運輸和倉儲（4.9%）、房地產（4.2%）和批發貿易（4.0%）。[9] 這些都要歸功於附近奧克蘭港越來越熱絡的營運榮景。更多在高技術行業服務，如：資訊、專門、科學及技術等員工，經常必須從東灣通勤到擁有更多上述產業的舊

---

[9] 該數據來源：http://eastbayeda.org/ebeda-assetsfrepot/2014/eda-outlook-1014-2015-pdf，翻譯者注。

金山和南灣地區。

包括加州州立大學東灣分校在內的許多高等教育機構在為東灣地區的學生提供服務，其中還包括一大批以科技、商業和衛生保健為重點的營利型機構以及十個社區學院。目前的研究樣本主要集中在阿拉米達學院、鳳凰城大學和德弗裡大學。我們還訪談了佩拉爾塔社區學院學區（Peralta Community College District）的管理高層，該地區包括阿拉米達學院、柏克萊城市學院（Berkeley City College）、蘭尼學院（Laney College）和梅里特學院（Merritt College）。從訪談的結果發現，東灣地區實現技術進步與經濟發展之餘，也很大程度上已經脫離了南灣和舊金山地區。

其中，成立於 1957 年的加州州立大學東灣分校是一所公立學校，每年平均招收 15,000 千名學生，其中大部分是大學生。大約有 25% 的學生是西班牙裔、22% 是亞裔，而 10% 則是非洲裔美國人。考慮到 2011 年聯邦政府將加州州立大學東灣分校列為亞洲和太平洋島民服務的高等教育機構（Asian and Pacific Islander Serving Institution），因此，該大學也被指定為西班牙裔服務的機構（Hispanic Serving Institution）。

加州州立大學東灣分校主校區位於海沃德（Hayward），海沃德市是東灣第六大城市，人口大約 15 萬人。第二校區位在迪亞波羅山（Mount Diablo）的康科特（Concord）山麓，提供刑事司法行政、護理和社會學等學士學位。該大學還在奧克蘭市區有一個專業發展中心，提供繼續教育（如：州內的公證員培訓）以及相關證書課程（如：藥技士課程）。中心還提供企業培訓設施，包括活動的會議室、無線筆電，和視訊會議等設施。

在 2014 到 2015 學年，加州州立大學東灣分校接受了大約 70% 的學生，它們向州內的學生收取 6,500 美元左右的學雜費，而州外學生支付的費用則要高達 17,744 美元。大約 76% 加州州立大學東灣分校的學生，只要符合州內居民身分、全職、獲取學位與證書等條件，都有機會獲得聯邦提供的佩爾助學金、學生貸款，與大學本身所提供的獎學金等支持。

加州州立大學東灣分校開設各種學士班專業，其中大部分學生在工商管理、健康科學、護理、心理學和刑事司法管理方面取得學位。事實上，商業和護理是學校的兩個受影響的專業領域，其他領域不會被過度調整。主要的研究生專業包括：社會工作、教育領導和工商管理。對於那些追求學士學位的人來說，6 年的畢業率大約是 41%，比聖荷西低了 6 個百分點。

2005 年前後，加州州立大學東灣分校的招生人數一直很低，因此他們設計出了吸引更多學生的方法，比如：在加州中部和南部，舉辦積極的招聘活動。學校還修建了食堂和宿舍，把自己定位為目標地和通勤學校。管理人員發現積極從中國、印度、沙烏地阿拉伯等國招募國際學生，是提高入學率和增加收入的關鍵戰略。

加州州立大學東灣分校還開發了一些在東灣其他地方沒有的課程來吸引學生，其中包括：土木工程和建築管理等方面的新培訓計畫。此外，該大學還擴大了生物化學課程以滿足地區市場的需求。一位管理人員強調，對於大學來說，聘請具有「創業精神」並能夠預測學生在不久的將來需要的學習領域和能力的教師至關重要。

然而，加州州立大學東灣分校的高級主管表示，當前的官僚系統（如：課程審查流程）是如何妨礙他們對學生需求的有效回應。此外，多年來那些直接影響入學人數的各種財政支援和獎助金模式，也連年遭到削減，嚴重削弱課程的建立與維護能力，特別是在與 STEM 相關的領域（如：生物技術），及與職涯和技術教育（career and technical education）等相關課程，通常需要較高成本的實驗室和設備。

阿拉米達學院（參見案例 5.B）在 1968 年開辦，隸屬佩拉爾塔社區學院的四所大學之一，坐落在阿拉米達和海灣農業島，學校附近居民約 7.8 萬，其中，白人占 57%、亞裔占 36%、西班牙裔和非裔美國人數較少。這所兩年制小型公立學院的校方也同樣注意，學校花在職涯和技術教育課程的費用太高。不過，與前面東灣分校不同的是，該校的汽車相關技術、航空維修、運輸和後勤等實用課程，比生物學或電腦等學科，更受學生歡迎。

案例 5.B
佛德喜爾暨迪安薩學院學區（Foothill-De Anza Community College District）和佩拉爾塔社區學院管轄學區

　　舊金山灣區的高速度勞動力市場，為該地區的社區學院帶來了獨特的條件和挑戰。我們的資料表明，大學以及整個學區對特定地區需求的反應各不相同。例如，大學與高科技公司的聯繫，它們所服務的學生類型，以及可用於創建回應性項目的資源水準之間存在差異。為了說明這些學院之間的差異，我們比較了佛德喜爾暨迪安薩學院學區和佩拉爾塔社區學院學區。

1. 佛德喜爾暨迪安薩學院學區

　　佛德喜爾社區學院與迪安薩學院，屬全加州最大的兩所兩年制社區學院，地處南灣地區矽谷的核心地帶。2014 年秋季資料顯示，該地區約為 38,000 名大學生。其中大部分是亞裔（30%），白人居次（27%），西班牙裔居末（25%）。自 1990 年代以來，在佛德喜爾社區學院就讀的亞裔和西班牙裔學生人數增加了一倍多，這反映了聖馬特奧郡和聖塔克拉拉郡人口多樣性的變化。此外，該學區國際學生人數在全國所有兩年制社區學院中位居第二。資料顯示，25 歲以上的學生人數出現下降趨勢。行政人員約占該區教職員工的 3%，終身制教師占 26%（tenured faculty），約聘教師（如兼任講師）占 52%，其餘不到五分之一為鐘點臨時員工等。佛德喜爾社區學院與迪安薩學院是全美頂尖的兩年制學院。附近學區以率先提供電腦與科技相關的線上教育培訓方案而聞名。並提供電腦和技術相關的培訓計畫。例如：佛德喜爾社區學院提供了各種線上課程，可以幫助學生在會計學、圖形學和國際互動設計、經濟學和音樂技術等領域，取讀副學士學位（Foothill College website）（Foothill College 2015）。這所學院也提供一系列完全線上的修課證明（如：修業表現證書、生涯證書）。學生也可在其他領域獲得如：記帳、薪資處理和稅務專人的證書。

　　同樣，迪安薩學院（De Anza College）也在商業法、管理和財務會計，和創業精神等領域，提供線上或遠端學習機會。此外，自 1984 年以來，迪安薩學院在商業／電腦系統分部底下設立電腦輔助設計課程（Department of Computer Aided Design），以此「滿足當地矽谷工程和設計公司不斷變化的需求」（De Anza College website）（De Anza College 2015a）。商學與電腦系統部門提供各種具有認證與學位有關的課程，如：電腦資訊系統、電腦應用和辦公室系統課程，以及製造和數值控制（computer numerical control）技術，培養學生日後成為數值控制技術人員、程式設計師，以及工業工程技術人員。此舉預計將會為加州增加更多工作機會。

除了提供傳統的課程，2013 年該地區還獲得了 1,600 萬美元的資助，用於建立一個新的全州線上課程，旨在增加線上課程的可及性，希望能增加大專院校的數量，並讓學生轉學到四年制大學。為了讓學生掌握當地雇主所需的技能，該學區目前正在森尼維爾的莫菲特公園（Sunnyvale's Moffett Park）斥資 2,500 萬，新建一個 5 萬平方英尺的教育中心，其中將高需求領域的培訓和課程，如：地理資訊系統（geographic information systems）技術等。這個新中心將位於許多高科技公司的附近，如：優科無線公司（Ruckus Wireless）和谷歌等。

2. 建立夥伴關係的差異

雖然佛德喜爾社區學院與迪安薩學院都位於矽谷附近，並努力提供市場反應型的課程（無論是面對面的，還是線上的），但我們的訪談人員表明，他們在與當地公司合作的能力上存在差異。例如：迪安薩學院的一名前管理人員就表達了他的觀點：「大公司對此漠不關心……我們對於他們而言並不重要……如蘋果、惠普、思科。如果能夠得到一些實習機會，無疑我們是幸運的。但事實上，我們之間並沒有過多的聯繫。他們所秉持的觀點是，矽谷的基礎設施沒有一處提升到足以提供他們所需的專業技能和知識的程度。」（De Anza College 2015b）

與此相反，在距離 7 英里遠的佛德喜爾社區學院，一位前管理人員能夠更成功地與當地公司達成夥伴關係。她向我們解釋了該校是如何確保「與英特爾、惠普和其他公司」的夥伴關係。她舉例說明一項與天騰（Tandem）電腦有關的合作計畫：「在那次談判過程中，如何幫助該公司重寫工作手冊，我們也想出了對方（天騰電腦）所需要的技術人員。所以我們讓它們提供同等的課程，我們提出為它們培訓雇員；既包括天騰電腦員工，又包括有潛力者。我們給他們證書……這些使得人與人之間相互聯繫，把學生和雇主聯繫起來，看看是否有所匹配。」這位前佛德喜爾社區學院管理人員解釋，領導力是建立這些與行業聯繫的關鍵，尤其是在課程（而且還在繼續運行）運營成本很高的情況下：「在大學裡、在管理層中、在全體教員中，你需要條理清晰、有領導才能。第一，校長需要提高職業技術專案和教員的地位和水準；第二，人們需要走出去，與這些行業接觸。」

3. 佩拉爾塔社區學院學區

佩拉爾塔社區學院學區位於東灣北部阿拉米達郡，這是全國最具文化多樣性的郡之一，佩拉爾塔社區學院學區有四所學院：柏克萊城市學院、蘭尼學院、奧克蘭的梅里特學院以及阿拉米達學院。

佩拉爾塔社區學院提供的學位和證書，包含 50 個技術領域，提供各種進階製造、建築、全球貿易和物流、運輸、資訊和通信技術（Peralta district website）（Peralta Community College District 2016）。然而，目前社區的認證委員會和初級學員已將阿拉米達學院和梅里特學院列入重點關注的名單之內，並對蘭尼學院和柏克萊城市學院正式發出警告。該委員會發現：佩拉爾塔社區學院學區的學院，在培養遠端學習學生的學術支持、確保資源的公平分配，並監測學生的成績等方面，存在著缺陷。委員會勒令這些學院 2016 年 10 月前解決這些問題（White 2015）。

據佩拉爾塔社區學院的一位前管理人員說，這些學院有著不同的身分和使命，而該地區的結構讓人很難理解誰擁有領導權威。他解釋：「梅里特學院曾經是奧克蘭城市學院，這是個 1960 年代為了防止美國警察濫權施暴所組成的非裔美人黑豹自我防衛組織發源地。梅里特學院也提供許多健康醫療相關學科的課程。蘭尼學院成立於 1970 年代，最初是一所職業學校……但阿拉米達仍有一個問題，那就是仍然需要定義它的使命。柏克萊城市學院將自己視為一所轉學學院;高科技在那裡新興……它的挑戰在於存在著四個學院、一個校長、一個地區辦事處,這使得在誰負責的問題上有一些模稜兩可。」

2014年秋季的資料顯示,佩拉爾塔社區學院當時共有28,000名學生,比佛德喜爾社區學院與迪安薩學院少1萬名學生,大多數學生為非裔美國人(24%),其次是西班牙裔(23%)和白人(20%)。佩拉爾塔學區重視滿足不同族裔的需求,例如:柏克萊城市學院主要招收白人學生,而非裔美國學生則在梅里特學院占大多數。相反的,阿拉米達學院的亞裔學生數量不斷激增,從1990年的17%增長到2010年的36%。在員工方面,資料顯示該學區擁有3%的行政人員,23%是終身制職位或終身制教師。臨時雇員占57%,而鐘點臨時員工占18%。

東灣地區的大學在提供給學生的課程類型上,也各不相同。例如,柏克萊城市學院提供了許多電腦資訊系統課程(如網路支援技術人員、網路腳本、高級電腦程式設計),距離8英里遠的阿拉米達學院,提供汽車技術、交通、配送和物流、倉庫和叉車的運營操作以及柴油力學方面的培訓。事實上,阿拉米達學院的阿拉米達運輸和物流學術支援課程(Alameda Transportation and Logistics Academic Support, ATLAS),屬於加州運輸和物流創新計畫(California Transportation and Logistics Initiative, CATLI)的一部分,專為支援3英里外奧克蘭港口貨運工作而來。

4. 缺席的高科技夥伴關係

與佛德喜爾社區學院不同的是,佩拉爾塔社區學院所屬學區,在邀請企業與學校建立夥伴關係上,遭遇更多困難,部分原因是其地理位置偏東北,距離大多數矽谷公司約40英里之遙。正如一位地區主管所言:「我認為(舊金山)城市學院和舊金山大學,正從賽富時公司(Salesforce)那裡獲得龐大收益,而這些人也確認了臉書創辦人馬克・祖克柏(Mark Zuckerberg),是如何提供它們所需的經費資助……,甲骨文公司(Orale)、谷歌……太棒了,太棒了!他們終於意識到這些學校也是維持企業生態系統的重要夥伴。只是在東灣,我們這裡沒有這樣的企業家。他們的眼光很少能越過灣區到達我們這裡。」例如:當有人要求學校介紹全校學生基本資料時，一位該學區行政人員如此回答：「有些學生想要快速、簡單的課程，讓他們可以很快找到工作。過去的學生比較受限，因為缺乏電腦相關技能，因此影響求職機會⋯⋯我注意到很多選修職涯和技術教育課程的學生，其實並不擅長電腦科技。」阿拉米達學院的另一名受訪者表示：「我們更像是一個職涯和技術教育學院。」就阿拉米達學院而言，這都是因為奧克蘭港口的運輸物流興盛的緣故。奧克蘭的老陸軍基地，正在被改造成一個物流中心；它有潛力成為一個需要僱用很多人的企業雇主。他解釋：「今年秋天，我們很難找到支援阿拉米達運輸和物流課程的教室，連兩個班級的空間沒有。還好，我們的合作夥伴海灣遊艇公司（Bay Ship and Yachts）提供了空間，讓他們的員工在教室裡學習。空間不足問題會越來越嚴重。」另一位管理人員說：「我們這裡多數的全職教師，都被稱作職涯和技術教育授課人員，每人必須接受至少 5 年的產業培訓經驗，只是這些培訓可能是 20 年前的過時經驗了。」

我們在阿拉米達學院觀察到的挑戰部分源於與結構相關的障礙，包括在社區學院系統中批准新課程所需的時間。當被問及該地區商業課程的品質時，一位受訪者說道：「這是很尷尬的，部分原因在於創新課程的管理架構，沒有老師變得靈活、被激勵和走在遊戲規則的最前端⋯⋯它有一些創新，但不幸的是，商業課程基本上是糟糕的，並且也沒有什麼創新性。」

與我們研究中的高等教育機構類似，多年來的高等教育預算削減限制了佩拉爾塔社區學院學區的發展、合作意願和創新能力。一位主管如此說道：「多年來，我們一直處於經費不足的狀態⋯⋯很多全職教師都是學有專精，非常重視課程的發展性，與努力不懈。不幸的是，他們卻毫無進展。因為我們只是一個經濟上越來越困難的地區，這會妨礙其他企業因為不願承擔風險，而讓我們失去合作的機會。」

總之，許多資料顯示，舊金山灣區的社區學院，對當地勞動力市場需求的回應各不相同，包括如何滿足當地條件、學生需求與校地大小等。與文獻（如：MacAllum and Yoder 2004）一致的是，我們發現上述這些都與各校資源和資金、

> 領導和治理能力，以及組織結構等問題相關，尤其都需要仰賴各校回應市場需求的能力。

阿拉米達學院比它所服務的城市更加多元化，它招收了大約 6,000 名大學生，其中 30% 的人是亞裔，22% 是西班牙裔，22% 是非洲裔美國人。超過 40% 的學生年齡在 25 歲及以上，其中大多數是加州居民，他們支付的學費大約是 1,100 美元；幾乎所有的學生都獲得了某種形式的助學金或獎學金。

阿拉米達學院提供了一系列的副學士學位（如：會計、牙科助理）、修課程果證書（如發動機維修專家、柴油力學），和技能證書（如小型企業管理、倉庫和堆高機操作）。它還提供商業管理、數學和心理學等領域，協助轉學到四年制學位課程。為學生提供相關服務和研討會活動。許多人是家中第一代大學生。因此該校關注這些人，協助他們符合至加州州立大學或加州大學的轉學要求，以及財務援助計畫和住宿等提供。

與其他地區相比，佛德喜爾暨迪安薩學院學區裡的學生，有更大的比例屬於低收入、家中第一代大學生，和少數族裔背景（案例 5.B 中，我們討論了這種對比）。訪談者觀察到這些學校的學生，是如何通過學校習得技術等能力，和參加有意義的學徒計畫，來找到或提升個人職業生涯發展。因為奧克蘭港與學院毗鄰的緣故，該校的交通、物流和物流等學科，很受學生歡迎。

然而，由於幾乎沒有校園設施可以容納這種類型的培訓，所以很難提供課程，尤其是在校園翻新和安置教室到臨時平房和其他公共空間的限制下。這一區域的管理者認為要加大支援資訊技術創新、電腦科學和生物技術的設施投資，減少對製造業，或運輸和物流技能發展的支持。一位東灣的領導人說：「大學會追求唾手可得的成果。與擁有技術技能的人相比，獲得商業學位的成本更低。」

此外，受訪者認為，在東灣開展業務的科技公司數量明顯減少。雖然拜耳（Bayer）、凱撒（Kaiser）、高樂氏（Clorox）和西夫韋（Safeway）等大公司在這一地區有著悠久的歷史，但相對於南灣和舊金山地區，新公司和初創企業的發展相對平緩。我們的採訪表明，在這個地區，尤其是在經濟低迷時期，行業夥伴關係要少得多，競爭更激烈。此外，據一名管理人員稱：「灣區委員會和矽谷聯合投資公司等當地組織的利益和投資，都是當地語系化的，幾乎沒有在他們未涉及的領域擴張過。」

支持學生就業意願的夥伴關係在大學中也很少見。鑒於高等教育資源的不斷減少，東灣的大學往往會對生源展開競爭，因此必須在他們提供的課程和課程類型上，具有戰略意義。一位被調查者說：「他們不想要重複的課程。我們必須密切關注服務領域，確保我們不會互相借鏡。每一所大學都根據他們的入學情況進行配置。」另一名被調查者說：「儘管舊金山和聖荷西的課程受到了影響，但因為學校之間的『不競爭』條款，我們不能搶奪這些學生。例如，我們不應該在舊金山、海沃德或弗里蒙特招聘學生。」

聖名大學的管理人員也表示，他們在建立社區和企業夥伴關係時，也遇到了困難。該校是一所位於奧克蘭的私立非營利型大學，隸屬於天主教會，由耶穌和瑪利亞的聖名姐妹管理。聖名大學於1868年成立，目前大約有1,200名學生（大部分是本州學生），其中26%為西班牙裔，25%為白人，22%為非裔美國人。最近的資料顯示，大學部學生每年在聖名大學學習要花大約35,000美元，其中80%的人會獲得各種資助或獎學金。

這所大學提供的四年制學位課程，包括：教育治療（educational therapy）、商業、會計、生物科學、多媒體藝術，和通訊等領域。此外，還提供了一個護理學程，與工商管理、教育和諮詢等各種領域的研究所教育，以及教師證書等教育學程（如中小學各科教學認證）。大學部學生的畢業率大約五成，大部分來自健康和相關領域、商業、管理、市場行銷、服務支援及心理學等。與阿拉米達學院不同的是，儘管鄰近奧克蘭港，但聖名大學並不側重於為學生提供交通和物流方面的求職機會。但是與大多數東灣社區學院一樣的是，聖名大學一直在與維持商業夥伴關係和入學人數的競爭。管理人員還說：「隨著時間的推移，進入他們學校的學生類型發生了顯著的變化，學生年齡更大、種族差異更大，因為兼職工作，他們選擇在網上或晚上參加課程。」

鳳凰城大學：在灣區分校位於奧克蘭的利弗莫爾（Livermore）和聖荷西，學生人數大約 5,000 人（2015 年），也招收了許多「非傳統」的學生（如：家中第一代大學生、單親家庭等）。該校資料說明，自 2010 年以來，各年齡層、種族和移民身分等群體的入學率都有下滑現象。2014 年，大學生的平均學雜費為 12,500 美元，研究生為 17,000 美元；其中，大約 70% 的學生獲得了各種形式的經濟資助（如聯邦佩爾助學金、退伍軍人福利、雇主支付學費等）。學雜費是目前營利型大學主要的收入來源。一位早期行政人員注意到，在 1990 年代，超過一半的學費收入來自於公司補助員工的學費。隨著「網路泡沫化」，這種進修情況已經發生了改變，越來越多的員工認為在新經濟時代需要重新進行培訓。

儘管學生可以線上，或親自參加課程（或兩者兼而有之），但大多數鳳凰城大學的學生都只在網上學習學位（80%），而不是去實體學校。通過網路平臺上課的西班牙裔學生比例從 2000 年的 6% 上升到 2015 年的 15%。而白人學生的比例則從 29% 下降到 16%。儘管學生能獲得多樣化的教學類型和各種各樣支持（如學術和財務援助顧問、成功教練），雖然 80% 的人會有一些之前的教育學分或「生活經歷」，但其總體的畢業率在 20% 左右。因此，在過去的幾年中，鳳凰城大學已經並持續受到消費者和聯邦政府的審查（如案例 5.A）。

鳳凰城大學之所以能在各地立足，是因為它能滿足與當地和國家工業，如：雪佛龍公司（Chevron）、太平洋天然氣和電力公司（Pacific Gas and Electric）的合作關係；能夠提供各種技術領域中的大學部和研究所課程，如：技術、商業和管理、護理和衛生保健等。受訪者說明了如何運用行業諮詢委員會，幫助發展、維持當前狀況和市場反應的培訓項目。通過召集灣區協會、企業和公司，該大學更能夠識別當今勞動力市場所需的核心競爭力和技能。此外，受訪者還表示，他們能夠向雇主提供培訓方案，以幫助滿足其員工持續的教育需求，例如：在當地，他們幫助思科培訓工程師，成為更好的組織者。

與社區學院系統不同的是，鳳凰城大學的集中式、自上而下的模式，使機構能夠更靈活地建立或修改現有的課程工作，或創建新專案。這種集中化模式，還允許在招聘、培訓和解僱教員方面有更大的靈活性。一名管理者發現，被公共機構用作一種品質保證的認證標準，卻被鳳凰城大學的許多人認為是「最低限度的，實際上無助於改善課程」。

（三）南灣地區

我們之前曾指出，南灣是產生矽谷現象衍生活動的主要地點。這個區域是許多成熟的軟體發展公司、法律問題專家以及專注於軟體和技術部門臨時僱傭機構的主要地區。我們期望在這一領域內的普通大學，將會在這個過程中受到積極參與者的影響。在很大程度上，我們的研究結果就是如此。

聖荷西州立大學：為矽谷人才培訓，提供強而有力的案例，它既得益於企業贊助等，也為矽谷的成功做出貢獻。事實上，該校的非官方座右銘是「為矽谷而加油」（Powering Silicon Valley）。這所大學在2014年為26,000名大學生和6,000名研究生，提供了服務。加州內大學生的學費為7,300美元，另加雜費2,000美元；加州外學生為18,500美元。在2014年，白人學生居多（43%），其次是亞裔（34%）、西班牙裔（20%），和非裔美國人（3%）。在學士和碩士學位授予條件下，這所大學擁有五個主要領域，包括：商業（1,400名畢業生）、工程學（1,100名；其中，57%是碩士學位）、衛生專業（640名）、視覺表演藝術（480名）、教育專業（460名）等。聖荷西州立大學聲稱自己是矽谷最大的教育、工程、電腦科學和商業畢業生的供應大學（見 San José State University website）（San José State University 2016）。事實上，許多權威人士都認為，聖荷西州立大學為矽谷培養的工程師人數，比史丹佛大學或加州大學柏克萊分校的還多。

如案例 5.C 中所言，聖荷西州立大學的工程學院，已經很適應矽谷不斷變化的需求。在早期，它與該地區的航空工業有著密切的聯繫；後來，它的重點轉向為新興資訊技術行業，培育軟、硬體工程師。據當地工程界的權威人士指出，聖荷西州立大學曾經試圖通過全新專業的開發，來描繪未來經濟的變化趨勢。例如：20年前，該學院為半導體技術專業的學生開設了一門新課程，但當它準備好時，半導體已經開始向海外轉移，需求也在減少。因此，學院現在建立了一個為因應矽谷產業發展趨勢改變，而量身訂做的基本工程專業，重新為它提供課程、教學材料和實驗室。不過，這項新課程改革，也受到 Accreditation Board for Engineering and Technology（ABET）等應用與基礎科學及電腦科技認證機構，和加州州立大學系統的同意認可。無論如何，試圖跟上世界最新潮流的作法，可能不好的長期策略。一位教師領袖指出，要想在矽谷取得成功，學生們不僅需要最新的程式設計或技術技能，來因應工作需求，她進一步解釋：「更確切地說，我們的學生需要能夠成為終身學習者。這對本校來說非常重要。我們希望學生繼續超越第一份工作。評量學生的成就，不是看他們在學期間的表現，而是日後如何進入職場，與不斷進行職涯轉型。」

案例 5.C
聖荷西州立大學工程學院

今天，聖荷西州立大學工程學院招收了近 10% 的大學大學生。該機構的工程課程可以追溯到 1946 年，當時，該部門以航空學專長而聞名，並與包括洛克希德（Lockheed）在內的業界領袖保持著密切的聯繫。1967 年，該部門成為了工程學院並擁有自己的院長（Hasegawa 1992: 78–96）。

1972 年，當它的前身獲得大學學位的授予權時，它的聲望有所提升。工程學院經歷了 1960 年代末和 1970 年代初的停滯時期。由於越南戰爭的結束和 1973 年的能源危機，加州的航空工業大幅萎縮。到 1978 年，學校又開始增加新的課程，入學人數達到 2,360 人的歷史新高（Hasegawa 1992: 109–125）。

財富變化很大要歸功於資訊技術產業，1970 年代資訊技術產業開始在舊金山灣區興起。最初，聖荷西州立大學的工程課程並不是為了將人力資本管道輸送到這些尖端技術上。然而，蓬勃發展的矽谷經濟渴求由土木工程師和建築專家領導大型基礎設施建設，目前工程學院正在培養大批此方面的人才（Hasegawa 1992: vii）。

1980 年代初期，工程學院仍然受到資金短缺的限制。由於空間不足，只有 33% 的申請者獲得錄取。與此同時，學校中過時的設備也需要 200 萬美元更新。

緩解經費危機的方法之一，是取消聘用終身制教師這個制度。在1979年，40%的教學任務都是由兼職教師擔任，他們中的許多人也在企業工作。憑著這些產學合作關係的基礎，該校新院長傑‧平森（Jay Pinson）提出讓教員休一年學術假，到企業界工作的構想。這個想法實施後，為學生帶來意想不到的好處。到了1980年代，聖荷西州立大學為矽谷公司提供的工程師數量，遠超過其他大學的兩倍。

與產業的緊密聯繫，也在其他方面得到了回報。二十一世紀初，學校成立了一個產業諮詢委員會（Industry Advisory Council），確定長期目標，並以此來制定課程。這也確實幫助了學校的建設。88號專案是工程學院一項雄心勃勃的翻新和擴建工程，在1985年成立的時候，是加州州立大學系統所追求的最大的資本專案，它的最終目標是讓學校的總入學人數在1990年達到4,255人。三分之二的資金來自加州州政府，其餘1,300萬美元的資金來自與矽谷有密切聯繫的公司，包括洛克希德、美國國際商用機器公司（IBM）和惠普公司（Hasegawa 1992: 129–142）。

隨著矽谷中的製造業占據明顯優勢，聖荷西州立大學決心做出改變。1976年，聖荷西州立大學開創了電腦科學課程，1990年改為電腦工程課程。在其歷史的早期，它面向的是東灣地區的能源產業，隨後轉向半導體產業，近年來又轉向了製藥產業。雖然這所學校很少開設正式的新專業，但該學院的管理者說：「教師們有很大的空間來改變專業的重點……我們也可以引進新技術，改變實驗室。」除了繼續與產業諮詢委員會合作（每十個部門有一個代表參加），這位領導人又稱，學校對兼職教師的依賴，有助於與產業保持聯繫。他提到了目前在職的工程師，邀請他們晚上授課，而退休的工程師們則將在此教書當作第二春。

2001年，不到十年間，電腦工程系快速成長。它招收了1,433名主修工程大學生，聘用了33名教師，其中60%的人是兼職教授。然而，3年後，由於網路泡沫化，註冊人數下降到690個學生。這個數字至今還沒有恢復過來，甚至比2004年還要低。然而，由於該系與產業的緊密聯繫，提振了該系的運作，在二十一世紀初，每年平均獲得 150 萬美元的設備和直接撥款。在 2001 到 2005 年間，還為 25 名電腦工程專業的學生，提供了企業全額獎學金。

2006 年末完成的一項計畫評估指出，「從大學生到研究生入學人數發生急劇轉變」。事實上，研究生在系裡的地位一直很突出：2012 到 2013 學年，該系授予了 84 個電腦工程碩士學位，52 個學士學位。軟體工程系授予了 181 個碩士學位，以及 13 個學士學位。儘管聖荷西州立大學電腦工程課程面臨著來自像史丹佛大學和柏克萊大學這樣的博士級機構的競爭壓力，但它在加州州立大學中幾乎是一枝獨秀。2012 到 2013 學年，只有另一個加州州立大學沙加緬度分校（Sacramento）同樣授予了該學科的碩士學位，但只授予了 6 個碩士學位。聖荷西州立大學則授予了 84 個碩士學位。在軟體工程方面，聖荷西州立大學獲得了加州州立大學 79% 的碩士學位，和 62% 的加州州立大學學士學位。相比之下，在所有學科中，它占了所有普通的加州州立大學碩士學位的 12%，占所有學士學位的 6%。

更多的大學管理人員也在保持大學與矽谷發展需求同步方面發揮了重要作用。例如，校長辦公室和教務長鼓勵成立一個跨學科的教師學習型社區，以開發圍繞網路安全和對大數據（big data）進行開發的新課程。聖荷西州立大學也嘗試過使用線上學習。例如在 2012 年，他們與 edX 平臺的開發者合作，將他們的程式設計應用於電子電路課程，並將其置入課堂之中進行討論，同時與實踐相結合。該大學還將達先（Udacity）的課程納入聖荷西州立大學課程中，協助具有較大風險及能力較低的學生（Walker 2013）。然而，事實證明這方面的努力成效有限，正如案例 4.C 所述。

佛德喜爾社區學院：與聖荷西州立大學類似的情況下，在適應矽谷經濟的需求方面，展現了巨大的創業活力（見案例 5.B）。2014 年，佛德喜爾社區學院吸引了 15,000 名學生，其中三分之一是全職學生。進入課程的學生包括 2,000 名初學者，和 2,000 名轉學生；該學院還為大約 1,500 名成年人提供非學歷、非學位課程。它的種族構成為約三分之一白人、24% 亞裔、23% 西班牙裔、4% 非裔美國人。與大多數兩年制院校相比，學院的國際學生人數更多；2012 年，8% 的大學部學生來自國外。正如預期的那樣，大多數畢業生獲得了文學士和理學士學位，但約有 30% 的學生獲得了健康職業和相關課程的證書或學位。

針對早期管理人員的採訪指出：他們在 1980 年代致力於將兩種類型的教師——文科和職業軌道結合起來。在與州政府合作的過程中，他們採取了一些措施，改善職業或工作人員的學術資質，以提高他們的地位和合法性。早期的成功是在健康服務領域。他們與社區的醫療小組建立了密切的聯繫，為各種類型的聯合健康培訓計畫提供培訓和再培訓項目。即使在經濟低迷時期，這些畢業生的需求也很穩定。相比之下，與科技行業的聯繫則更加不穩定。管理人員卻解釋說：「這些行業更多地關注尖端人才招聘——工程師和高級主管卻不太關心『腳踏實地』的技術人員。」學院已經有了一個工程系很多年了，但是專案評審則表明它一直都非常小，有時甚至僱不到一名全職教師。

佛德喜爾社區學院與包括惠普、天騰和思科在內的多家公司合作，發展合作夥伴關係，這些公司負責提供設備，而佛德喜爾社區學院提供培訓和其他技術援助，例如：幫助編寫培訓手冊。然而，管理員的意見表明，許多協議都被打破了，因為這些公司堅持只向員工提供培訓，而法律規定大學所有的課程都是有利於公眾的。隨著時間的推移，佛德喜爾社區學院能夠鼓勵不同類型的教師發展，並且培養由教師和適當行業組織組成的諮詢小組，同時也包括員工和學生，創建既實用又符合學術需要的專案。一個基於任務的組織模型被開發用來取代「簡倉」模型，在此每個部門都維護它的自治。如今，佛德喜爾社區學院將自己視為向工業提供「中等技能」的人員。正如一位管理人員解釋一樣，「這些公司將為自己找到所需的高技能員工，但他們也需要前臺接待員、電腦桌面應用程式師、技術員等。」

常青谷學院：位於聖荷西東部丘陵地帶，是聖荷西常青社區學院的一部分。常青谷學院是一個相對較新的學校，成立於 1975 年，比它的姊妹機構聖荷西常青谷學院學區（San José Evergreen Community College District）晚了幾年。一位管理人員解釋說，常青谷學院跨越了兩個不同的社區：銀溪谷，其中有一群百萬富翁家庭；以及一個低收入社區（東聖荷西）。目前該學校有 9,000 名學生。絕大多數學生都是西班牙裔（40%）或亞裔（39%）的學生。2014 年本州學生學費是 1,300 美元，而非本州學生的學費是 7,000 美元。這年該校授予了 538 個合作學位，其中三分之一是商業領域的。

　　該校教育管理人員說大約十年前，該校將重點從注重學術轉向了職業準備，包括護理、企業管理和汽車課程。最後，該學院與本田（Honda）和特斯拉（Tesla）合作，後者在該地區擁有生產設備。教師的構成也發生了戲劇性的轉變，轉向了兼職教授；現在兼職教員與全職教師的比例為 2.5：1。西班牙裔學生高比例也影響了常青谷學院的學術專案及其完成率，其中許多學生是以英語作為第二語言的學生，超過六成的大學生目前都在工作。由於這些和其他原因，常青谷學院在矽谷的定位不如聖荷西州立大學和佛德喜爾社區學院。與佛德喜爾社區學院相比，聖荷西常青谷學院所服務的居民數量是其兩倍，副校長數量也是兩人，但全職學生只有其一半。佛德喜爾社區學院有大約 237 英畝的土地可供使用，而聖荷西常青谷學院則只有大約 182 英畝的土地，這大大減少了它的發展空間。

　　門洛學院（非營利型）：位於帕洛阿爾托北部的亞瑟頓（Atherton）。它於 1927 年，由當時私立門洛男子學校（Menlo School for Boys），擴充成為一所包含初級學院的學校。在 1930 年代，有一場關於讓門洛學院成為史丹佛大學的下級機構的討論。雖然這個計畫沒有被採納，但門洛學院在 1949 年創建了它的工商管理學院，當時史丹佛大學剛剛決定放棄其大學部商科課程（Curtis 1984）。

　　如今，商業專業對門洛學院的成功來說是不可或缺的：它把自己定義為「矽谷商業學校」。大部分的學院學位都是在商業管理領域提供的，包括會計、創業、金融、市場行銷和人力資源方面的專業學位。商業管理學院由一個相當活躍積極的行業諮詢委員會所管理，2014 年它獲得了國際商學院促進協會（Association to Advance Collegiate Schools of Busines）的認證，世界上只有大約百分之一的商學院享有此聲望。2014 年，學生總數達到 794 人，其中幾乎所有人都是全職學生，學費為 37,000 美元。種族構成中有 35% 是白人，21% 是西班牙裔，非裔美國人和亞裔分別占 7%，外國人占學生總數的 13%。2014 年，門洛學院授予了 160 個學士學位，其中 80% 以上是商業領域的學士學位。近六成的門洛學院教師是兼職教授。學院為它們與中國、日本、西班牙和義大利的大學第一學期的交流專案感到驕傲。

德弗裡大學：成立於 1931 年，是美國歷史最悠久、規模最大的高等教育機構之一。從一開始，它就把重點放在以就業為導向的教育上，重點是技術、科學和商業。在我們的研究期間，德弗裡經營著四個灣區的校區——聖荷西、戴利城（Daly City）、弗里蒙特（Fremont）和奧克蘭。我們無法檢索這些校園資料，但是基於後期中等教育資料綜合系統的資料（在州一級報告），德弗裡大學在 2014 年總共有 7,932 名學生，其中 80% 是大學生，46% 是全職學生。其中最大的種族是西班牙裔（33%），其次是白人（25%）、亞裔（14%）和非裔美國人（12%）。2014 年全職學生的學費為 17,000 美元，雜費為 1,300 美元。那一年，大部分的畢業生都在商業和相關領域工作（80% 的學士學位和幾乎所有的碩士學位）。接著最大的專業是電腦與資訊服務（21%）和工程技術（7%）。德弗裡大學已經與谷歌、賽富時、洛克希德和羅技科技等高科技公司，以及像瓦里安醫療系統（Varian Medical Systems）這樣的醫療中心建立了合作關係。

學院管理人員說明，不到三分之一的德弗裡大學學生直接從高中畢業；大多數為成年人。課程全年提供，晚上和週末有很多課程。每個學期都要教授所有課程，這樣學生們就可以一直學習他們所需要的課程。課程決定的高度集中，學院對市場變化的高度敏感，依賴於州和地方的諮詢委員會。管理人員也說：「當培訓市場前景被看好時，可以在 6 到 8 個月內開發和推廣課程。當地大學努力與企業建立關係，舉辦職業展覽會，每 8 週邀請行業代表參加。」

像德弗裡大學提供的諮詢和人員結構，與社區或州立大學不同。他們非常重視制定明確的轉讓協議，並確保學生在過去的課程和工作經驗中獲得學分。學生們在他們需要什麼樣的課程來達成一個專案的過程中，得到了明確的建議。一位採訪者解釋說：「我們不是一所探索性的大學；學生在這裡轉專業是很少見的。」每個學生都被指定了一名「成功教練」，在他入學的整個過程中都與他在一起，並就像交通、財務規劃、藥物治療、心理健康等廣泛的問題，提供指導。學術成就中心（Academic Success Center）由教師組成，並協助學院提供每一個課程。

五、結語

我們研究方法的前提是：區域研究是一項重要但相對被忽視的課題。儘管如此，我們要強調兩點：第一，區域聯繫對某些組織來說，比其他組織更重要。這些包含公司和大學的組織，都在各自的區域中有著不同程度的相互依賴。第二，正如這一章中所提到的，區域擁有國際性的特徵與組成差異。從人口統計學來看，無論是從收入或產業，還是人口組成或和經濟結構，各區域都存在差異。而且，正如我們所強調的，大學在結構和任務上，也有很大的區別。

這兩種差異來源的結合導致了一批大學集群，它們在學生數量、課程設置和適應程度上，都有很大的差異。的確在某些方面，大學所表現出的多樣性程度，很難得出大學是什麼？如何組織？以及它們如何運作等結論。然而，在下一章中，我們試圖描述一些在大學結構上與之相適應的內容，以及他們所採用的回應環境有效的策略，並從中歸納一些共同特徵。

第六章　調適的結構與策略

WILLIAM RICHARD (DICK) SCOTT, ETHAN RIS, JUDY C. LIANG, and MANUELITO BIAG

　　正如在前一章所講到的，各個學院已經採取很多方式，發揚和保留高等教育的傳統，如學士計畫。然而為了適應快速經濟發展的需求，每個學院都需採取獨特的結構和能力，以面對各種各樣的挑戰和機遇。但是透過縱觀這些學校，很可能會從這些既定的工作方式中探索出一些共同的模式，去回應當前面對的需求。我們考慮到一些學院採取的策略，包括：戰略領導、結構分化、大學和公司的聯繫機制，以及日益增長的靈活性模式。同時我們也回顧了一些預防他們快速適應的限制條件。由於大學面臨著類型和制約力量方面的差異，通過注意到營利型學院的一些優勢，我們可以得出結論：營利型學院比公立和非營利型學院更具靈活性。

一、行政領導

（一）管控複雜度

　　我們已經注意高等教育機構運作時，面臨到所處環境中自身內部，和外在地區經濟發展的複雜挑戰。一項著名的組織理論主張：在經濟體制中，學院管理在面臨複雜的環境，勢必導致管理系統的複雜（Scott and Davis 2007: chap. 3）。管理者首先要計畫和協調由員工操作的技術工作，但是隨著組織機構涉及的廣泛系統複雜化，管理者不僅是處理內部進程，而且也希望解決影響機構運行的外部力量。例如：在大學設立專門機構解決招生、入學註冊和學生實習問題，也對學生服務進行規定和監管、畢業生管理、工會協商、專業協會合作，以及處理聯邦、州和地方辦公室之間的聯繫（參見圖2.5）。隨著這些外部關係的增加，行政人員的數量一直在增加，管理者的比例已經與其他類型員工的比例拉平。

不同類型的學院與外部合作的數量和類型是多樣化的，並且它們的特點也具備多樣。因為所有組織想要維持運作就必須確保從環境中得到穩定的資源，因此控制它們這些或那些資源的來源對組織來說變得至關重要。組織越來越依賴那些資源控制者，不平等資源配置導致了對資源的權力依賴關係（Pfeffer and Salancik 1978）。例如，非營利型的學院更依賴於吸引有支付學費能力的學生，吸引校友，以及那些提供捐款的慈善家；公立學校則注重處理與立法機關和能提供資助並監管他們專案的公共機構之間的關係；研究型大學依賴於聯邦機構，並且越來越依賴於能支援他們研究和研究生培訓課程的公司；營利型學院為了滿足投資者利益而調整他們的課程，來面對市場變化的需求。在所有這些案例中，大學的使命與金錢的關係密切，並且資源收益的變化會影響到大學的經營使命（Weisbrod et al. 2008）。

（二）策略領導力

一百多年前，很少有關於大學使命的爭議，它被視為理所當然。在一所模式化的大學中，管理者自身首先扮演一個受全體員工支持的角色，主動承擔責任，未經過較多審視便規定了大學的傳統定位，即為保存、擴大和傳遞人類文明的科學和文化遺產。很多年來，大學寄望於其管理者，通過遵守與實踐現行的制度充當大學合法性的保護：同構是合法性的關鍵。然而伴隨時間的流逝，競爭性過程已經變得越來越重要。管理者已經在製造和銷售一個形象，或學院明確形象的主導地位——即突出他們顯著特徵和專案的品牌。相較於其他普通大學，他們更加地感到一種通過不斷突破，加速超越其他競爭者，實現學校向上流動的組織使命。隨著國內外媒體對排名和等級的重視，已經激起校際競爭的不滿。和其他競爭實體一樣，大學更有可能僱用專業的顧問，並將更多服務提供給私人供應者。在提升競爭條件的同時，很多學院的領導者已經決定追求薩奇曼（Suchman）（1995）所提倡的實用主義，而不是道德的合法性。道德的合法性是被視為能夠有效促進社會福利的可行性事件。相比之下，實用主義合法性更側重考慮一個組織的大多數直接受眾的自我利益的衡量（Suchman 1995: 578-579；同樣可參見

Gumport 2000）。

當一個學院管理的範疇變得更大且更集中時，終身制教師（tenured faculty member）的數量和比例卻相對下降。根據韋斯布羅德（Weisbrod）等人（2008: 202）彙編的資料顯示：自從 1993 年來，早年關於終身制教師的資料相當有參考價值，公立學校和非營利型學校終身制教師數量大約下降了 10%（關於灣區對比資料變化見表 3.3）。在這一時期，公立學校的終身制教師數量從 59% 下降到 49%，這些數字顯示大學在時空變化中，不僅辦學成本意識崛起，並且逐步削弱教師在大學的地位，非終身制或者兼任教師，在大學事務上沒有發言權。與此同時，如第三章和本章接下來的陳述可知，他們給予管理者在創造和重新安排專案產品上的靈活性，以順應大學使命或需求。

更普遍的說法是，以前承擔管理或支持角色的管理者，已經被強調企業家精神所取代。現在的首席執行長必須在組織策略制定中，扮演關鍵角色，不僅僅是回應問題，也要預測新的需求。這幾年幾乎所有的討論都放在滿足經濟發展上，而不是回應學術和社會需求。因此，導致大量文獻在探討這一巨大變化：大學是什麼？他們被期望的角色？這些文獻中有部分屬描述性，無論成功與否，都在詳述諸如：大學應如何成為創造經濟成長的發動機等嘗試。有的鼓勵這些執行主管全權掌控負責；有的則是批評與譴責，市場力量已經如何操縱大學的辦學了（如：Berman and Paradeise 2016; Clark 1998; Etzkowitz 2003; Fayolle and Redford 2014; Foss and Gibson 2015; Lowen 1997; Slaughter and Leslie 1997; Washburn 2005a）。不出所料，大部分文獻將研究型大學列為主要的研究對象，這種類型的組織作為新知識的主要來源之一，顯得十分突出，它可成為商業科學和技術基礎和培養高級商業和工程人才的來源。這些人才可以將創意轉化為模型，將原型轉化為產品，為新公司或收入來源奠定基礎。而一個重要的事實是，大學願意通過增加研究支持、專利和許可、共用利潤，以及來自商業合作者和校友的禮物等形式，直接從這些產品中受益。

但是正如我們所強調的，高等教育不僅限於研究型大學，這些類型的大學組織，經常被其他教育機構當作討論與模仿的對象。所以我們觀察到市場的力量不斷到處蔓延，而且影響很多學校的發展方向，不僅是著名大學的校長，還包括四年制大學、社區學院與非營利型文理學院校長們，為此都必須採取新的領導策略。例如：我們在第五章提到的聖荷西州立大學已經採用「為矽谷而加油」等標語，作為辦校格言之一。另外一些非營利型機構，如門洛學院（Menlo College），則將自身定位為「矽谷商業學校」（Silicon Valley's Business School）的一環。我們訪問一位社區學院主管時，她回憶說：「當她成為校長時，面對著全校系所和學程等的各自為政，各部門彼此間缺少聯繫與合作。」於是這位校長後來採用管理學上的「使命模式」（mission），來打破過去那種「簡倉模型」（silo-model），鼓勵各部門間的資訊交換與工作整合。後來每個部門都改變了原先長期固守的辦學模式，課程能夠精巧地規劃，資源也能用在更廣泛的用途中。學校中各種任務之間也能關注到資源公平分配等問題。職涯教育也被認可，成為學生日後工作轉換的重要因素。。佛德喜爾社區學院（Foothill Community College）的高層主管描述道：「州政府和學院層級都努力公平對待人力發展課程。這些課程中的教師最低資歷要求是文學碩士，並且儘量保障他們的地位和合法身分。」

行政領導力包含很多方面。策略性的視角既重要也很罕見，它涉及決定機會、評估論文或其他需要注意的問題，它要求意識到組織的競爭力和侷限性，並且有能力去動員人力和資源去做適當的回應。我們發現這樣的領導力在我們的樣本學院中就如一個記者告訴我們：「雖然電腦在推動南灣經濟發展上很重要，然而在東灣重要的經濟推動力是生物技術和邏輯學，他們提供交通運輸和港口的便利服務。」另一位指出，大學需要參與重要的新興領域，例如：奈米技術和網路安全。一位行政人員說道：

> 我一直尋找富有專業知識和激情的教師，這些人可以把我們推向新領域。我組成了一個 STEM 的諮詢委員會，一個跨部門的團體，旨在幫助我們設計真正相關，並且能幫助學生成功的課程，而奈米技術是他們推薦的領域之一。那個委員會自秋天開始也準備去負責一個針對品質保證技能的專案計畫，借此落實技術教育課程。作為社區學院，我們既然不

能跟進或延後所有的專業訓練，就要用彈性和毅力把學生培養成終身學習者，並具備紮實的基礎知識。

然後，第二位行政人員評論道：

這些由上而下的計畫來自於校長或者跨學科教務長的部門。舉個例子來說，一個新興的教師學習社區圍繞著網路安全和大數據聚集在一起，透過跨學科整合的嘗試，我們儘量消除各個部門的本位主義，以此營造一條可以快速回應市場需求鏈，成為整體教師學習社群的最佳成長環境。拿另一個例子來說，我們引進遊戲專業，並把它發展成為師生的學習工具。因此，在矽谷發生的任何事情，都會影響到學校的許多課程設計。

大體上，另一位主管如此描述他所採取的策略方法：

不僅關乎理解社區的需求是什麼，並且在社區周圍設置課程，同時也要適應解決未來的問題。適應性是一件很關鍵的事情，每年的開學典禮上，我告訴我的教師說：「我希望你們具有適應能力，不要在你已知道的事情上浪費精力，要處理好模糊性。」意識到採取冒險措施的代價，在現實中他們不會衡量風險，他們只會致力於解決學生的廣泛需求。

在機構之中確定可利用的能力也是策略領導很重要的部分。另一位社區學院行政主管解釋了如何平衡學生的能力目標：

70% 的學生至少能說兩種語言，60% 自動化技工和 70% 的護士能說兩種語言。如果你在社區管理經營一家自動修理的店鋪，你招到一位可以說華語、越南語或西班牙語的技工，你簡直就是找到了「金礦」。類似的多語能力，是否曾經在工作申請中出現過呢？它曾經是申請過程的一部分嗎？區域負責僱傭員工的董事沒有意識到這一點。多年以前我和他們之間有過一次談話，而且你可以看到光明的未來，那真是太酷了。如果你有一個員工可以和一位越南客戶交流，它將會是很好的商業實踐。

具有策略眼光的行政管理者，對組織的健康發展，十分重要。但是這樣的個人，在採取開放多元入學的大學院校（broad-access colleges）中很罕見。一個行政人員對這種情形發表了看法：

> 社區學院系統最大的問題是缺乏好的管理者，我們培養了好的教師，並把他們安排到適當的崗位。但是管理者很難培養，因為對工作的需求增長太快了。我記得在1990年代早期和一個教務長談過，他是在前任教務長離開一年內接任，他告訴我從此發生的變化，讓人難以置信，你必須瞭解一切。如果你是一位教師，投入管理代表你瘋了。另一種考慮是：如果你很擅長你的領域，當然會考慮從矽谷退休，那裡有很多好職務，賺的錢遠超過留在大學裡。

二、分化和鬆散聯繫

另一個有效解決日益複雜環境的方法，是設計一個不同的組織結構。差異化（differentiation）通常發生在功能性差異，如：招聘、招生與錄取、教學、諮詢、安置、與管理等事務，或者產品差異，如：文理教育、就業的職業訓練、專門領域準備、補救課程、成人教育等。產品差異較少涉及雇員間的相互依賴，因此比較不需要協調活動，也擁有較大的自主權，它們與另一個機構或更大的機構保持鬆散連結。相反的，功能性的部門越來越被產品部門所取代，或併入其中。

大學人員最為複雜的研究型大學和綜合型大學，展示出一個高度複雜的組織結構，學術部門在建構它們的課程和需求時有大量的自主權（儘管如此，如前兩章所述，它們在體系內的運作也要受到外部專業協會的監督）。具有指導意義的員工訓練、成人教育、專業培訓，常發生在獨立的專案或學校之中。專業培訓與他們運作的大學保持著一種鬆散的聯繫，這種結構化管理，為大學需同時追求多樣且矛盾的目標，提供了必要的靈活性。正如我們看到的，史丹佛大學和聖荷西州立大學工程學院，能夠獨立的從其他公司及基金會尋求財政支援，因此他們能開創許多獨特的新學位課程和改革入學標準等（見案例3.A和案例5.C的例子）。

隨著開放大學將注意力及資源轉向職業和專業預備領域，他們不但增加這些課程，並且提升了其地位。正如一個社區學院行政管理者說道：「很多的社區學院首先將自己定位為機構轉換者，其次才是人力資源開發者。目前最大的問題是：大學裡人力資源開發項目的地位和教師的地位。學院承諾做的就是通過大學來與產業協作。」與之相聯繫的是 1988 年加州法律《AB1725 條款》（*AB1725 bill*）。該條款規定：「提高」職業教育的地位，成為社區學院系統的重要使命之一（Livingston 1998）。這位管理者繼續說道：「我們致力於人力資源專案的轉化並使它朝平等化方向發展，以便於我們不會看到之前的兩種等級的系統。這些學院都被註冊人數所驅動，你需要瞭解並意識到潛在人口的轉換和勞動力群體的存在，這使得課程提高到與其他學院相提並論的學術水準上。」儘管 1988 年的立法，試圖讓職業教育享有與學術教育同等重要的地位；該法案也要求 75% 的學分課程，應該由全職教師來授課。但大部分教師不屬於職業課程，因此這種要求很少達成。不過，它這項法案的確給社區學院帶來壓力，要求全體教師提高該方面的資格。

在一些案例中，有教師提到：隨著時代變遷，營利型學校校長的定位和領導風格也發生改變。其中一位州立大學的校長被報導成：「他以閃電之姿，進行了各項決策進程，同時拉著副校長一起這樣做。在他任期一年半時間裡，他採取了走動式管理，給老師們有很多改變與調適的壓力。自從他任職以來，學校營造了更多的企業文化，激勵教師去開發和建立自己（在 STEM）專業領域中的能力。」

為了管理這些不同的系統，大學領導不得不掌握「組織二元」模式：其中之一是指導各種肩具不同任務的課程發展能力。畢竟很多學院的課程，例如：人文和社會科學，以及其他專門學校的課程設置與師資配備，都已經行之有年。從滿足要求和產生可預見性收益這一意義上說，這些課程可以被學院利用。其他的專案則是試驗性的、冒險性的，那些處在科學前緣或設計開發線上產品的人，成為學院探索學習領域，或指導模式的機會。那些經歷快速變化的機構領導者，必須結合開發和探索來努力平衡業務投資組合（Tushman and O'Reilly 2011）。

三、因選擇而改變

組織生態學家指出，機構發生變化通常有兩個基本過程，即挑選和適應。在挑選過程中，變化的發生可能是一些組織形式由停止到運作，或是新的組織形式被創造出來。在第二章，我們確定了六種主要類型的學院，這六種形式的學院將繼續存在於我們的研究進程中，在這段時間沒有一種形式會消亡。然而，有兩種形式的學校：社區學院和營利型學院，機構數量不斷增長，並且註冊規模快速增長。

社區學院已經由邊緣化的參與者轉化成為高等教育服務的主流提供者。社區學院在1960年代開始擴大，並且規模持續增長到註冊學生在高等教育占比超過一半。這種教育形式值得注意的是，它試圖將對自由藝術和實用藝術的關注結合在一個單一的形式中（Brint and Karabel 1989），所以從這種意義上說，它體現了領域不斷變化的邏輯。

像社區學院與營利型學院在高等教育邊緣化中長久存在，為勞工階層提供了夜間課程，例如：美容師、金屬工。但是，隨著鳳凰城大學所帶來的成功經驗，這個大學由約翰·斯伯林（John Sperling）在1970年代成立（見案例2.B的例子）。該校這種線上教學形式，已經廣被模仿與成為眾領域爭相發展的產業模式與方向（Tierney and Hentschke 2007: 16）。像許多長期不願對資助和督導系統做回應的專業或管理教育協會，在長期抱持大學教師應該擁有大學自治或參與學校的觀念下，缺乏改變。反觀營利型大學，此種以股東利益為中心的集中管理控制公司模式，已經被部分大學院校所採用。這種形式在基本方式上與傳統學術機構模型不同。近幾十年來，這一人口雖然增長迅速，但其間不時出現若干醜聞，以及大規模企業倒閉的事件。

選擇的力量在支持環境方面產生了大範圍的變化。美國的社區學院從1960年代開始迅速發展，原因在於公共政策釋放了眾多公共資源，擴大以前許多無法接受高等教育學生的機會。各州部署大部分資源用於社區學院的建設。相比之下，因為對於新自由主義思想的日益接受，營利型學院在1970年代開始進入增加時期。新自由主義肯定市場在滿足社會需求上的角色，公司的管理者僱用先進的市場技術人員去調查潛在的市場，迅速開發課程來回應當地的需求，並且時常樂意為潛在市場提供便利之道。

四、適應性的策略

不像選擇的過程，適應性涉及的變化存在於為了更好地滿足環境需求的個體組織之中，各種類型的學院採用更廣泛的策略來適應它們的操作環境。其中最重要的是架橋或跨越戰略，以及增加那些機構的靈活性。

（一）搭建橋樑

當新的參與者掌握寶貴資源時，組織將面臨抉擇，試圖在變化中「緩衝」（保護）自己個人權益，或者創造「橋樑」，跨越不同的單位，與他人合作（Scott and Davis 2007: chap. 8; Thompson 1967）。橋樑為組織之間的資源流動建立了優良的培育和經營管理架構。由於公立大學面臨著聯邦撥款減少的問題，各部門與機構不得不尋求新的資金支持來源或收入。到目前為止，新的資金支持來源主要來自於增加稅收和學費，以及來自工業合作夥伴（企業）的支持。這兩種新的資金來源都增加了大學的壓力，要求機構對「客戶」的需求做出更快速的回應。學生和企業這兩個出資方，都越來越希望他們的大學能為他們提供就業技能和商業機會。這些都需要受訓合格的雇員，雖然我們認識到有多種類型的技能和雇主（包括那些與非營利型組織和公共機構有聯繫的人），但我們的研究更關注的是那些能滿足高科技行業企業需求的人。大學與這些公司是怎樣構建聯繫呢？

我們也觀察到，學院與產業公司合作的策略也在隨時間而發生變化。在 1970 年代和 1980 年代初，許多大學從企業那裡得到設備，作為回報，他們為一些雇員提供培訓。有些專案運作良好，其中，一所社區學院將受捐助並安裝電腦後備系統。這個捐助安裝的後備系統（硬體和軟體），用於支援創建了一個旅行社並且相當成功。另一個成功的大學與公司合作的例子，是由佛德喜爾社區學院、天騰電腦公司和思科開發的課程。佛德喜爾社區學院說服天騰電腦公司捐贈電腦，作為回報，它們為學生提供培訓，並幫助天騰電腦公司改寫培訓手冊。佛德喜爾社區學院免費給天騰電腦公司的雇員以及有可能成為天騰電腦公司的雇員講授課程。天騰電腦公司的管理者會到學院給這些順利畢業的雇員頒發證書。一位管理人員回憶說：「這種方法將人們聯繫起來，讓學生與雇員聯繫起來，看看是否有資格被錄用。」

然而，作為一種總體策略，這種方法被證明不太令人滿意，因為技術變化太快，專業教室很快就會過時。另一個阻礙這些嘗試的是，公立大學的出現。公司對所提供設備，基於安全和產權等考量，會限制員工使用這些教室；而公立學校則有義務向所有學生開放課程。早期的產學聯繫非常依賴雙方簽訂的合約課程（contract courses）。這些課程是大學分別與個別公司簽訂的合約，大學依此為企業提供特定的培訓計畫。由於公立大學有向大眾公開招生的要求，這些合約課程安排更多地被非營利和營利型學校所採納。然而，公立大學往往通過其推廣部門參與合約外的課程，甚至是透過整個學位課程來安排（見案例3.A）。例如，聖荷西州立大學為校外公司員工，提供公司內部的各種碩士課程。

一個使用更廣泛的銜接策略，是企業與大學聯手合作，培訓實習生和學徒。前者更普遍用於半專業和技術培訓，如：護理和牙科衛生；後者用於「黑手」，如：汽車機械。像常青谷學院已經將它們的資源轉移到訓練學生的護理和汽車培訓上。不過，也有一些例外情形。根據一些對類似課程評論的報告顯示，斯凱蘭學院（Skyline College）生物系，自1991年就開設一個相當完備的實習計畫。從1975年以來也邀請著名企業人士來校舉行小型研討等系列課程。學生被要求參加這些活動，以獲得實務訓練與經驗，從而獲得課程學分。這些實習機會有些是為了收入因素，有些則不然。這些職位往往可以是未來通往相同或相關就業的途徑。然而，在許多高科技公司，這種實習職位似乎不太常見，部分原因是這些公司更傾向於僱用臨時人員，他們必須表現良好，才能轉為正式員工。

正如我們看到的那樣，兼任教師為大學和企業履行了許多工作職能，但其中之一無疑是大學與企業間的溝通橋樑。多數兼任教師都是現聘或新聘者；擁有較新的知識與職場經驗。他們可以與學生分享最新軟體，及其他技術和專業知識。此外，這些兼任教師還可以發掘具有潛力的學生，並引導他們尋找企業工作機會。一位來自聖馬特奧社區學院區（San Mateo Community College District）代表報告說，聖馬特奧社區和南灣地區的許多學校，都十分依賴來自谷歌、雅虎和惠普等科技公司的兼任教師。許多電腦科學和工程科系的專案計畫審查，也證實了這一點。這些科系積極從這些公司和類似的企業招聘兼任老師，來教授學生行業特有的技能。受訪者指出，兼任老師與多年前被聘用、但未能跟上產業變化的終身制教師不同，他們運用了目前的能力與知識，使學生在就業市場上具有競爭力。此外，兼任教師與專業團體有聯繫，後者可進一步幫助學生完成培訓後找到工作。儘管如此，許多受訪者（資訊提供者）在回顧上述合作機會中指出，由於預算限制，大學發現自己已經很難與企業競爭。

早年，灣區的一些大公司，如惠普公司，任命了各個部門的公司經理作為特定學院的連絡人。這些經理通常都是那些他們預期要協調項目的畢業生，因此可以利用他們以前的連絡人和經驗來培養和發展公司和大學之間的關係網（人脈網）。許多經理都是忠誠的校友志願者，為他們的母校提供優秀的生源，同時提高公司員工的素質。這些方法在短時間內是有效的，但很快就過時了。

毫無疑問，在公司和學院覆蓋最廣泛、可能也是最有效的機制是諮詢委員會。在這些委員會中，行業代表要定期與學院管理人員和教師會面，就課程和方案提供諮詢和幫助。大部分是與地方有合作關係的董事會，但是一些營利型的學院也會召集全國商業諮詢委員會，因為它們的課程計畫在這個階段是集中化的。

1970到1980年代初，諮詢委員會很少。它們通常是由一位教師或系主任擔任，目的是將產業生產與發展更緊密地聯繫起來，並尋求當前需求和趨勢的指導。由於這些都證明是卓有成效的，特別是對於大學、行政管理人員，包括院長和教師開始督促，然後要求他們接手相關工業項目來發展這樣的聯繫。事實上，許多專業學校的認證機構都要求設立諮詢委員會作為認證的一個條件，因此，這些委員會現在十分普遍，特別是在研究型大學和綜合性大學的分支機構，它們的運作方式多種且多樣。諮詢委員會的成員包括他們學院的校友，這些代表在幫助母校改善方面有特定的利益，他們中的許多人也為學生提供就業指導。一些大學邀請它們的委員會成員和來自其他公司的代表旁聽學生的展示並對其做出回饋。也有其他的大學直接地聯繫這些類型的職能到公司內部的工作之中，例如，在一個加州州立大學諮詢委員會的成員會參加公司的會議，在會議中學生們做「高級設計演示，一組學生去一些公司並且為他們解決問題……董事會成員可以告訴我們這些工作的缺點和優勢，以及他們想讓學生們知道什麼？這其中包括溝通技巧。然後我們在這些會議中決定，他們正在使用的課程和軟體中我們可以在培訓中增加哪些內容。」

在一些情況下，大學會直接尋求來自於公司的資金支持，但最常見的交換是資訊。具體來說，大學轉向它們的諮詢委員會尋求關於它們當前和預期的未來所需求的資訊，包括：特殊技能和知識類型，以及新型課程和設置資訊。

最初幾十年裡，大學嘗試去回應矽谷的需求，經常嘗試引入全新的課程，通常所引入的課程與新類型的硬體和軟體技術有關。然而，儘管如上所說，特別是對於公立大學來說，當一門新課程被設置時，它的需要卻已經過時了。在我們的研究樣本中，一些靈活性大學所採用的折中方式是修改已經存在的課程，而不是增加新的課程。當前的課程可以修改為包括：新的課程類型，和（或）新的實驗室類型和練習。這些類型的更改，不需要由高層主管（central administrators）批准，如此克服了這個耗時的審查過程。

除了創建或服務於一個特定的大學顧問委員會之外，一些大學管理人員，包括校長，以及許多公司管理人員都提供一個或多個區域研究政策委員會，例如灣區，經濟研究委員會機構或矽谷合資公司（見第三章），這些諮詢機構的成員為所有與會者提供了相互學習和解決問題的機會。

另外一種對大學來說重要的橋樑形式是：他們在過去安排的活動，在大學裡設置部門作為將學生與未來的雇主聯繫起來的中心單位。在最初的幾年裡，這些部門的人員配備齊全，提供給學生就業機會諮詢、投遞簡歷和面試培訓。學校經常舉辦招聘會，並為公司代表向面試求職者提供教室。聖荷西州立大學工學院一直在開設活躍的求職中心。一位受訪者說：「每年有 600 到 700 位工程師從學校畢業，他們中的大多數都留在舊金山灣區，所以大學和求職中心非常瞭解誰在求職，誰在招聘。我們一直都在觀察。」然而，近幾十年來許多大學的預算削減已經大幅削弱了這種能力。而且，正如第三章所說，諸如領英這樣的線上求職服務，已經越來越成為連接雇主和員工的首選途徑（見案例 3.B）。

由於許多舊金山灣區的大學正試圖發展與公司的聯繫，他們間的競爭已經增加，並且有些院校在發展夥伴關係方面比其他院校更為成功。更為明顯的是，有些院校的部門與課程和企業的合作比其他院校的更契合，例如數位媒體這樣的研究課程比人類學或者古典研究更適合與工廠公司進行有意義地聯繫。史丹佛大學試圖發展人文與藝術專案和電腦科學與工程學的合作關係，但大學很少有資源來推動這一專案。各地區、大學、課程或科系，如何與高科技公司進行實質的合作，也得看各自的條件與能力。

大學之間也可以形成高效的聯繫，佛德喜爾社區學院開發的聯合醫療專案就是一個很好的例子，它與史丹佛醫學院就開發專案內容簽有合約，支付佛德喜爾社區學院的學費後，該專案的學生將在佛德喜爾社區學院接受基礎教育課程，而後在史丹佛大學接受醫療護理課程，並由史丹佛醫學院員工授課。一位學院管理員指出，在醫療保健領域的這種合作部署，比與科技公司合作更容易發展與保持，因為醫療保健較少受快速技術淘汰和經濟波動的影響。

除了與特定公司或大學的聯繫，許多大學還參加了組織網路，這些網路很多都是在區域級別上運作的。其中一些網路合作項目，包括了連結學習（Linked Learning）計畫，即加州職涯發展信託基金（Career Pathways Trust）所資助的大學與中小學（K-12）合作，協助學生未來職業生涯無縫接軌所做的努力。

其他的網路還包括由 AB86 創建的成人區域規劃工作，該基金為區域聯盟提供資金，以制訂教學計畫，為成年人提供具有高就業潛力的基本技能和技術教育專案，其他項目包括在社區學院校長辦公室內的勞動分工和經濟發展中所開發的項目，以確定新興產業部門，如醫療保健、資訊技術和旅遊等，為了讓「副引領員」（Deputy Sector Navigators）與大學合作，使他們更能夠為學生提供二十一世紀所需的技能。

（二）增加靈活性

我們一再強調灣區經濟變化迅速，隨著經濟轉向適應不斷變化的需求，企業和員工必須嘗試快速轉換技術和工作實務。由於種種原因，包括監管控制、專業規範、學術文化傳統、資金限制，許多大學，尤其是公立大學，無法輕易適應提供新的、不同類型的知識和培訓的需求。在關於學術課程和學位的宏觀研究中，我們觀察到，隨著時間的推移，很多類型的學院都發生了變化（見第三章）。但是這些變化是用幾年或者幾十年來衡量的，而不是幾天或者幾個月。在我們最近的樣本學院的研究中，我們觀察到學院正嘗試著不同方法尋求適應市場壓力。

1. 差異的課程和使命

　　正如我們不斷強調的，不同類型的大學，擁有各自不同的目標或使命，也提供多樣的教育服務，從補救教學、研究到專業培訓等。我們認為，這些多樣化的任務導向，是美國高等教育體系強大的原因之一。這代表美國高等教育可以招收各類型不同收入、教育程度、種族和年齡的學生，讓他們體驗大學的生活經歷。這些不同的任務，分散在所有類型的大學中。但是，在某些特定類型的學院中，學生也能接觸到各種課程和訓練機會。例如：所有的社區學院不僅提供傳統的文理課程，也提供職涯和技術教育（career and technical education）。這些課程從自動器械、電腦程式設計，到輔助醫務訓練不等。此外，很多如 Google Developers Experts（GDE）課程，也提供給試圖取得大學學位的兼職學生。社區學院提供英語為第二語言（English as a second languages）課程，給不會說英語的人們，一個進入美國社會就業的機會。大多社區學院被要求需提供大學程度以下的學生補救教學，協助他們完成讀、寫、算的基本能力。然而這項措施也說明了 K-12 中小學教育成效的不足。這樣的課程提供給很多學生第二次進入精英大學就讀的機會，州立大學（綜合型學校）甚至提供一個更為廣泛的補救課程，來滿足各類學生的需求。

2. 各種成就的象徵

　　很多年來，大學學位已經成為了學術成就的黃金準則。然而，一些院校的課程與實踐之間的差異很大，而良好的閱讀能力在某種程度上與學位相當，作為衡量職業資格以及收入差異的指標（Hout 2012; Meyer 1977）。正如在第二章講到的，大學需要一個複雜的認證機構，以確定什麼樣的教育系統可以提供學位，以及學生需要完成什麼樣的學習專案才有資格獲得這項認可。

最近,部分新課程計畫,是來自一些比較不被關注的高等教育機構的推動,如:商業性學校。而主流學院正在提供範圍更廣的文憑,包括:能識別在特殊能力領域的證書和獎章(見第三章和案例 3.C)。這一舉措,多少反映了教育系統希望找到方法,來承認不同類型的學生,能透過各種課程中取得認證。面對日益增長的績效責任壓力,大學採取了發展性的措施,而不是完成學位而已。在我們的討論中,很多社區學院的主管都表示,對於現階段所採取的大學績效評估方式,因為不夠全面,而感到挫折。他們指出,由於越來越多類型的學生註冊入學,辦學成功與否的評價標準,應該擴展至包括符合上述谷歌等要求的 GDE 網路課程,完成補救課程比例,熟練掌握英語能力,更高昂的教育熱情,與各一種或多種專門證書等辦學成就。

很多的雇主說道:「比起僱用掌握普通知識的員工,具有專業能力的員工讓他們更感興趣。」獎章和證書對於主雇雙方很有幫助,協助員工透過線上申請,展示個人條件;雇主也可從中挑選合適人才。如在第三章所述,很多方法被提出是用於發展更為廣泛的架構,是為了使授予各種標準化證書,使他們提供的資格合法化。但目前仍存在一個事實,對於很多類型的職業,雇主仍尋找有大學學歷的應聘者,因為他們同時擁有一般的知識、分析技能和社交資本。

3. 註冊和課程表

對於大部分擁有學位授予權的大學來說,學校行事曆很少改變。申請者需要提前完成申請程序,以確保能夠被院校所錄取。所有各領域的的課程選修則依照學期(semesters)或學季(quarters)來安排。為了獲得學分,學生必須上課到考完期末考試為止。課程在固定時間開始和結束,實體大學學生曾經全天上課,但是現在已經發生了改變,並且一些其他的變化,也在逐漸阻礙大學服務學生的靈活性和便利性。

為因應矽谷產業的波動變化,許多學院包括:社區學院和州立大學,已經開始採用間歇註冊政策(intermittent enrollment policies),允許學生學期間暫時中斷學業，並且不用再重新申請入學，可以繼續完成學業，而不是像過去必須辦理退學。像聖荷西州立大學已經引進更為靈活的註冊措施，來適應這類學生，這樣的設計也是優先適應學生需求的變化。受訪者說：「在 1990 年代後期的網路興起（dot-com boom），當時工作機會很多，學生只會學一些特定技能。但後來矽谷經歷『網路泡沫化』之後，他們重返學校，但是這一次是為了取得學位。」另一位受訪者也描述了這樣的情況：「我們像一個公車站，這裡有時刻表，學生們就如同那些來回穿梭的人群。我們的校園文化與史丹佛大學的不同之處在於：史丹佛大學 90% 的學生以新生的身分進來，四年後才畢業。」另一位受訪者也說到：「來自社區學院的學生和轉學到這裡的學生（40% 到 50% 轉學），平均有兩年至四年的社區學習經歷。」並且，很多學院開始接納兼職的學生，同時嘗試更自由地接受學分的轉換。一些學院已經和其他學院開發了轉學協議，但是這些管理仍有侷限性。

另一個使大學課程可以被廣泛運用的策略是擴展可利用的時間和空間。很多社區學院、州立大學和非營利型學院已經開設分校，在城市中心的大約有十個，並且它們為工作和白天有其他事情的學生引入了夜間課程。此外，如之前描述過的那樣，一些研究型大學也在時間和空間上為學生提供最大便利的推廣課程（見案例 3.A 的例子）。

線上課程為學生提供了最大便利，在主流的公立和非營利型學院，這樣的課程發展的很緩慢，如我們在第五章所說的那樣，但是在他們的課程裡仍舊保留了少部分（見案例 4.C 的例子）。如接下來所說的，線上課程已經更多地被營利型學院所廣泛採用。

4. 兼任教師

在這本書中，我們已經討論了兼任教師如何被運用的趨勢。但這裡只針對他們如何提升了大學的靈活度來談。隨著大學花費的增加與教育收益難以為繼，各校大幅削減終身制教師的比例，改聘短期的兼任教師，後者大多教授文理課程，很多人同時在幾個學校兼課，每人教授一或兩門課。他們不僅沒有具體的任期，而且還沒有相應的福利待遇。在大多數情況下，甚至沒有辦公室（Bradley 2004; Washburn 2005a）。然而，對於學院來說，僱用這一類型的教師，能讓院校快速擴大或者縮小他們的課程負擔，以此來因應變動的註冊人數和課程需求。

更為有趣的是，我們的研究旨在探究學院中具有產業背景的兼任老師。很多人曾經或正在擔任某個企業的雇員，他們在完成工作後有興趣來教授夜間課程。如之前所述，他們在學院和公司之間形成了很重要的橋樑，把關於當前公司需求的知識和實踐帶入學院，幫助已經工作的學生和有前途的學生相互連結。並且，隨著公司技術和工作進程的變化，公司的新員工會取代之前的老員工。雖然區域的需求和助教的可利用性變化非常大，但是我們調查過的所有學院，或多或少也會使用這一寶貴的資源。

幾個大學的行政人員和教師指出，聘請兼任老師的費用大多用於找尋確認、招聘、評估，以及提供各校發展方向的指導。為了決定哪一類課程的兼任教師，以及他們所需要的實驗室或技術支援，這些都需要花時間提前規劃。必須有人從事監督並且努力保持品質標準，也必須有人對這些教師承擔起建議和指導的責任。這些教師在校園裡的課程，只能短暫停留。上述一位管理者也承擔了這一負擔，但是他更多地指向了數量正在減少的終身制教師。與此同時，他對終身制教師的行政負擔相對的增加中（因為支持他們減少在教學和研究時間的經費上）。

5. 線上課程

隨需應變的教育最終是由線上課程的發展所提供，伴隨著麻省理工學院開發的線上課程，它的發展也在本世紀之初達到頂點（快速出現的是磨課師專業提供者）。只要上網，所有學生都可以接觸到這些課程，並且很多課程是免費的。因為他們的低成本和使用的便捷性，很多人預測到這個新產品和多樣的系統，將會取代傳統教育的教師，但是幾個因素可以解釋這一現象不會發生：

(1) 這些課程的開發是為了滿足用戶的大量需求，這些用戶有文化、有紀律，並且在冗長的課程前有持續的自我動機。然而大部分註冊了這些課程的人沒有完成課程，那些成功完成課程的人即使沒有獲得學位，但之前也有過上大學的經歷。目前由社區學院服務的大量學生，缺乏從線上課程獲益的充足教育準備。

(2) 大部分課程提供的完成證明，缺乏同證書認證系統的價值。正如第三章所述，這些系統仍然在開發的早期階段。

(3) 網路等形式大學（modal college）的學生不會把網路教學視為真正大學經歷，真正的大學經歷不僅僅是在提升個人的認知發展，也在人際互動、情感發展上扮演重要角色，而且參加學習社區，能夠提高智力水準和社交資本。

我們已經在第五章例舉了社區學院和綜合大學為了利用線上課程創造更多的混合課程嘗試做過的努力。到目前為止，這樣的方法雖然有前景但是仍有侷限性。相比之下，正如在第四章和接下來的一章裡描述的那樣，營利型學院已經比公立學校更早的採用了這一技術，並且已經更廣泛的使用了線上課程。

五、公立機構適應的阻礙

透過前面的討論，我們強調存在於各種不同學院之間的重要差異。公立學校仍是美國教育服務的主要提供者，並且公立學校相較於其他類型的學校來說，監督更有力且管控更嚴格。非營利型學校和營利型學校運作起來有更少的限制，以下我們簡要的回顧大學的三種控制模式類型。

（一）行政和政治控制

我們在第四章描述了行政和政治控制的類型，它在加州普遍存在。所有的公立學校遵照法律的命令和行政的政策，但也根據學院類型的不同變化。所有從州政府那裡接受大量資助的學院，要經歷由州經濟條件變化而產生的突發狀況、改變立法優先權，並且學會在廣泛的政治局勢中進行轉變。這並不奇怪，例如，州政府削減在高等教育上的撥款，是為了適應1960年代大學校園裡反戰學生的抗議。更為普遍的是，學校當局面對不可預測的開支和變化的情況時，往往很難做出理性的決定。此外，州政府的監管變得很複雜，並它的要求經常過時且麻煩。例如，新課程提議需要得到來自州政府的同意，但州政府的同意時間卻很滯後。

正如一位社區學院人員告訴我們說：

> 在學院內有一種企業家的精神，在州體制內創新已經陷入了瓶頸，並遭到了他們的苛責，這可以解釋當你看到我們為了得到課程支持所花費的代價。我們有十九個新電腦科學課有待落實，在一年之前就準備好了，但是為了獲取來自所有州代理和社區學院校長諮詢處的同意卻花費了一年的時間。我相信，這些課程的某些方面已經過時了，所以，這自然是一種錯配，特別是談到課程支持的時候。

公立的和許多非營利型學院也採用一個分散模式的決策結構，當局不僅在學院和他們的政治系統裡被共用，同時也在學院內被共用。在管理者和教師之間，儘管過去一定程度上的允許教師參與大學事務決定，但在最近幾年裡它一直在削減教師決定權。很多的自治權和決策權繼續屬於學校和部門而不是學院。這種做法的優點就是，分散的自治權阻礙了快速組織的適應。

（二）專業和文化控制

一個學院最重要的元素仍舊是教師。儘管所有的變化都已經發生了，教師依舊是十分熟悉學術科目的專業人士。正如第二章所述，對於大部分教師來說，學術身分是象徵著對特定學院的忠誠。然而科目的學術性正在經歷相應的變化，他們繼續要求其成員實現長期的社會化，依附共同的標準，且強調大學組織控制的重要性。特別是這些來自於產業界的兼任老師，他們受到的支持或者控制都比較少。對於大部分教師來說，他們應該依附於系統，且在系統內發揮作用。

從更大範圍來說，文化和認知系統，對大學的快速變化，扮演了持續的重要角色。不僅是教師，連學生和家長都對大學的定位、教育的重要性、大學學位的價值等都有各自的看法。即使在社區學院也有實施職業課程的壓力。大部分的終身制教師和大量的學生，試著去參加文理轉換學位課程，而非終結職業課程。組成教師的人士，與大部分學生持續去珍惜與從文理教育中獲益。不過，目前仍有不少人為了保護各自早期的利益，而削弱了大學適應和變革的動力。

（三）外部支持者的影響

加上圍繞在學院和他們參與者周圍的專業學術團體，其他有影響的支持者包括：工會組織和校友團體。兩者在效用上產生的力量首先是保守的，他們都抵制變化。涉及到教師、畢業學生工作的聯合會，致力於保持工作的安全性，並為他們的成員提供優勢。在很大程度上，校友對他們的母校很忠誠，且抵制大部分類型的變化。因為這些變化會對他們記憶裡深愛的母校造成威脅。更重要的是，他們努力確保自己的孩子能夠體驗同樣的社會參與，並且有可能的話，也經歷他們記憶中的興奮感。

總而言之，對變化的約束條件各不相同。有些人為建設性的改進帶來了不必要的障礙。然而，另一些人則試圖保留歷史上所提供的不穩定的價值觀，而在許多人眼中，這些價值觀仍然是有價值的。

六、為營利而開放

正如我們指出的，傳統的公立和非營利型學校較難適應環境的快速變遷，然而這卻是營利型學院的主要優勢之一。後者雖然有此適應的能力，但是在操作模式上卻存在著限制，這些侷限阻止了它們在高等教育市場上快速增長的機會。從 1970 到 1990 年代，營利型學院的數量和註冊人數平穩增長，但是近十年，這一增長逐漸放緩，並且在很多情況下呈負成長。到目前為止，高等教育部門呈現了高度的變化情形。值得注意的是，我們討論的幾乎只針對營利型大學，或許也應包括其他類型的學校，還有那些提供學術學位的機構。從官方資料統計可知，這些專為提供職業教育訓練與證書的營利型大學，可以在電腦銀幕（radar screen）前提供職業訓練和證書作業系統。經由不同的設計和資料蒐集策略調查，才能更精確的研究這類型大學相關資料。

從樣本學院的訪談中證實了營利型大學，仍將扮演重要的高等教育角色。隨著時代快速變遷，它們提供了各式各樣的二至四年制的高等教育課程。例如：刑事司法、教育、零售招待（retail hospitality）等。但隨著市場需求變化，它們把重點輪流放在雇主所需的員工職業培訓或學術學位課程之間。正如在第五章中所述，如鳳凰城大學和德弗裡大學更廣泛的支持開設更為聚焦的課程，如：「成功教練」、財務顧問、諮詢師等，並增加校內員工的線上服務和協助學生學習。然而這些看似有利的作法，明顯是在為學校進行市場行銷。為了成功，學校必須用各種方法來吸引學生入學。太多的營利型學院採用誇大成功結果的銷售手段，包括：保證畢業期限或者提供誇大的就業前景（見案例 5.A）。於是，一些人對這些學校提出詐欺訴訟，例如：加州律師對希爾德學院（Heald College）（在灣區擁有四個校區）提出 300 萬罰款。希爾德學院是科林斯學院（Corinthian Colleges）的一個分校。提起訴訟的律師指控，這所學校透過支付臨時就業機構經費，短期僱用該校畢業生工作，從而提高這所學校的就業率（White 2015）。科林斯學院在 2016 年中終止了該項就業計畫，但這對該校位於加州和其他州的 16,000 名學生，產生不利影響。

營利型大學的整體結構，與公立和非營利型學校很不相同。相較於一般大學常常部門分散，人員各自為政，營利型大學的結構非常簡單且集中。它們實行統一的股份制，而非以取悅利益相關人為辦學目標。課程設計採取中央集權決策方式，連「輸送模型」都是集中管理，高度結構化的課程方案，提供學生通往完成學業，但幾乎沒有任何探究或選修課程的清晰畢業之路。中央集權模式更強調新課程計畫中創新、通過與執行等方面的效率。在公立學校要花費 2 年時間完成的事情，在營利型學校可能只需 1 週或 1 個月就完成。

由於教師不是終身制，因此在課程設置或教學模式方面很少，甚至沒有決定權。教學者在學院管理人那裡接受培訓，一個鳳凰城大學的人員談到，學院在訓練和支持新教師方面，花費了大量的努力和時間。他說道，教師在上第一節課之前經歷了大約 6 個月的集中訓練，並且在最初訓練完之後，也要繼續接受監控和訓練。按照每個個體的情況，所有的教師一年接受兩次評估。學校的評價是這項評估過程中很重要的因素，因此學院在解聘不合格教師方面享有更多的自由，當以在某一領域有經驗且能改變課程者取代之。

營利型學院已經快速採用線上學習指導的方式，它們擁有穩固的技術平臺，並且比公立學校提供線上課程更快。一個來自鳳凰城大學的受訪者說道，網路課程很流行，學生可以根據自己的步伐來學習，通常 6 週學習一個課程，但是在預定時間內也要來學校和老師們交流，尋求教導。

如我們所說到的，大部分營利型學校也能靈活的滿足學生的要求，隨著晚上和週末及線上課程的提供，營利型大學比起社區學院或其他公立學校更容易適應變化。因為它們幾乎不必擁有設備，而這些固定的成本往往被用於維持一個學校教室、宿舍、學生會或其他便利設施的花費上。只有部分院校，例如德弗裡大學，限制學生宿舍數量，也有很多院校在商場裡或市中心商業辦公大樓租賃教學空間。

營利型學校的另一個重要優點是，它們樂於給申請者正面介紹之前的學術成就。很多公立學校對於學生學分的授予十分嚴格，因為分數的高低代表學生在先前學校的努力而來。而大部分營利型學校不僅為選修初級課程的人授予學分，也為他們的「生活經歷」（如工作經驗與志工服務）提供學分認證，認為這些也是取得學位過程中也很重要的部分。

羅森鮑姆（Rosenbaum）等人（2006）發現，上述做法很值得稱讚。他們強調學生在大學中完成所需學業的價值。大學提供有限的選擇以及高度結構化的「套裝交易計畫」（packaged deal plans），從而提供學生「明確的職涯目標」（an explicit career goal）（226）。同時，上述研究也批評一般大學會對選課人數等進行加強管控，強制學生接受諮詢，並協助解決其他影響學習表現的經費補助和各類問題（230-231）。

儘管營利型院校有大量的優點，卻很難獲得支持。如在案例 5.A 所舉的例子，其發展隨之而來是本世紀初註冊人數的快速增長，然而在 2010 年之後，註冊人數急劇下降。正如前面一些例子所描述的那樣，某營利型院校所呈現的那樣，公司的倒閉，都會對滯留學生帶來嚴重影響。

七、結語

　　大多數美國大專院校在十九世紀先後獲得發展，並引進與管理體系有關的教育服務，進而發展出一種類似科層體制的結構。隨著時代的推進，此種結構不斷在修正中產生一致官僚運作機構。主要是為了保障學術單位中專業人員的自主性。因此，多數大學課程設置相對規範，資金來源可靠。大專院校之間的競爭主要集中在學術和學校運作的卓越表現，以及伴隨這些成就而來的相應社會地位。到了二十世紀，隨著公立大學入學標準的提高，州政府的資助成為主要收入來源，各州的管理也越發嚴格。

　　但是到 1960 年代，所有類型的學院都被迫成為競爭資源的一分子，它們必須面臨著市場考驗，為學生和資金來源而競爭；媒體也對它們進行評估並予以排名。各大專院校要找尋具有戰略眼光的領導者，並且大專院校被迫在各種方式上變得更為靈活，包括：課程變革、註冊政策、授課的時間和空間等調整。很多大專院校也試著與企業進行合作，來滿足產業對新課程和技能的需求。為此，各類型的大專院校在靈活性方面幾乎都取得了相當的進展。並且對於公立高等教育系統來說，在挑選專業學院時（如：工程學和商學）也都格外謹慎。對於大部分非營利型大專院校而言，他們已經轉向當前流行的職業領域，並變得越加專業化。

　　至於營利型大專院校，也從這些變化中獲益，因為它們的機動靈活與隨時調整使其能做出市場需求的回應，經歷更少的外部控制。但相對的，這些營利型大專院校也都出現過度緊張和過度承諾，並且低估了市場需求的危機。在缺乏適當的外部與內部約束的情況下，營利型大專院校迄今仍未證明它們有資格成為提供高品質高等教育的合法成員。

第七章　政策啟示與借鏡

MICHAEL W. KIRST, ANNE PODOLSKY, LAUREL SIPES, and WILLIAM RICHARD (DICK) SCOTT

在整個研究中，我們嘗試捕捉近幾十年舊金山灣區高等教育運作的支撐體系，和規範體系的重大變革。

為進一步拓寬本研究，我們致力於構建一個包含主要參與者的灣區經濟體區域研究方法（特別是雇主和仲介），以此來幫助我們理解大專院校是如何與公司建立關係的。在我們的研究結果中發現，大專院校在平衡其社會興趣與學術追求之間的關係時，可圈可點，但也存在明顯問題。

聯邦、州和地方各級的政策和行政法規，影響了大學和公司行為，更不用說對學生及其家庭的影響了。而強化這些影響的政策和公共部門，是政府當局和私人集團直接影響教育系統及教育專案的重要途徑。在這一章中，我們回顧他人關於改進大專院校表現的有力倡議，並提出一些可能實現的變革想法。

一、政策對大學變遷的有限影響

儘管如此，在繼續討論之前，我們必須指出，政策影響力並非是改變大學組織，與功能的唯一外在與關鍵因素。本章中我們區分了組織中的三種調控機制，包括：法制規範性（regulative）、名義規範性（normative），和文化控制（cultural controls）等（Scott 2014）。法制規範性要素，主要在提供決策者可以使用的機制，包括：法律、權威監督機構、規則和條例。這類因素對現代社會的運作至關重要。事實上這類特質，正是區分現代社會與傳統社會的主要差異。與風俗、習慣、傳統和制度邏輯等「變化緩慢」相比，這些法制規範的重要特徵是「快速變化的」（Roland 2004），政策相對更容易制定、改變和取消。至於，名義規範性要素，如：專業協會訂定的學術標準等，則發展得較為緩慢，因為它們仰賴許多個別人士，在長期的社會化過程中，所獲得的深刻信念。而文化控制要素（如：

習俗和制度邏輯）的變化，則發展更慢。它們包含根深蒂固的觀念，如：接受大學教育和獲取文理大學文憑的價值。如前所述，學術規範和文化信仰正在發生改變。隨著新自由主義邏輯的興起，許多美國過去視公立大學為公共財（public goods）的教育價值與信仰，越來越受經濟和市場所定義。這些基本的教育特質，最初雖不完全由政策舉措所決定，但政策可以強化或制約這些外來的影響。

簡而言之，政策建議和政策程式確實對教育專案有影響，但它們並不是唯一或最重要的力量。但是由於它們是最有效和最具可塑性的管控機制之一，我們審議了其中一些較為重要的想法和論點。

二、複雜的形勢構成了多種挑戰

雖然舊金山灣區有著覆蓋面廣、層次完備的一系列後期中等教育機會，但從大專院校學生教育需求的供求失衡、區域經濟快發展和大專院校發展適應有所侷限來看，這些問題對教育發展機會、學校成本負擔與教育成果產生嚴峻的挑戰。正如一位灣區的大學校長所說：「這種經濟以幾何形式增長，而我們的機構只能以算術形式增長。」

我們的研究著眼於舊金山灣區，四十多年來高等教育所處的生態系統變化，包括：為各年齡層學生所提供的各類高等教育機構。儘管在蒐集 2015 年中超過 375 所後期中等教育機構（大學院校等）、從文理到技術學院的相關課程上，存在著困難度。隨著少數族群的遷入，舊金山灣區的人口組成也發生了變化。此外，當地的入學機會，仍無法滿足高中畢業生和中年人的需求。學術領域（也是本研究的焦點）如：工商管理、資訊科學、生物學、工程等學科，供不應求的狀況，尤為嚴重。

此外，自 2007 年以來，擁有加州 20% 人口的舊金山灣地區，通過新增 60 萬個工作職缺，創造了該州一半以上的就業機會。與此相比，擁有全加州 25% 人口的洛杉磯市，卻只創造不到 10% 的工作機會。到了 2015 年，光是舊金山灣區就新增 129,000 個就業機會，其中 83% 集中在工業部門（George 2016）。

正如本章所強調的,舊金山灣區大專院校無法滿足學生方面的需求,根源原因於高校與就業單位雙方組織間的緊張關係。如第三章所描述的,舊金山灣地區傳統的學術規範和結構從來就不是為著跟上快速變化和快速增長的區域經濟而設計的。後期中等教育的價值觀、組織邏輯、標準操作程式、師資管控和機構慣例,與處於世界上最具活力的經濟體中學生的需求不相匹配。無論是該州還是該地區,都沒有應對這種不搭配的策略,也不清楚滿足區內學術和經濟需求所需的後期中等教育投資水準。

高等教育管理決策高層從未料想到,未來的經濟發展會是如此的快速,包括各類私立高等教育機構的大幅擴增。1960 年加州高等教育總體藍圖規劃時,從沒有將它納入政策思考。例如,灣區人口成長超過 700 萬的地區,當年竟只成立三所綜合性加州州立大學。這些大學附近正面臨著交通擁擠、公共運輸系統不足與學生就近入學困難等問題。雖然每年加州頒發的學士學位,四分之三來自加州大學與加州州立大學等系統。但舊金山灣區目前卻存在七種高等教育「系統」,且多數具有職涯和技術教育性質,包括:

（一） 加州大學；
（二） 加州州立大學；
（三） 加州社區學院；
（四） 私立非營利型學校；
（五） 私立營利型學校；
（六） 由 K-12 學校開辦的成人教育；
（七） 由加州就業部門管理的勞動力投資委員會（Workforce Investment Boards）。

沒有州或區域實體試圖整合調控這七類後期中等教育體系。也沒人仔細審視這七類體系的變化對於經濟轉型時,學生對四年學位的渴望和勞動力需求的影響是有多快多深。在州或區域層面上,並未形成七類體系相互對話的機制,更不用說對問題進行共同商議。由於尚未完善的資訊體系並未納入非政府部門,這限制了諮詢策略的實施和區域協作實體的構建（見附錄 B）。

舊金山灣區的經濟活力有賴於職業生涯開發、強勁實力的基金支持和通識教育。有些職涯開發在不太正式的工作場地中進行，而初始的教育則較多依賴諸如大學等傳統的教育組織。對於不同教育背景而言，有效的政策通常存在很大差異。例如：加州州立大學、社區學院和私立文理學院的政策，可能會跟奈米學位、獎章和線上教育的政策有所不同。州和地區領導人需要全面的考慮各類學習機構，因為灣區對各類教育機構的需求都在增長。

這三個公共教育系統包含許多尖端的實體，但彼此之間仍有很大的差異。學生在這些教育系統中的流動存在著巨大障礙。大多數公立學院和大學採用三年制的部門專案評審，來調整課程和其他教育活動。但隨著舊金山灣地區產業的潮起潮落，它們很難跟上不斷變化的學生需求和高成本的經濟舉措。雖然許多舊金山灣區的高中畢業生和在職人員，希望能自由選擇該區加州大學體系下的三種公共教育系統（如：加州大學、加州州立大學與社區學院）中，任何文理、商管或工程類的專業。但擁有這些專業的學校，卻無法完全容納這些新生或轉學生（見第四章和案例 4.B）。比如，在這次研究中，聖荷西和舊金山的每一個學術中心，很大程度上都受到了這種影響。顯然，聯邦資助是造成這種狀況的一部分原因。然而，包括紐約在內的其他州則有效地避免了這些問題。部分原因在於他們的綜合性政策考慮了私立後期中等教育。

因此，私立高等院校填補了灣區一些公立高等教育機構的空缺，包括：卡內基美隆大學（Carnegie Mellon University）和東北大學（Northeastern University）的分校等。與全國平均水準相比，灣區更依賴於營利型機構來教育當地的學生。但是，負責這些機構的授權和監管品質的加州消費者保護局，並不對這些機構進行教育品質的審查。許多社區學院提供職涯和技術教育（career and technical education, CTE），但是社區學院是為了優先協助學生日後轉到四年制大學而設立的。通常，社區學院的職涯和技術教育分部是一個轉學生課程中分離出來的獨立機構，並且它名氣不大還有很多的兼職教員。與英語或歷史課程相比，因為需要使用前端的和昂貴的設備，提供職涯和技術教育課程的成本會更高。儘管區域人口迅速增長，在 1992 到 2014 年期間，職涯和技術教育公共領域的入學率卻下降了。該入學率下降一部分原因可能是許多年輕的學生更喜歡四年制的學位，這或許是因為被需求職涯和技術教育技能提升課程的高年級學生所替代。

加州 K-12 基礎教育階段的英語和數學學科成績，居全美學生學習成效評估（National Assessment of Educational Progress）測驗的倒數十州。但在高中生的大學進階先修課程（Advanced Placement exams）中，加州在全美排名第七名。主要原因是加州重視且補助公立大學中，實施就業準備核心課程（Common Core），提供學生未來就業試探準備。這項政策推出後，廣受公立中小學的歡迎。除此之外，加州還補助新的職涯和技術教育路徑課程（CTE career pathway programs），將中學、社區學院和雇主聯繫了起來。

在這本書中強調，對於大規模和多樣化的後期中等教育機構，我們需要有更細微和差異化的政策來回應終身學習的視角。政策制定者不能期望僅僅通過政策微調，來一氣呵成地解決前幾章中所有問題。此外，改進的政策必須包括聯邦、州和地方層面，要能排除歷史的、結構的和政治的障礙。高效執行區域大專院校政策所面臨的綜合挑戰，在於加州並未存在可供參考的執行模式。雖然博雅教育對多元化經濟灣區的學生獲得成功至關重要，但高品質的四年制學位卻處於供不應求的狀況。

儘管書中呈現了許多挑戰，但加州後期中等教育系統許多卓有成效的特性，的確有助於促進灣區後期中等教育供求平衡。與大多數州相比，加州有許多積極的特徵。加州的學費相對較低，公立四年制大學的平均完成率也高於各州平均水準。像加州大學聖塔克魯斯分校等大學推廣課程的定位得很好，能夠適應新職涯技術的創新。此外，加州的私人後期中等教育機構往往更加靈活，並且可以根據市場環境迅速發展。

共同的核心課程、大學和職涯準備評估，需要學生花費時間來為後期中等教育做準備。加州的政策制定者已經內化了這一共同核心，因為課程和評估與大學緊密相連，能用於彌補缺陷。然而，只有 K-12 的改變並不能解決本書提出的關於後期中等教育表現的所有問題。因此，如果要滿足灣區的經濟和學生的需要，加州需要考慮合理的且創新的後期中等教育方向。

下面是對加州如何在有效實施大專院校政策時可能面對的主要障礙的概覽。緊隨其後的是對不同政策方法的解釋（加州和灣區），這些政策將有助於緩和一些政策阻礙。

三、加州後期中等教育政策治理和調控的演化

加州的教育政策環境是歷史妥協和漸進式決策的產物，這也造成了後期中等教育停滯的結果。這種拼湊產物仍然是基於1960年的總體規劃，這個規劃是多年來國人羨慕的對象（見第四章）。然而，加州所有公立和私立後期中等教育部門的聯邦指導作用尚未得到發展，因此無法應對當前和未來的挑戰。加州於2012年在學位獲得排名上僅位於全國排名第二十三。此外，在2012年，25歲以上的加州居民中只有38.8%的人擁有大專以上學歷。從以上看來，加州已不再是教育模範州。儘管在當前的學位完成人數上看，加州大學高於全國平均水準，但在學位完成率上，加州州立大學和社區學院卻低於全國平均水準。加州後期中等教育令人失望的一個潛在原因是後期中等教育機構收益的縮減。儘管學雜費都有所增加，但加州在後期中等教育資助每位學生方面在全國範圍內排名墊底。

由多種原因堆積的結果，導致了加州灣區公立後期中等教育類似於其他州。聯邦對於所有加州的公立和私立教育部門的指導地位，既沒能成功建立，又不足以應對未來的挑戰。如上所述，造成加州大專院校教育業績平平的原因，已顯而易見了。

根據理查森（Richardson）和馬丁內斯（Martinez）的一項案例研究（2009：70）比較加州與其他州的後期中等教育成效，希望為全美後期中等教育為何停滯不前，提供新的研究視角。該研究的結論如下：

> 加州努力接近中等水準，其表現好壞參半。在一些措施上，它做得很好，在其他方面，它屬於表現較差的州……其中一個原因可能是加州分配州基金的規則，這顯然有利於加州大學、社區學院的低學費。加州的州憲法禁止將公共資金直接撥給私人機構。這項言過其實的總體規劃〔後來作者將其描述為一項條約〕，目的在於通過嚴格限制三類公共部

門系統的部門使命和招生計畫來制約市場力量。缺乏一致的和有效的全州協調機制導致了以下狀況，單個部門在實現目標和執行優先順序時，可以達到卓越的水準，而需要跨部門協調時則難以實現。共用的教職員工管理，立法機構強制執行的其他條例，旨在降低納稅人財產稅的舉措等，使得社區學院要在混雜的環境中明確它們的使命和優先面臨的嚴峻挑戰。此外，加州的法律已經將社區學院和 K-12 系統的委員會進行了分設，而這對部門間或部門內問題的解決沒有絲毫作用。加州政府萎靡不振的執政能力，反映了圍繞著後期中等教育的審議特性。高等教育專注於機構的管理和規範，而不是關注能促進學生成功和經濟發展的根本變化。

芬妮（Finney）等人（2014）的研究印證了理查森（Richardson）和馬丁內斯（Martinez）的結論（2009），但他們更為關注財政方面的議題。這些學者注意到每一階段發展是斷裂的，採用的是以階段性目標為導向的孤立政策，而不是整合滿足加州經濟需求的協調性政策。這個作者認為「遍及全州的財政協同政策……損害了學位獲得率，並增加了人民的負擔」。芬妮（Finney）等人也定論了加州後期中等教育財政政策的三個重要缺陷。第一，州政府未能將撥款、學雜費、財政援助與聯邦層面的政策聯繫加以考慮。其次，州政府未能把撥款與部門績效進行掛鉤，而是以與地方長官的年度協議來撥款。最後，州政府對大學生的資助難以滿足學生對後期中等教育援助的需求。

理查森（Richardson）和馬丁內斯（Martinez）（2009）的州案例研究闡明了加州和紐約私營領域的差異，並揭示了加州的後期中等教育政策未來的發展方向。他們發現「加州並不把私人機構視為滿足學生需求的解決方案之一」，即使在 1987 年「總體規劃」修訂案中提到要重視私人機構的角色時亦是如此。作者認為政府對行業缺乏遠見的根本原因，是私人機構在加州後期中等教育領域的缺席所導致的。例如，加州大學的撥款計畫，對就讀於四年制私人學校的學生援助予以設限，這類學校提供最多的獎學金只有是 9,084 美元（那些加州大學的學生所獲得的是 12,240 美元）。有趣的是，我們對於灣區的研究中往往發現必須不斷強調私立後期中等教育的重要性（參考第五章和第六章）。

在紐約，查森（Richardson）和馬丁內斯（Martinez）（2009）發現私人機構在紐約的後期中等教育計畫中是一個十分重要的因素。紐約州立大學董事會（New York State Board of Regents）核准了一項由紐約獨立大學院校委員會（Commission on Independent Colleges and Universities）去「建立一個極具多樣化的高等教育聯盟系統（以私立與非營利為主），並以此來影響高等教育政策」。紐約州政府透過「學費援助計畫」（Tuition Assistance Program），資助州內所有擁有居民身分的學生，就讀州內公立或私立大專院校。此外，公共和私立機構合作，共同提供數千個學位課程。理查森（Richardson）和馬丁內斯（Martinez）也表示，「紐約州的董事會還授權四所獨立學院，可以在公立社區學院中營運分校或成人教育推廣中心」。紐約的獨立學院和大學委員會就是一個由州政府所建立的協調機構案例，不僅支援和規範後期中等教育機構，也可協調其他的私立高校，以滿足各地學生、高等教育機構和州政府的需求。

四、高等教育治理和決策的碎片化

加州的七個後期中等教育系統都面臨著一些挑戰。這在很大程度上源於不斷變化的學生人口結構。最值得注意的是，加州越來越多學生尋求後期中等教育的受教機會（見第四章）。此外，加州接受後期中等教育學生的平均年齡已經不再是在 18 和 22 歲，取而代之的是，社區學院學生的平均年齡為 30 歲，加州四年制大學的畢業生超過 24 歲（2011 年）。這就意味著許多接受後期中等教育的學生，都有全職的工作和支撐家庭的負擔。因此，這些年紀較大的學生傾向於「精簡的教育」。這意味著他們想要的是便捷的課程、優質的輔導和教學服務（Calisphere 2011）。學生們也想要低成本的課程，所以不想為他們不需要的課程付費。此外，學生在不同機構之間的流動和轉移也越來越多。也許最具挑戰性的是灣區人口增長最快的群體，該群體是整個加州歷史上最不成功的大學畢業生群體。

近年來，就讀社區學院的學生背景變化，尤其明顯。當前，大多選擇社區學院就讀的學生，已經有別於傳統大學的特質了（Kirst and Venezia 2004）。社區學院主要是為了提供低收入、少數族裔和第一代大學生的居民而來（Tinto 2004）。通常上述學生很難獲得與大學教育有關的諮詢、申請先修課程、大學申請或入學安置等服務（Kirst and Venezia 2004）。在不熟悉大學教育規範和流程下，導致他們上大學前準備不足，入學後被迫選修各種補救教學課程（見第四章）。

加州碎片化大專院校體系在回應變動的學生結構上的不足，可能從該州的轉學後學分互認狀況得以瞭解。在三大公共體系（加州大學、加州州立大學、社區學院）中進行學分互認是較為困難的，能否實現，通常要視各體系中的學術部門如何定奪。雖然共同的課程在確定課時和界定內容上的互認，已逐步實現，但這些內容只有一部分能執行。在這種碎片化的系統下轉學的人數，受限於這種學分互認的難易程度。

2012年，一項由全美學生資料庫（National Student Clearinghouse）（包含全國後期中等教育資料）研究發現，在近五年內，有三分之一大學生至少會轉學一次，不論是為了升學、留級、轉校、或復讀等，大部分轉學是出現在入學後的第二個學年，也有學生在大四或大五才進行轉學（Hossler et al. 2012）。灣區內，學生在後期中等教育機構中流動或迴圈可能源自很多因素，這也包括他們無法在原院校獲得選課的優先權。比如說，加州州立大學的學生會進入社區學院進行一學期的學習，之後又會返回加州州立大學，但是在那之後，會在另一所社區學院註冊。這些學籍資料的互認使得很多大專院校學生在不同機構中打轉，因此使得他們更易遭受加州教育機構缺乏協調性之苦（Borden 2004）。同樣地，職涯和技術教育的運行也遭受著碎片化系統、類別受限的融資和多頭政策決策等問題。

加州零碎與各自為政的組織，影響了後期中等教育的管理。由於為缺乏越來越多在各校間流動的學生，提供支援系統，以至未能提高整體完成比率。加州總體規劃也明顯的過時了，因為已難以滿足當前學生流動需求。為了提高學生教育成效，各校和政府決策者，需要更細微的去瞭解，學生在公私立學校間的移動，甚至他們的轉學比率，來協助他們日後順利完成學業。

正如我們所指，大多數高等教育系統的主要缺陷在於它在沒有考慮到那些數量龐大、且不斷增加的、處在事業瓶頸期，但又需要進修和職業開發的成年人。

高科技產業地區（如矽谷）的發展步伐，使得對工作者職業技能和知識的要求日益明顯，這迫使他們去習得嶄新的和種類多樣的職業勝任能力。教育和訓練計畫不能僅僅侷限於勞動力就業前的學校教育，而應當重新設計以實現終身教育的目標。

　　正如第四章所提的那樣，加州政府的職能是有意義的，特別是在學生的助學金和研究資助上。但是，聯邦《高等教育法》（*Higher Education Act*）在 2008 年後就沒有審核過了。我們的研究不打算聚焦於聯邦政府的職能角色上，但會提及三個主要問題。首先，研究表明聯邦的學生援助方案需要更具彈性，現行方案對年紀較長的學生和那些重返大專院校的學生援助力度不足，對待那些尋求畢業證書和特定工作技能的學生也不一致。其次，聯邦認證過程（即聯邦政府協同多個非政府區域組織的負責機構認證工作）需要被再度檢視。聯邦認證是碎片式的、重複的，而且過於關注學習過程和輸入方面，評審內容與技能訓練和發證評判的內容不一致。對於成人教育來說，在調整評審的過程中，雇主們需要發揮不同於過去的更大作用。最後，聯邦對高等教育方案的重新授權需要與其他法案保持內部的一致，如更多勞動力創新和機會法案，以及《帕金斯職涯和技術教育法案》（*Perkins Career and Technical Education Act*）（New America Foundation 2015）。

　　加州呈現出一種十分有前景的發展變化趨勢，源於採用新的聯邦《勞動力創新和機會法案》（*Workforce Innovation and Opportunity Act*, WIOA）來制定新員工的入職培訓。州勞動力創新和機遇法案的構成依賴於新的區域實體。公立、私立教育機構、商業、本地政府的合作可以填補空白，制定比國家標準更好的相關政策。但是新加州區域策略在合作早期階段，就被認定能否作為一個好的解決方案為時尚早。事實上，這塊新的地區在 2015 年就被規劃出來了。它們通常比社區學院，甚至相較傳統教育組織，如 K-12 地區職業和規劃中心還要大。儘管本書主要關注點在灣區，但加州後期中等教育治理和決策體系從未考慮區域中這些複雜因素。

　　總而言之，正如加州公共政策研究所的一項研究所描述，幾十年零散的和不完整的政策導致了系統基本內容的缺失或不成熟（在案例 7.A 中有討論）。本項研究界定了適用整個加州改善後期中等教育現狀的政策。舉例來說，擴增有資格參加加州大學或加州州立大學的學生人數，以及覆蓋包含學費的更多開支（例如：雜費）。並且在私立院校增加良好表現學生的助學金額。

案例 7.A
加州公共政策研究所的政策建議

據預測，到 2030 年，灣區對大學畢業生的需求將超過供給。如果目前的趨勢持續下去，這一差距是巨大的，經濟對大學生數量的需求將比全美產出多 110 萬。

要減小勞動力技能差距，需要在一些重要領域進行變革。這裡我們將探討聯邦及高等教育機構力求實現的幾個關鍵戰略。

（一）增加入學機會

在首次上大學的學生中，四年制的學生比社區學院的學生，更有機會取得學士學位（Long and Kurlaender 2008; Johnson et al. 2015）。因此，提升加州內大學畢業數量的方法之一，是加州大學與加州州立大學系統，擴大錄取合格高中生。這樣做還可以提高低收入和弱勢學生的入學機會。

（二）提高學業完成率和縮短畢業年限

在加州州立大學只有 19% 的學生能在 4 年內獲得學士學位，而在 6 年裡只有超過 54% 的學生獲得學士學位。在加州大學，大約 60% 的畢業生在 4 年內畢業，80% 的學生在 6 年內畢業。這兩個系統都採用了多種策略來提高學業完成率，包括為有可能未能按時畢業的學生提供強制性的建議：通過重新設計高失敗率的課程來消除瓶頸，提高高需求必修課程的能力，並利用資料開發一個早期預警系統。應對這些及其他方面的工作持續進行評估，以確定哪些是最有效的。其中一種新的方法是為大學提供財政獎勵，以提高學生負擔全部費用的比例，從該州的私立、非營利型大學來看，該類學校的 4 年學業完成率都很高。

（三）增加社區學院轉學機會

由於該州發展十分依賴社區學院，改善社區學院到四年制大學的轉學途徑是至關重要的。絕大多數的社區學院的學生，沒有獲得學位或畢業證書，這導致了大量的加州成年人接受過高等教育但沒有學位。對於當前的轉學生，應該擴大像副學士學位這樣的項目。這些學位為符合要求的社區學院學生提供加州州立大學的就讀機會。然而，這些學位仍然取決於特定學校和特定專業之間單獨的校際協議。擴大這個專案，包括更多的專業和更多的學校（包括加州大學），應該會增加從社區學院轉學的學生數量，最終使之獲得學士學位。

（四）精準的資助

與其他州相比，加州在降低大學學費方面一直做得很不錯，但這還可以做得更好。助學金和援助項目，包括加州大學助學金、機構助學金和獎學金，意味著大多數低收入家庭，甚至是一些中等收入的學生，都不必在公立學院和大學裡繳學費。但是，過程中其他的費用並沒能得到很好的保障，學生債務也在上升，這讓人懷疑加州公立的大學助學金是否應該覆蓋包含學費在內的更多費用。州政府還應考慮是否增加擁有良好畢業紀錄的私立大學學生加州助學金的規模，以及是否進一步減少低畢業率、貸款拖欠率高的學校的補助金。改善對學生成績的資助評估，將有助於回答這些問題。

資料來源：Johnson, Mejia, and Bohn (2016)。

五、社區學院：加州政策問題的例證

　　隨著越來越多學生進入社區學院就讀，這類型學校逐漸脫離了原來與高中的密切關係（見第四章）。例如：從兩年制「師範學校」起家的聖荷西州立大學，後來轉型為四年制的綜合性州立大學。每一次轉型，都會降低該校與 K-12 的聯繫度。1960 年以後，社區學院反而成為提升四年制大學入學率的主要供應機構。今天，超過 45% 的大學生在社區學院讀書，相較過去十年增加了 10%（Marcus 2005）。全美社區學院的快速成長，主要是拜加州、德州（Texas）和佛羅里達州（Florida）等相關學校發展之賜。舉例來說，加州大學新生中，有三分之二都在社區學院就讀。

　　最初，社區學院的資金來源主要是地方政府支持、州政府補助，而不是學費。在加州，社區學院起源於當地的 K-12 系統，被認為是第 13 和第 14 年級。然而，對於一些學生來言，四年制的學制系統，影響了他們的大部分課程，這將有助於轉校的順利實現（Bracco, Callan, and Finney 1997）。直到 1950 年代，全國的社區學院才開始有了自己的管理委員會。

　　隨著大專院校擴招和大專院校系統的分化，社區學院入學人數逐步增長。社區學院擴大了職涯教育和社區服務的使命。除了最近的高中畢業生之外，新的弱勢群體也被作為其關注對象，其中包括：流離失所的家庭主婦、移民、老年人和離職員工。綜合社區學院對高中學生獲得職業證書所需的必要的學術準備和技能要求越來越少。這種脫離中學教育的影響是深遠的，許多學生進入社區學區前並無任何學業準備。

　　在進入加州社區學院的學生中，約有 70% 人需要參加補習課程，這是學位課程或證書課程不完善帶來的風險。在社區學院提供的課程中，有 29% 英語和和 32% 數學是屬於補救教學性質（Cohen and Brawer 2003）。參加這些補救教學課程的學生，大多是 18 到 22 歲，高中畢業後直接上大學的適齡人口。這意味著系統的補救不僅僅是要更新那些畢業離校人群的必備技能，還要傳授那些在高中沒有接受過的技能。越來越多的四年制大學將他們的補救工作，交給了社區學院。

六、現行 K-12 中的職涯和技術教育與職涯準備計畫：加州政策零碎的另一個例證

這個關於 K-12 學生職前準備政策，不但是州內老生常談、劍拔弩張的話題，也堪稱加州決策零碎化的例子，這個議題引發了一系列討論，如：公共教育是為了啟蒙心智或職涯培訓的目的？為誰準備與為何而準備的公平性問題？哪些機構來決定學生的生涯路徑，與從哪裡切入？加州律法對這些議題都無定案，且決策模糊和零散，未能反映當前的社會需求。例如：編號 51224.5（Education Code 51224.5）的教育法指出，各校董事會應訂製一些「單獨的學習課程」（separate courses of study），包括針對「未來進入州立學院與大學新生而準備」的課程，以及一些至今還沒有詳細定義的「職涯與技術培訓」（career technical training）。

2008 年加州政府為了爭取聯邦帕金斯（Perkins）基金會的補助資格，透過加州職涯和技術教育先導計畫（California State Plan for CTE），為高中階段建立相關課程。該計畫是由加州州教育委員會（State Board of Education）和加州社區學院理事會（California Community Colleges Board of Governors）共同實施。目前，該計畫尚未能回應州長或上述董事會，有關教育和就業市場等改革需求。

儘管 2013 學年度，加州公布一項新的地方學區撥款控管公式（California's Local Control Funding Formula），取代過去已實施四十年的撥款制度，取消原有的分類課程，來提升其靈活度，但地方學區仍忙於如何統整各校錯綜複雜的資金流向，使其成為連貫的方案計畫。許多學區因招收特定的學生，與舉辦指定的教學活動，獲得聯邦帕金斯職涯和技術教育基金（Perkins CTE fund）補助。加州政府還會資助一些有特別指定與競爭型專案，協助各校進行與職涯課程改革。

此外，許多學區參與了一些以提高學生職涯準備的私人贊助計畫，如：K-12 連結學習聯盟（Linked Learning Alliance）、加州政府五億補助計畫，和專為高技能與高薪資產業所準備的加州職涯發展信託基金（Career Pathways Trust）等計畫。相較於先前多數的職涯和技術教育計畫，該信託基金與 K-12 教育、社區學院和地區雇主的聯繫，更加密切。儘管在加州政策層面上，財政狀況已有所簡

化，但在地方學區裡，各有各自的目標、規則、指標和報告流程，嘗試去統合這些不同資金來源，仍然非常有挑戰。

對於 K-12 學區來說，更困難的是，如何與高等教育、產業等機構，建立真正的夥伴關係。從先前經驗來看，許多 K-12 學區發現，它們很難與商界領袖和本地企業主，建立有意義的聯繫。通常這種聯繫（如果存在的話），是透過個人關係建立，並且是難以維繫。此種普遍存在於各界缺乏合作機制的情形，導致很難成立聯繫產業與大學的職涯發展計畫。有時，這些缺乏明確目標的職涯培訓計畫，提供副學位或證書的社區學院，或加州州立大學某個系，好不容易才從職涯課程，或早已滿額的現有班級中，找到這類高中畢業生，前來就讀。

隨著時間的推移，上述的職涯和技術教育在政策層面，和課程等各方面已經導致了根深蒂固的組織間孤立，有時還導致了一種注重於報告要求的服從心理，甚至於注重學生長遠目標的樹立之情況。從長遠來看，國家對地方決策的轉變可能有助於地區制定戰略計畫，第一步是制定目標，第二步再考慮支出。區域性的政策趨勢有助於各區促成或強化其與大專院校組織和勞工組織之間的聯繫，但這將需要時間和更多專門的援助（包括資金層面和技術層面），以使各地區能夠自動且有效地引導自身發展。理想狀況下，區域內的教育組織和勞動力發展組織應該對其區域的問題、目標以及每個成員實體如何對區域計畫作出貢獻有一個共同的認識。基於共同的認識，區域領導人藉以創造性地構思如何利用特定的資金和夥伴關係來實現共同的願景。上述的 WIOA 計畫（聯邦資助的職場創新機會法案）便是試圖在國家層面推動這種區域合作的一類途徑。

研究人員提出了許多克服加州職涯和技術教育缺陷的策略。在一次訪談中，研究員卡米爾‧埃施（Camille Esch）建議州政策決策者，應該更加鼓勵 K-12 和後期中等教育的校長，加強雙方的聯繫與合作，建立各校更清晰的職涯路徑方案。埃施還更建議在發展上述各科課程時，應由州政府出資，培訓相關課程的師資；因為目前很難找到能同時具備職涯和技術教育與學術專業的師資（在案例 7.B 中討論）。舒洛克（Shulock）和摩爾（Moore）（2013）建議應提倡一項以加州作為焦點的全州社區學院政策規劃（以案例 7.C 為例）。這項建議與其他策略，將為職涯和技術教育政策,展開好的開始。

案例 7.B
加州政策制定者的職涯技術教育政策建議

(一) 鼓勵區域容量規劃:對於宣導學生畢業後立即入職的觀點,該州的 K-12 教育領導人,應明確表示這並不是正確的職涯發展途徑,這會使得學生職涯發展進入死胡同。職涯發展計畫不僅要在高中階段與特定的教育課程建立明確的承接關係,還需要考慮職涯和技術教育課程生,是否有能力接受 K-12 教育這些課程。由於區政府和高等教育機構都無權強迫對方維護這種聯繫,所以這種聯繫的維護,可能需要由州政府來進行績效責任考核,或透過財政機制予以管控。

(二) 為職涯和技術教育的教師提供專業發展的策略:在過去幾十年,大部分職涯和技術教育的改革旨在更好的整合職涯和技術教育與核心學術課程設計。1. 職涯和技術教育的學生不是孤立地或不平等地遵循預設的結果;2. 無論他們是先讀大學,抑或是直接就業,所有學生都有機會提前培養自己的職業技能。然而,將職涯和技術教育與核心學習內容整合的主要障礙是,很少有老師願意做好這方面的準備。在很多地區,職涯和技術教育的教師和通識教育的教師可能分別需要更多的專業發展,並有機會實現更多的合作以達成相應的發展目標,實現新的戰略以及開發新的課程。

資料來源:Esch (2015)。

案例 7.C
建議加強生涯技術教育

在加州社區學院職涯和技術教育領域提高攻讀和獲取證書的學生人數,是後期中等教育面臨挑戰的重要組成部分。

加強職涯和技術教育（圖 7.1）：改革架構內容如下：

（一）必須確保高中和社區學院輔導員，透過職涯和技術教育課程，提供學生所需的職涯發展路徑。迫使大學從課程教學轉到各式職業生涯的規劃；並從學習過程中，協助學生繪製發展路徑圖，以實現個人未來的職涯目標。

（二）改進審查、審核和中止流程，以確保不重要或過時的課程被淘汰，引導能源和資源進入高端、高價值的環節。

（三）拓寬學生從短期結業學習到長期結業學習，乃至獲得副學士學位課程的發展途徑。

（四）指定一個市場經濟體作為勞動力市場訊息的主要提供者，為區域聯盟、區域成員和學院對市場訊息進行分析，以確保教育專案對市場需求的回應。

（五）為了因應越來越高成本的職涯和技術教育課程，與其他非教學相關花費，州政府與各校必須重新調整資源的分配方式。

（六）確保新型區域結構（支撐校際間區域合作所必需的）穩定與長期的資金支持。

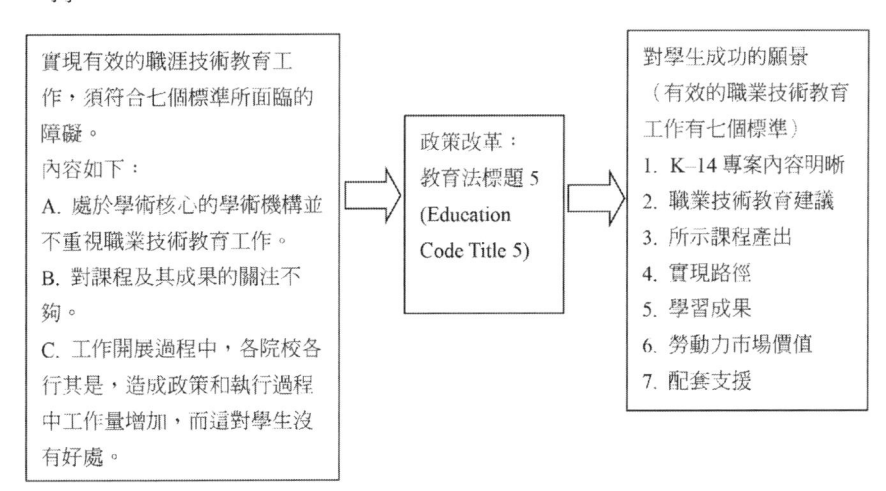

實現有效的職涯技術教育工作，須符合七個標準所面臨的障礙。
內容如下：
A. 處於學術核心的學術機構並不重視職業技術教育工作。
B. 對課程及其成果的關注不夠。
C. 工作開展過程中，各院校各行其是，造成政策和執行過程中工作量增加，而這對學生沒有好處。

政策改革：
教育法標題 5
(Education Code Title 5)

對學生成功的願景
（有效的職業技術教育工作有七個標準）
1. K–14 專案內容明晰
2. 職業技術教育建議
3. 所示課程產出
4. 實現路徑
5. 學習成果
6. 勞動力市場價值
7. 配套支援

圖 7.1　加強職涯和技術教育政策改革架構。

資料來源：Shulock and Moore (2013)。

七、共同的核心：一個更好的後期中等教育的通路

　　任何有發展前景的政策，應可減少加州中學和大學之間各自為政的問題。加州核心課程標準（Common Core State Standards）因此而誕生。透過這個計畫來引導中小學在教學上，可以更精簡、尖端與深層得與高等教育進行銜接。為此，希望減少高中畢業生，對大學補救教學的需求。加州的州內評估和績效責任制，必須與共同核心課程規定的教學策略，相互配合。上述共同核心標準，包含以下深層次學習內涵：

（一） 理解思想的含義及其與具體問題的相關性；
（二） 將核心概念和調查方法，應用到複雜、現實的任務中；
（三） 在新狀況下，實現知識和技能的轉換，並加以利用；
（四） 在解決問題時，能與他人溝通想法與合作；
（五） 逐漸加深閱讀材料的難度，並涉獵不同領域的知識；
（六） 根據事實說話，以理服人；
（七） 從事調查和研究工作；
（八） 參與數學主題的實踐，在各內容領域運用數學推理，並能夠依據共同核心中的數學標準進行「理解」、「描述」、「解釋」、「證明」、「檢驗」、「推導」、「評估」、「說明」和「分析」。

　　加州的一個充滿前景的發展在於將 K-12 教育共同核心及其智慧評估與後期中等教育相結合。2015 年，加州首次實現了智慧評估，它的功能包含為每個大學的預科生提供一個評分範圍和學生需要提高的教育內容。加州的大學正在使用共同的核心國家標準來檢視高中課程以滿足入學要求。此外，SAT 正在以共同的核心國家標準作為參考並修改其評估環節。雖然需要更多的時間來整合跨教育部門的全美共同核心標準，但加州已經採取了重要的措施來改善 K-12 和後期中等教育之間的銜接。

八、教育和勞動力改善的新設計

　　第五章和第六章強調了後期中等教育機構，在滿足學生對灣區快速增長和不斷變化的產業對教育需求方面的困難。改善這種情況需要新理念來修改傳統的學位結構和學位要求，並預測學生們的需求發展。舊金山灣區已經超越了「教育優先、就業其次」的傳統觀念。人們越來越重視能力而不是學科。下面列出了一些值得考慮的想法（參見第三章和案例 3.C）。

（一）奈米學位和電子證書（Nanodegrees and Digital Badges）

　　奈米學位和電子證書提供了一套精密技能，透過與雇主間的合作夥伴關係，協助學生日後準確地應用所學到工作中。這個學位需要在 6 到 12 個月之內完成線上課程，學費每月只需 200 美元。一些的奈米學位，結合線上考試與較長專案計畫方式，透過熱門的影音方式進行授課。一些研究顯示，這種直接應用於職業的快速學位可以提高低收入學生的教育和職業機會（Porter 2014）。然而，這些線上學位的品質控制，仍然令人擔憂（Porter 2014）。

（二）可疊加的學位和證書

　　一個能隨情況彈性調整的職涯技術學位設計，應包括以下三個特點：1. 學生獲得在工作中直接應用所學的短期學業證書。以此累積更好的工作經驗和薪資水準後，此證書也因此獲得認證加值；2. 全美（或者世界各地）的雇主和高等教育機構，都願意認可這樣的學位、設有學分互認機制；3. 學位／證書／證書課程屬於加州職涯發展信託基金的一部分，包括：透過明確的制度和結構，協助員工在進入更高層次工作時，培養所需的高層技能（Austin et al. 2012）。

　　因此，類似上述理念的「可疊加式學業證明」（stackable credentials），有可能為學生提供平衡工作、學校和家庭三方面，所需的彈性；同時還能提供持續的學習（也是經濟不斷增長的標誌）。儘管如此，明確的建立教育和職業標準，來確保可疊加學業證明能夠在遵循訓練軌跡的規定下，取得相關市場熱門行業需求的認可，這些都仰賴聯邦與州政府，提供績效考核機制，以及企業與學校相互協調的結果，方有可能。

（三）特定的技能訓練

培訓中心通常由小型的營利型組織運營，課程從 2 個月到 4 個月不等。在舊金山灣區，最受歡迎的培訓中心是針對那些想學習電腦程式設計的人。一項針對程式設計培訓中心的調查發現，四分之三畢業生的平均年薪為 7.6 萬美元，比他們完成培訓前的薪水高出 44%（Lewin 2014）。雖然那一所現代化的商學院，辦學已初見成效，但在面對市場需求的情況下，成功的關鍵在於能否持續保障高品質人才的培育。

（四）「無處不在的大學」元素

凱瑞（Carey）（2015）設想了一所「無處不在的大學」，開放給民眾的高等教育線上課程，包括：數位講座、數位閱讀、和虛擬協作等。這所大學收費低廉，便於人們進行終身學習。凱瑞設計的優缺點，剛好與我們前面討論到的各種奈米學位、可堆疊式憑證課程（stacking credentials，包括各種證書、徽章、學位），與新手入門課程等理想一致（參見第四章）。然而，這種觀念需要被納入到高等政策中，需要持續不斷的學習，來應對知識需求的不斷增長。

（五）伴隨一生的成績單和投資組合

上面討論的非捆綁課程（unbundled programs）可以由兩種不同的紀錄來支持。第一個是終身紀錄，記載個人的教育和相關經歷（例如：專業的志願者）。這些紀錄將被儲存在網路上，作為「eTranscripts」（e 化成績單），並一生伴隨在學生的學術和職業生涯中。第二項紀錄是電子學習檔案，可以展示學生的職業、關鍵技能，以及知識領域。這些投資組合可以提供學生在真實環境中取得的成就證明。因此，對於未來的雇主來說尤其有用。這兩種記錄機制都保證能符合學生職業經驗的更換變動，以及適應所有雇主要求的工作技能和知識。

如果雇主、政府和教育工作者為他們提供更多的合法性、廣泛的認可和品質保證，上述的大多數概念都將得以實現。學生們需要更清楚官方的信號來認識新的替代證書的在價值。在招聘過程中，更多雇主對此的認可有幫助。社交媒體也可以讓未來的學生更容易看到替代教育和就業機會。

（六）應用型學士學位

應用型學士學位是一種新型學位，允許技術或職涯課程在為期四年的學制內完成。申請學士學位課程，傾向於使用三種模型：1.職業階梯模式，允許技術擁有副學位的學生完成額外的技術課程。2.管理學位元模式，對於想進入管理領域的學生提供商業管理課程或公共管理課程。3.教育模式，接收具有應用副學位背景的學生，並提供所需的通識教育課程來滿足州對學士學位的標準。

截至 2011 年，39 個州提供了學士學位的申請（並非加州州立大學系統）。這種類型的學位有助於增加灣區的學生供給。在這些領域中，如現有低成本的高等教育課程（如工程、商業和電腦科學），都存在著的招生容量的限制。只是，該學位在滿足學生和學校要求方面的研究十分有限。因此，灣區的四年制教育機構可以試行學士學位課程，以確定他們是否提高了大學畢業率填補了學士學位課程的空白地帶，並滿足了教育方面的勞動力需求。立法機關授權了幾所社區學院，在 2015 年之前嘗試在社區學院提供四年制的申請學位。這些學位的學費大約是一年 1 萬美元。另外，一些加州社區學院也開始嘗試一些過去加州州立大學和加州大學所不能提供的應用型四年制學位課程。立法機關將這項為期四年的計畫限制在實驗層面上施行，以確定是否需要進行大規模的改革。預計來自四年制的機構阻力將十分巨大，50 年來的舊加州大學總體規劃預期將會遭遇許多困難。

一項研究得出以下結論：加州需要採用「混血」模式，透過應用型學士學位課程，來擴大四年制大學的招生規模（Geiser and Atkinson 2010）。該研究指出：社區學院和州立大學之間的合作有望提高學生的學習成績，而不是投資建立新的四年制大學。例如：四年制大學可以設立兩年制分校，一些社區學院可以作為州立大學的試點。這將實現學生在兩年制到四年制院校之間轉學的需求。而傳統的兩年制和四年制大學之間的差距將會縮小，這就增加了學生從高中階段到學士學位階段學習無縫銜接的可能性。

九、改進績效責任策略和機制

事實上近幾十年來，高等教育的領域邊界已急劇擴大，吸納了一大批各類型後期中等教育機構，這些機構在勞動力領域提供了相當比例的高等教育服務（見第四章）。無論是學術協會或其他專業的協會，抑或是聯邦政府或州政府的監管，高等教育領域都曾在缺乏有效監督控制的情況下發生了擴張。其中許多這樣的專案都符合申請聯邦學生援助的條件。事實上，正如前幾章所強調的，我們缺乏這些專案相關的基本資訊：它們的課程、學生的數量和類型、教職員工的數量和資格、以及內部治理機制等。

加州也需要對這些新舉措進行檢驗與事後績效責任評估。檢視重點應從大學的特點、過程、時間和學分，轉變為學習和其他專業成果的關注。這種轉變可以通過職業途徑、職業集群和對教育類科的雇主回饋來獲得。在這些新舉措上，財政支持和學生資助，必須與公立和私立教育機構都建立聯繫。

線上學習是一種很有前景的機制，它可以擴大後期中等教育機會，但需要充滿生命力和深思熟慮的設計，以確保線上課程能給學生帶來益處。為了讓學生在線上學習中更有自信，需要一種資料驅動的、綜合的、系統的方法。這種學習方式的教員應該由「管理員、媒體開發人員和資訊技術專家」共同組成。此外，線上學習平臺應該記錄學生資料，以「更好地跟蹤學生的學習參與……和制訂學習計畫」（Johnson et al. 2015）。學術專業人士，商業及企業主管都應被告知線授課程的相關內容。這可能有助於他們理解課程的嚴謹性，有助於確保這些課程（線上學習）也會受到民間企業所看重。

授予學分則是另一個績效責任制上需要改進的領域。現行的證書種類眾多，包括：文憑、職業證書和執照、學位證書、見習資格證書，以及特定行業的證書等（見第三章）。各種各樣的高等教育機構授予了種類混雜的學位證書和其他憑證。此外還包括：雇主培訓、企業的證書、工會見習證書和大學肄業證明。一些職業還要求入職前必須獲得州政府授予的資格證書。簡而言之，對於勞動力市場價值或大多數特定憑證的重要性沒有一個共同的理解。有些是隨著時間的沉澱，其他的則在專案結束時通過性能評估而獲得的。

這種複雜性和混亂引起了放鬆政府管制的呼聲，霍恩（Horn）和凱利（Kelly）（2015）提出要改變績效責任制。霍恩和凱利認為高等教育對「捆綁」系統的依賴影響了監管，從而扼殺了低成本的「模組化」課程的發展（例如：可疊加的學位和證書）。在採用民營部門解決方案的方法中，作者提出了三種管理非捆綁方案的方法。首先，聯邦政府可以提供經費補助，給那些能夠透明公開展示辦學成效、成本及學生滿意度的課程提供單位。其次，聯邦政策制定者可先鼓勵私人辦學，等辦學符合所規定的成效後，再提供聯邦獎勵，補償辦學費用。最後，決策者可以將監管工作留給市場機制，「讓消費者需求和競爭，推動高等教育機構的創新」。不過作者認為，這種方式的後果可能「既慢又不確定」。此外，在我們看來，這種作法有賴更強有力的聯邦規定，以遏制一些以營利為目的的後期中等教育專案所造成的不道德和欺詐性索賠行為。正如前文所述，消費者保護局已經證明其在防止這些類型的濫用狀況，無能為力。如果這些系統要列入合法的教育提供方案中，它的監督力度就需要加強。

（一）針對後期中等教育成效而來的州輔助

在加州，加州大學和加州州立大學的資助模式是由師生比、班級規模，和學生流失率上的舊模式演變而來的。此外，其基礎資金部分的設定是基於對不同學科和課程所需的資源不同的假設，以及在校內和校際的學生流動。四十年來，每年的州政府撥款很大程度上參照於上年度資金劃撥。換句話說，州政府並沒有分別調整每個機構的撥款額度，而是專注於短期策略來平衡預算。

最近，許多州開始實施績效撥款制度，以提高其公立高等教育機構的績效和效率。績效基金將政策注意力從投入和監管轉移到結果的指標。至今仍存在的撥款模式採用高於州的高等教育經費通常水準的獎金形式，依中期和長期指標得分分配，包括學生堅持和完成學業。在新方法中，績效基金是國家基礎劃撥的一種常規分配方式。通常，新的資助模式還會考慮了入學人數。

績效資助對大學財政、州對大專院校機構優先順序設定以及對州指標的體現的認知都有影響。然而，幾乎沒有證據表明，績效劃撥方式能增加州應對績效融資需求能力所需的資源。績效資助確實促成了那些旨在提高學生學習表現的學術政策和學生服務政策、計畫和實踐方面的變化。同樣幾乎沒有證據表明，績效資助計畫顯著提高了學生的在讀率和畢業率。對績效資助關於在讀／畢業的影響進行的最細緻的定量分析，並未出現統計學上的意義（Community College Research Center 2014）。

傑瑞・布朗（Jerry Brown）州長和一些州議員雖然贊成以績效來資助高等教育機構這一概念，但並沒有任何可供認真思考的具體提案。其他州的經驗表明，有一些方法可以採用績效的理念來改善加州的倡議：

1. 改善指標和措施以免阻礙社區學院發展。例如：成功完成學業應該重新被定義為從轉學到四年制大學，而學業成果的追蹤時間應該長於三年（自入學後）。
2. 將績效資助從州政府撥款週期中分離出來。績效基金應占基礎撥款的相當一部分。
3. 招收處於弱勢群體的學生，將績效目標與學生特點相結合，消除求學障礙，以防意外狀況的發生。
4. 監控學位要求和課程評級分布來維護學習水準。為做到這一點，教育機構應該對教師進行匿名調查，以發現他們是否因工作壓力而降低了評價要求，同時採用學生評估。
5. 通過訂定發展教育、通識教育和繼續教育等等領域具體指標，來防止教育使命越來越狹礙（Community College Research Center 2014）。

十、資料侷限妨礙良好政策的制訂

從歷史的角度來看，高等教育機構的聯邦資料，只限於那些領取聯邦獎助學金與貸款資助的學校。至於入學錄取管道比較多元的學校，不太可能參與這些獎助方案，因此，他們的資料，通常被這些大型且公開的聯邦資料庫所忽視。到目前為止，高等教育綜合資訊調查和美國後期中等教育資料綜合系統，是我們所能得到的最全面的縱貫性研究資料來源；然而，我們認為應該謹慎地對待結果，因為這些專門化的資料不能充分反映迅速變化的高等教育部門的複雜性。因此，在可能的情況下，我們補充其他來源的資訊，對高等教育綜合資訊調查和綜合教育系統進行了分析。

鑒於錄取管道比較多元的大專院校，越來越受到社會矚目，州政府和聯邦機構應該考慮蒐集這些屬於非 IV 類機構的資料（例如它們的年度調查）。為了提供更全面的高等教育的諮詢，各機構有可能會改變目前關於分校資料報告的現行方式。尤其是營利型大學，不僅應在系統層面上報告資料，還應在分校的層面上報告資料。此外，隨著企業學院開始在勞動力培訓中發揮越來越重要的作用，我們需要獲得關於企業培訓的廣泛標準。這些國家資料集不包括錄取管道比較多元的大專院校和私人機構，忽略了為學生提供服務和為區域經濟做出貢獻的大專院校組織。大學缺乏這類資訊，無疑地對學生有害，尤其是如果這些院校未能為學生提供足夠的教育，並為他們提供就業的機會（許多營利型大學的關閉即是明證）。最後，聯邦綜合資料庫的量化措施應該隨著時間的推移而改變，並吸納更廣泛的資訊（例如：有報酬地被聘僱、線上學習等），以便更好地反映利益相關者（例如：雇主、家長、學生）的需求。

美國高等教育體系正在迅速發展，聯邦資料庫中的許多專案並沒有反映出各機構日益增長的差異性。為了更全面地瞭解學生的就讀行為，調查問卷中所提出的問題要能準確反映學生自身發展的選擇和經驗、市場趨勢、制度政策和實踐，這一點十分重要。由於加州學生在後期中等教育機構和體制內有如此大的選擇空間，因此有必要對學生個人的資料進行跟蹤。附錄 B 提供了有關資料問題的詳細資訊。

十一、政治挑戰阻礙了重大政策變革

在過去的半個世紀裡，美國的教育改革主要集中在 K-12 教育上。小學和中學的教育工作者已經從相對自治的傳統，轉移到受地方、州和聯邦政策措施影響的時代。K-12 教育的基礎教育幾乎在全國所有的公立學校的每個教室都能看到。相較之下，雖然高等教育也經歷了政策改革，但這些改革的影響並沒有那麼深遠。由於民眾的意見已被證實是其他領域政策變化的推動因素，我們將進一步審視民眾對 K-12 教育和高等教育的看法。

有證據表明，公眾對 K-12 的批評遠遠超過了高等教育，而直到最近才開始質疑大學教育的價值。K-12 教育在這個時代有兩個主要目標：改進課堂教學和提高學生成績。K-12 教育政策的關注焦點已經從教師（學校系統所聘用的教師），轉變為關注兒童身上。

聯邦對高等教育的資助似乎呈下降趨勢。聯邦政府發現自己處於類似的境地，它們無法跟上高等教育快速增長的成本。與此相對的是，政策制定者們則處於一種矛盾的地位，雖然重視後期中等教育的重要性，但又無法直接調控高等教育體系（Zumeta et al. 2012）。

我們的觀點是，有關高等教育績效責任制的多數行動，都是基於當年泰克（Tyack）和庫班（Cuban）（1997）在探討美國教育改革，何以困難重重的「政策談話」（policy talk）而來的。民眾對 K-12 公立學校教育的不滿，遠超過對高等教育的不滿。過去幾十年來，蓋洛普公立學校民意調查（K-12 Gallup poll），每年給加州或聯邦的基礎教育評分都是 C- 的低分。而 2001 年同樣的民意調查顯示，民眾終於給高等教育 B/B+ 的評分（Immerwahr 2004；關於美國蓋洛普公立學校教育問題之民意調查 PDK／蓋洛普民意調查的更多資訊，請參閱 http://pdkintl.org/programs-resources/poll/pdkgallup-poll-about）。由於沒能引起民眾的關注，過去二十年裡，高等教育改革並未引起美國政界的討論。通常都是民眾對高等教育表示支持，而非主張改革。民眾要求更多的是，高等院校能否招收更多學生，和一般人可以負擔的學雜費（Immerwahr 1999b, 2004; Immerwahr and

Foleno 2000; Immerwahr and Johnson 2007)。

伊默瓦爾（Immerwahr）的研究反映出，一般大眾對於 K-12 和高等教育兩者意見紛歧。首先，民眾對 K-12 教育瞭解更多，對高等教育比較陌生。其次，一般人都會認為 K-12 的教育品質是有問題的，而高等教育則屬於較高品質的。第三，一般人普遍認為 K-12 教育是由納稅人支付經費，多數人並沒有意識到公立學院和大學，也由納稅人買單。相反，大多數人認為高等教育（甚至是公立大學）主要是由學生支付學費。由於大多數人都不熟悉高等教育機構的運作方式，因此無法對它們的政策變化，有所共識。

高等教育改革最重要結論之一是大學領域改革的成功，與公眾對教育能否真正落實本身任務的看法有關。根據「公共議程」（Public Agenda）（1999）組織的報告：75% 的美國人認為，只要給予足夠的協助和關注，幾乎所有的 K-12 學生都能在學校中獲得學習和成功。但是對於高等教育來說，這個故事是完全不同的，「現實中，人們認為（91% 到 97%）大學教育的好壞在於學生投入了多少努力，而不是學生所就讀大學的品質」（Immerwahr 1999a: 10）。說到大學，公眾把問題歸咎於消費者（學生），而不是生產者（大學）。

許多人認為高等教育對政治是一種服從的態度：高等教育是由政策制定者所資助的，其發展或多或少是孤立的。與諸如 K-12 教育、公共交通和修正法律等主要國家開支的其他領域相比，高等教育機構及其領導人很少受到審查或微觀管理（Zumeta 2001）。說客們還強調高等教育是如此的複雜，只有機構領導才能監督自己的事務。

聯邦和州一級的高等教育部門由三個互相維護的部分組成：負責高等教育的立法小組委員會、負責實施立法的官僚機構和機構管理委員會，以及高等教育的遊說團體。此類政策制定的特點是互相維護和缺乏質疑。此外，高等教育聯盟比全國教育協會和美國教師聯合會 K-12 聯盟影響力要弱得多。

這裡有多種可能性事件或變化，將高等教育入學和成效問題推到決策首要議程之上，例如：

（一）州政府資助危機導致大量學生被拒入學，特別是對於通常選擇畢業升學的中高收入家庭的學生。如果這種情況發生，可能會引起公眾的不滿。

(二) 從國家層面上來說，缺乏資金可能不會造成入學率下降，而可能導致大部分的公立大學和學院取消課程，這意味著許多學生無法畢業。學士學位授予機構的平均畢業時間可能會從 6 年增加到 7 或 8 年，這將導致大量中高收入選民的憤怒。

(三) 在教育成效上的差距可能會擴大。隨著嬰兒潮一代的退休，年輕一代缺乏教育資本的現象可能會變得非常明顯，在許多州，這種情況會上升到被認為是危機狀況。商界的壓力可能是關於「能做什麼」，因為缺少合格的求職者。

(四) 在學費上漲的時候，公眾可能會感受到高等教育品質的下降。K-12 教育改革的努力主要是受到公眾對教育品質的關注。有幾位作者記錄到高等教育中學生的學業水準似乎低得驚人，而且隨著時間的推移，可能會引起政策制定者的更多關注 (Arum and Roksa 2011; Doyle and Kirst 2015; Seifert et al. 2011)。

　　高等教育社區需要更清楚地瞭解這些問題的本質與學生的教育改革、學業完成和學習有關。通過什麼樣的方式可以解決這些問題？可增加資助額度？課程改革？組織結構的改變？儘管有證據表明：我們現在對這些問題的性質和對提高教育成效最有效的干預措施，知之甚少。

十二、需要採取區域新措施來改進後期中等教育政策

　　舊金山灣區領導人和社區團體需要更加關注並制定行動計畫，來解決本章和本書所提出的問題，即灣區後期中等教育機構既要滿足其動態經濟的需求，又要提供高覆蓋率的教育機會，以滿足公民的需要。新的聯邦政策和州政策雖然有可能促進乃至減小這兩個問題間的的緊張關係，但不太可能完全解決所有問題。此外，沒有任何一個灣區組織，能夠合理妥善地協調該地區的 375 個公立和私立後期中等教育機構。

　　在舊金山灣區，大多數企業的關注點都集中在 K-12 教育的問題，或者是

個別高等教育機構的問題上。推行改進政策區域的慈善力量大部分已投放到了K-12教育，而不是後期中等教育。儘管第五章提到了教育和經濟的子領域存在差異，但沒有任何現存大專院校系統的組織，實現了完整的跨界聯合。很少有論壇將社區團體、商業和後期中等教育結合在一起，來評估灣區後期中等教育的優點和缺點，更不用說協調改善這些利益相關者之間的關係了。

灣區需要一個新的空間，實體來開展政策討論，並協調各區域教育機構。灣區中這樣的傘形組織可以協調環境、交通、地方政府和其他領域。然而，沒有一個類似的組織涉及教育領域。下面我們將介紹兩種不同的開發區域實體的方法，並提出灣區開發模型。

（一）州集中管理區域高等教育方案（Centralized Plan）

舒洛克（Shulock）建議了一項由三方聯盟的機制，包括由：區域主義、專業化和技術性三方面合作（regionalism, specialization, and technology）。她提議的區域聯盟，包括：聯合所有公共和私人機構、K-12、郡教育局，以及地方上的雇主們，發展跨部門的規劃策略，來提升大學生的就業準備度，和提高畢業率。該聯盟還為各種機構角色和責任，賦予新的定義，如：調整新策略，來達成共同的目標；為學生制定有價值的職業生涯路徑，並與雇主合作，提供與工作有關的學習機會。

透過區域主義、專業化和技術性三要素，為每個機構尋求定位，並引導其發展，以此確保學生獲得各類教育的途徑。舒洛克認為，它證明了當前以州為中心系統（state-centric system）的作法，缺少目標與資源的整合。即使某些以區域為主的規劃（region-based planning），展開了一段時期，但仍缺乏能對整體系統發生改變的關注。

所有的公立高等教育機構都將與它們的區域聯盟共同努力，以確定具有成本效益的教育戰略，從而使得機構開支與區域預算相一致。聯邦將制定連貫的財政政策並履行下列職能：1.塑造和規定共同的、公認的定義和會計程式，如三角洲成本專案；2.蒐集和分析財務資料，將區域需求轉化為聯邦層面的預算，包括私人機構、相關供應商和雇主；3. 制定連貫的政策框架，通過鼓勵參與提供的財政援助，以確保各區域的金融穩定；4. 監控財政激勵措施的影響，以確保與評估、達成、股本結構、負擔能力和穩定性等過程與目標相一致；5. 監控財務健康指標，包括州、區域和部門各級的投入、擔負能力和支出。

採取上述建議模式後，將由高等教育機構、區域聯盟和州政府三方，共同來評估成效。每個合作單位針對大學準備度，和課程專業性目標等擬定，都需要對全州進行負責。州政府將為這些部門制定績效目標，並指導區域和州的績效目標。州的績效責任可包括以下幾方面：

1. 為每一階段的增長設置預期目標；
2. 制定關鍵指標的州級水準觀測標準，包括課程完成率、推動免入學率、入學率和授予多少學位；
3. 監測乃至重新評估區域的設定目標和年度結果，以確保區域目標整體實現州目標；
4. 調整州政策以支援區域發展計畫，促進專門化和技術化；
5. 監測實現公共議程目標的進度指標，包括：大學入學準備度、學位完成比率、學生在學率和就業安置。

上述學者的建議雖然很全面，但這些提議被批評是由上而下的全面調控，充滿中央集權的色彩。

（二）區域高等教育地方分權計畫方案（Decentralized Plan）

相較於舒洛克自上而下的管理方式，社區學院理事會創建了另一種自下而上的區域機制：社區學院區域聯盟。透過十一次區域會議，聚焦以下重點：需求評估、補助職涯和技術教育的高成本、研發新課程和聘用教師的靈活性。布朗州長（Governor Brown）在 2016 年預算規劃中，為社區學院設計的地方分權取向（decentralized approach），提供了後續支援。特別是州長為「勞動力強盛計畫」（Strong Workforce Program）挹注了 200 萬元，讓社區學院可以開設更多與職涯和技術教育有關的課程。此外，上述計畫將實施區域的績效考核制，並要求社區學院與區域內的「教育性、勞動市場、勞工和公民夥伴，進行區域合作」，以制訂符合地區教育和勞動力需求的策略計畫；進一步建立任何現有或新設職涯和技術教育課程等，有關研發、協調和開數量等方面的通報系統。

社區學院區域聯盟將界定對經濟有重要影響的區域產業集群（如：農業和先進製造業）。這些部門將配備有引領者，他們會召集雇主、行政人員和教師來協調資源和開發課程。

像社區學院區域聯盟這樣的分權方案，似乎比舒洛克自上而下的管理模式更適合加州。加州有超過 3,900 萬人，與舊金山灣區相比，各區域經濟差異很大。儘管有這樣的分權式方案，但如何將其擴展到前述的其他教育體系中（包括：加州大學、加州州立大學和私立系統），尚待討論。

（三）一種灣區分區大專院校模式

灣區需要一個起點和新的實體組織，來開展政策討論和推行政策。不幸的是，目前加州還沒有這種區域性的後期中等教育模式，儘管像弗雷斯諾商業理事會（Fresno Business Council）、矽谷領導集團（Silicon Valley leadership Group）和灣區理事會（Bay Area Council）這些地區領導組織有可能成為方案發起者。矽谷領導集團有一個企業／高等教育專責小組，立法相關事務，提升畢業生的就業力。而弗雷斯諾商業理事會在 1993 年成立，旨在「解決關鍵和系統性問題」，包括：就業、教育和犯罪（Fresno Business Council 2013）。理事會一致認為「時間、行動和領導的統一」是改變系統性和其他難以解決公共問題的唯一途徑。另一個區域協調的例子，如：加州經濟高峰會（California Economic Summit），該高峰會於 2012 年首次組成，目的是促使「地區主管和州長們制定共同議程、創造就業機會，提高區域競爭力」（California Economic Summit 2015a）。此次高峰會議的目標，包括：「尋找勞動力長期發展資金、通往職涯路徑的職涯和技術教育，以及經由職涯訓練與雇主等合作計畫，擴大學生對於製造產業等的選擇」（California Economic Summit 2015b）。

案例7.D描述了灣區的兩個區域機構：第一個機構，灣區政府協會（Association

of Bay Area Governments），是個由成員自願參加的組織，包括來自不同層級的政府官員、商業領袖和研究人員等。他們共同努力解決影響地區的重要問題。第二個機構，大都會交通運輸委員會（Metropolitan Transportation Commission）協調舊金山灣區九個郡的交通建設、監督和融資。灣區地區可以作為加州其他區域的榜樣，透過灣區政府協會和大都會交通運輸委員會的運作元素，來創建一個地區教育的政策實體。理想情況下，儘管傳統上互不聯繫的組織的區域領導人採取了行動，區域實體仍將以有機的方式開始。其成員包括地區主管、高等教育機構主席、商界領袖、工會成員和地方政治人物。

案例 7.D
灣區的兩個區域機構描述

灣區政府協會是一個具有有限法定許可權的自願者性質諮詢機構，由聯合權力機構於 1961 年成立。該機構由委員會和執行局管理，建有常設機構和各機構的委員會。來自九個郡和 101 個城鎮的民選官員作為大會的代表對每年的政策進行投票。通過年度預算和工作計畫來審查灣區政府協會執行董事會的政策行動。灣區政府協會大會每年 4 月召開一次。與會者包括灣區選出的官員、民眾代表、商業領袖，以及來自主要學術機構的研究人員，他們探討並解決影響整個地區的政策問題。其中由 38 名成員組成的執行董事會，通過雙月會議制定經營決策，任命委員會成員，授權支出計畫，並推薦政策（Association of Bay Area Governments 2015a）。

大都會交通運輸委員會則由州立法機構於 1970 年創建的舊金山九郡的交通規劃、協調和融資機構。多年來，該機構的範圍逐漸增加，現在由三個機構整合為一，包括旗下的大都會交通運輸委員會、灣區收費管理局（Bay Area Toll Authority），和高速公路服務管理局（Service Authority for Freeways and Expressways）（Association of Bay Area Governments 2015b）。委員會由 21 名政策委員和 18 名專門委員組成，16 名投票委員由各郡的地方選舉官員任命

(Metropolitan Transportation Commission 2015)。

另一個有效創新改進的例子,為大都會運輸委員會,創建了「速通卡」(clipper card),允許乘客可以在整個灣區,使用所有各類型的交通系統。在乘坐火車、公共汽車和無軌電車等交通工具時,只需將卡按在電子設備上即可。其他具有成效的改革案例,包括:在灣區小道、自行車道、小城市和鄉村邊界的建設。這些創新都表明了區域合作的潛力。

區域教育實體為該地區的 K-16 教育 (幼兒園到大學),構思了發展策略遠景,並協調當地納稅人去實現這一構想。它還將提供全面的線上資源,讓學生瞭解整個灣區的生態環境中超過 375 個後期中等教育機構的各種教育機會,以及非正式的培訓中心,如:訓練營。該資源中心將即時列出每個課程項目中的註冊人數和剩餘名額,以及學生完成課程所獲得的各類證書,從修課證明到研究所學位證書。此外,該資源將被用於服務希望獲得具有高中或大學學位的人群,或希望獲得技能發展的的成年人。

有了這些資源的挹注,未來學生就會知道入學和畢業的規定與要求。學生也需要掌握校際轉學資訊,如:入學條件嚴格的加州州立大學,在學生人數飽和的科系,就無法轉學。至於學生申請獎助學金機會,也受個別課程的影響。學生們會知道,哪些學校的滿額課程(如護理課)候補人數是多少。學生也會知道,如何從多所申請學校中,找到適合自己野心的學校。此外,未來學生會收到各所學校的基本資料,如:學生畢業率及就業率等各校辦學表現。與過去由州政府、個別學校、大眾媒體所提供的資訊相比,這份由灣區針對區域內的學生需求,所特製的資源系統,更加獨特與完整。

該區域資源的發展,也將依據灣區的環境和需求,訂定各種有效且創新的政策參考。同時,上述系統也會分享資訊給各界,內容包括:K-12 教育準備、需求與供應的失衡、有效教學策略、資料需求、財務和績效誘因等訊息。

總而言之,區域協調職能至少包括六個方面:

1. 與雇主建立聯繫，瞭解當前和新出現的勞動力需求，並就學生就業準備是否充分向各機構提供回饋。
2. 依據供需雙方所進行的機構協調，利用各種機會，整合各校各個缺乏吸引關鍵多數的課程與方案（這應該建立在機構課程審查上，參見在加德納中心〔Gardner Center〕網站上的 Ris 的課程評論報告）。
3. 建立從學生入學前準備、K-12 到後期中等教育、獲得證書或學位整個過程的資料庫，和關鍵績效評鑑指標。這個功能還可以為那些有意瞭解的組織或個人，與資料分析、標竿學習和通信方面的社區專家建立聯繫，並可獲得聯邦資料庫資訊，而這些資料集對於單個機構來說是很難獨立獲得的。
4. 目標設置和跨機構的協作。該區域實體應將參與者聚集在一起，就未來的需求、成效和可能實現的目標（包含現存的差距）以及滿足這些需求和目標對區域內機構意味著什麼進行較為具體的討論。這也包括對民營部門增長前景的分析。
5. 與州內其他區域實體建立聯繫，定期會面，討論哪些是有效的，哪些是無效的，以及確定逐漸興起的最佳實現途徑（特別是在學業補救和教育流動方面）。
6. 討論州政策如何才能更好地適應地區需求，比如在高成本和低成本地區，收取不同的學費，以此為高成本地區的學生提供更多資助。

　　區域實體應由不同的主體構成。自會議開始，就應召集關係人、專家和當地居民，來討論和瞭解灣區高等教育的現狀和需求。這一章雖建立在這個出發點上，但沒有提供區域行動議程。需要更多的區域資料，來向地方、聯邦和國際的關注者，展現灣區的環境、現狀、需要和備選策略／政策。

十三、結語：需要灣區政策的新議題

　　這一章闡述了後期中等教育在政策制定之初的準備階段，應列入政策議程的首要地位。例如：政策週期始於議程的設定、需要政府關注問題的確定、哪些問題應得到最多關注、還需定義了問題的本質。各種問題在聯邦、州和地方的政策議程上，都出現時間和關注。某些問題持續了很長時間，直到爆發時才會被提到議程的首位。許多問題在議程中被擱置，或者只能在公共和私人決策機構的審議中，再獲較大的關注。到目前為止，灣區的高等教育問題，已經成為繼 K-12 教育、交通、住房和環境問題之後的問題，我們認為這種現象不應該繼續下去。

制定政策議程的開端是認識到問題的重要性開始。這一章提供了充分的證據，表明灣區的問題是尖銳的，並不能通過繼續推行現行政策來解決，例如：依賴州政府的加州大學總體計畫調適等。第一階段的政策挑戰是如何對問題本質進行假設，以及探討如何有效解決它。我們已就如何解決這些問題提出見解，但還需要做更多的工作，來制定具體的政策選擇，以及考查它們的可行性。

政策制訂的初始階段，也為如何處理這一問題制定了政策框架。政策框架是採用隱喻的方式，對經常出現的棘手情況給予敘述。例如：房地產稅收框架，可以作為「遺產稅」或證券提供繼承特權。每一種敘述政策框架都包含了對現實的不同看法，以及對待問題的特殊方式（Stone 2002）。「貧民窟」可以被看作是一個百廢待興的區域，也可被視為一個需重新設計和重建的地方。我們在構建灣區高等教育的框架上，具備許多優勢，包括：擁有各種類型、具有影響力的學院和大學；但也存在著不少問題，例如：基礎教育機會分配不均、勞動力短缺、企業或學校效率低下、跟不上快速變化的社會需求。

我們在第三章中已討論了政策框架依賴於組織文化之間的張力。而這些往往取決於「政策企業家」的洞察力和努力，通過抓住問題、制定框架、宣導政策，來確保問題處於政策議題突出位置。為此，這本書完整地闡述了一些從學前到高等教育如何變成為聯邦教育干預的專案（Mintrom 2000）。目前，無論是區域高等教育領域，還是特定的灣區背景，都沒有針對企業群體對教育投入的討論。我們希望這本書能夠激發人們更多的關注，並在一定程度上根據本書中所提供的資料、分析及所提出的問題，協助讀者構建一個政策改革優先順序的議程出來。

附錄 A
本書貢獻者

威廉·理查德（迪克）·斯科特（William Richard [Dick] Scott）是史丹佛大學商學院、教育學院、工程學院和醫學院的榮譽教授。他在堪薩斯大學（University of Kansas）獲得學士和碩士學位，在芝加哥大學（University of Chicago）取得博士學位。之後，他一直在史丹佛大學任教到退休為止。他著有兩本被廣泛使用的著作：《組織結構與組織：理性、自然和開放系統展望》（*Organizations and Organizing: Rational, Natural, and Open System Perspectives*）（與大衛斯〔Gerald F. Davis〕合著），現已發行至第六版；《機構與組織：思想、興趣與身分》（*Institutions and Organizations: Ideas, Interests, and Identities*），現已出版至第四版。他是專業組織的長期研究者，著有或合著一些書籍，如 1975 年出版的《評估與權威的行使》（*Evaluation and the Exercise of Authority*）、1987 年出版的《醫院結構與績效》（*Hospital Structure and Performance*）、2000 年出版的《制度變遷與保健組織》（*Institutional Change and Healthcare Organizations*），以及 2009 年出版的《在運動與機構之間：支援青年的組織》（*Between Movement and Establishment: Organizations Advocating for Youth*）。自 1970 年代以來，他為體制理論的發展作出了貢獻，並將其應用於組織建設之中，如 1992 年出版的《組織環境：儀式和理性》（*Organizational Environments: Ritual and Rationality*）和 1994 年出版的《體制環境和組織：結構複雜性和個人主義》（*Institutional Environments and Organizations: Structural Complexity and Individualism*）。斯科特於 1975 年當選為國家醫學科學院（National Academy of Medicine）院士，在 1988 年獲得管理學院管理和組織理論部頒發的傑出學者獎，在 2013 年獲得傑出教育工作者獎。1996 年，他獲得管理學院頒發的傑出學者職業獎，並於 2015 年被國際商業學院（Academy of International Business）評為年度傑出學者。他一生獲得了三個榮譽學位。

麥可・柯爾斯特（Michael W. Kirst）是史丹佛大學教育和工商管理系榮譽退休教授，也是加州教育委員會（California State Board of Education）主席。自1969年以來，他一直在史丹佛大學任教。柯爾斯特在哈佛大學獲得政治經濟學和政府學博士學位。在進入史丹佛大學任教之前，他曾在聯邦政府擔任過包括美國參議院議員、就業和貧困小組委員會（US Senate Subcommittee on Manpower, Employment, and Poverty）幕僚長和美國教育局（US Office of Education）中小學教育課程規劃主任等若干職位。1977到1981年，他擔任加州教育委員會主席。2009年與安德里亞・威尼齊亞（Andrea Venezia）合編《從高中到大學》（*From High School to College*）；2018年與米謝爾・史帝文斯（Mitchell L. Stevens）合編《重塑學院：高等教育不斷變化的生態》（*Remaking College: The Changing Ecology of Higher Education*），他與弗蘭德里克・沃特（Frederick M. Wirt）合著《美國教育的政治動力》（*The Political Dynamics of American Education*）一書，1972年出版，最新的版本是2009年。柯爾斯特也是全美教育學院（National Academy of Education）和國際教育學院（International Academy of Education）等非營利學術組織的成員。

曼努埃利托・比阿格（Manuelito Biag）是卡內基教學促進基金會（Carnegie Foundation for the Advancement of Teaching）的一名提升科學教學助理人員。他試圖通過調查K-12和高等教育改革對學生學習和發展的實施和影響，將學術界和政府的政策聯繫起來。他的研究成果在社區論壇和專業會議上發表，並發表在學術期刊、政策簡報和他編輯過的書籍上。他擁有加州大學戴維斯分校（University of California, Davis）的教育政策博士學位。

布萊恩・霍爾茲曼（Brian Holzman）是萊斯大學（Rice University）休斯頓教育研究聯合會（Houston Education Research Consortium）的博士後研究員。他試圖利用量化研究的方法，探究在社會經濟不公發展下，不同族裔的教育機會及其影響，並評估如何縮小群體差距的政策和干預措施。他正在調查州內針對非法居留學生（undocumented students）的學費政策、暑期活動、高中的社會互動以及大學知識創新等議題。他擁有史丹佛大學教育社會學和高等教育博士學位。

伯納多‧勞拉（Bernardo Lara）是智利塔爾卡大學（University of Talca）商業和經濟學院的一名教師。他的研究重點是運用公共財政工具來理解教育制度和不平等。他擁有史丹佛大學教育經濟學博士學位和經濟學碩士學位。

茱蒂‧梁（Judy C. Liang）是臺灣臺北康橋國際學校的一名教育學者。她教中學數學，並領導資料分析活動。她還研究了K-12和中學後的學生成績政策。她對提高教育水準、規範和推動惠及所有學生的教育公平工作充滿熱情。她擁有史丹佛大學政策、組織和領導研究方面的碩士學位。

安‧波多爾斯基（Anne Podolsky）是學習政策研究所（Learning Policy Institute）的研究員和政策分析師。她的研究重點在於改善教育機會和成果，特別是為來自貧困社區的學生提供教育機會和成果。波多爾斯基在史丹佛大學獲得教育政策碩士學位，在加州大學聖地牙哥分校（University of California, San Diego）獲得法律博士學位（J.D.），在芝加哥羅猶他大學（University of Utah）獲得小學教育學士學位，並以優異成績畢業。同時，也是伊利諾州教育委員會（Illinois State Board of Education）的認證教師和加州律師協會（State Bar of California）的成員。

伊森‧里斯（Ethan Ris）是史丹佛大學教育研究所的博士生。他是一位歷史學者，研究政府和慈善基金會的政策菁英如何試圖重塑美國本科教育的形式和功能。他的著作發表在《高等教育雜誌》（The Journal of Higher Education）、《教育史》（History of Education）和《教育論戰雜誌》（The Journal of Educational Controversy）上。

勞蕾爾‧西普斯（Laurel Sipes）是史丹佛大學約翰‧加德納青年與社區中心（John W. Gardner Center for Youth and Their Communities）的高級政策分析師。她致力於在教育政策、研究和實踐部門之間建立更緊密的聯繫，以應對早期學習、K-12和後期中等教育之挑戰。她的工作還包括圍繞戰略思維和資料使用以建立組織能力。她擁有加州大學柏克萊分校（University of California, Berkeley）公共政策碩士學位。

附錄 B

隱形學院：被全美後期中等教育資料系統所遺漏的多元錄取管道高等教育機構

BRIAN HOLZMAN

我們的研究利用了高等教育綜合資訊調查(Higher Education General Information Survey)和美國後期中等教育資料綜合系統(Integrated Postsecondary Education System)的資料。高等教育綜合資訊調查和美國後期中等教育資料綜合系統都是美國教育部國家教育統計中心(National Center for Education Statistics)對高等教育機構的全國調查。對於大多數高等教育研究而言，高等教育綜合資訊調查和美國後期中等教育資料綜合系統都是極其有用的資料庫，因為它們獲取了幾乎所有經過認證的、授予學位的四級機構的關鍵資訊。然而，在研究非認證的、提供短期培訓課程的營利機構等錄取管道比較多元的學院時，高等教育綜合資訊調查和美國後期中等教育資料綜合系統的研究資料有很大的侷限性。

一、高等教育綜合資訊調查

高等教育綜合資訊調查的成立要早於美國後期中等教育資料綜合系統，它是在1965年《高等教育法》(Higher Education Act)頒布之後成立的，並於1965到1987年間進行調查研究。高等教育綜合資訊調查要求參與Title IV聯邦學生財政援助計畫的機構完成年度調查（Jaquette and Parra 2014）。這項調查蒐集了有關機構特徵（例如：層次管控）、秋季入學率、獲得的學位、就業和財政等方面的年度資料，還蒐集了其他機構的資訊，但不夠系統化（如：圖書館、州內學生居住地等的資訊）。高等教育綜合資訊調查樣本包括「高等教育機構」，美國教育部國家教育統計中心將其定義為「經美國教育部秘書處（Secretary, U.S. Department of Education）認可的機構或協會在大學一級的認證」。這些學校提供至少為期一年的學分培訓課程，可以獲得相應的學位，並且有資格參加 Title IV 聯邦學生財政援助計畫（National Center for Education Statistics 2014b）。

二、高等教育綜合資訊調查的侷限性

儘管高等教育綜合資訊調查努力成為美國高等教育機構的中心機構，但錄取管道比較多元學院的研究往往被忽視。例如，對加州的機構的描述性分析顯示：在 2010 年，營利型學院授予該州約 59% 的「短期證書」，這些證書是賦予持續不到一個學年研究的獎勵（Jez 2012）。高等教育綜合資訊調查相應地將營利型學院排除在外，因為學生通常會在這些機構攻讀不超過兩年或四年制學位的課程（例如：職業或技術證書課程）。此外，許多錄取管道比較多元的學院，特別是私人專有機構，都屬於未經認證的範疇。它們都不能為聯邦學生提供相應的資助。在約翰‧加德納青年與社區中心（John W. Gardner Center for Youth and Their Communities）網站（https://gardnercenter.stanford.edu）上關於舊金山灣區大學的詳情和對應地圖顯示：在這些大型的全國性資料裡，集中排除了許多錄取管道比較多元的學院。此外還存在資料丟失的問題。除了美國後期中等教育資料綜合系統網站（1980 到 1981、1984 到 1985 和 1985 到 1986）上提供的三年資料外，美國教育部國家教育統計中心不再負責高等教育綜合資訊調查。儘管密西根大學（University of Michigan）的政治和社會研究大學校際聯盟（Inter-University Consortium for Political and Social Research）擁有龐大的高等教育綜合資訊調查檔目錄，但在若干階段的調查內容都有一定的缺失。

在美國教育部國家教育統計中心工作人員的幫助下，為我們的研究提供了額外的資料。儘管這些資料使我們能夠蒐集 1970 到 1986 年間大多數年分的機構資料，但與我們原本的目標仍然存在不少的差距。例如：1971 到 1972、1975 到 1976、1976 到 1977、1979 到 1980 和 1981 到 1982 這幾個學年的資料都無法順利獲得，包括 1970 年獲得學位的資訊在內的其他許多相關的資訊也蒐集不到。

基於與美國教育部國家教育統計中心的溝通後我們瞭解到，由於從磁帶到磁片檔，再到網路上的紀錄等重複的格式轉換，一些資料常常丟失。因此，我們在建構具有完整資訊的四十年完全面板資料集時，受到了嚴重的限制。

三、美國後期中等教育資料綜合系統

美國後期中等教育資料綜合系統取代了高等教育綜合資訊調查，並於 1985 到 1989 年間逐步開展相關的研究（Fuller 2011）。目前，美國後期中等教育資料綜合系統的研究領域涉及九個方面：體制特徵、總體完成情況、全年的入學率、學生資助資訊、秋季招生數量、金融領域、150% 的畢業率、200% 的畢業率和人力資源方面（Jaquette and Parra 2014）。在美國後期中等教育資料綜合系統中蒐集的資料與高等教育綜合資訊調查中的資料相似，因此能夠支援縱貫性面板的資料分析。

最初，無論學位授予或認證地位如何，美國後期中等教育資料綜合系統均包括 Title IV 和非 Title IV 機構（Jaquette and Parra 2014）。我們將這些類型的機構包括在內，是因為除了高等教育綜合資訊調查之外，美國後期中等教育資料綜合系統還取代了另外兩個國家高等教育調查：非大學後期中等機構調查（Survey of Non-Collegiate Postsecondary Institutions）和職業教育資料系統（Vocational Education Data System）。2001 年後，該方案只包括 Title IV 機構，並允許非 Title IV 機構參加美國後期中等教育資料綜合系統的調查，但這些機構是自願參與的。由美國教育部國家教育統計中心編制的使用高等教育綜合資訊調查和美國後期中等教育資料綜合系統的趨勢分析，通常將其樣本限制在授予學位、Title IV 機構的跨時間可比性（Kena et al. 2014）。對非 Title IV 機構的分析必須使用其他來源，例如：來自國家教育機構的資料（Cellini and Goldin 2012）。

四、美國後期中等教育資料綜合系統的侷限

使用上述系統來檢查諸如：採取多元錄取管道高校資料會出現一些問題。根

據 Jez（2014）調查發現，上述系統排除了大約一半的營利型學院和大學，以及 27% 就讀於這些機構的學生。至於參加 Title IV 計畫的營利型學校，也收取較高的學費，可能無法代表普通的私立學校。此外，雖然上述系統嘗試將非學位授予學院和大學納入其中，但這些高等教育機構可能只占一小部分，因為許多提供學位的高等教育機構並不參與聯邦學生獎助學金計畫，因此上述系統並不完整。

而且相關的機構向美國後期中等教育資料綜合系統報告資訊也各不相同。雖然一些學院和大學分別報告了一個主校區和每個分校區，但另一些大專院校儘管將分校的入學率和畢業率結合起來，但在最終報告中也只報告了主校區的相關資料（Jaquette and Parra 2014）。德弗裡大學（DeVry University）和鳳凰城大學（University of Phoenix）的情況看起來就像是這種綜合報告的模式。我們在該地區錄取管道比較多元學院的研究中，德佛裡大學有四個分校，分別在戴利城（Daly City）、弗里蒙特（Fremont）、聖荷西（San José）和舊金山。然而，這些分校區沒有一個在美國後期中等教育資料綜合系統中列出。事實上在加州，德弗裡大學在美國後期中等教育資料綜合系統報告中所存在的唯一地點是波莫納（Pomona），但這是我們分析範圍之外的一個地區（National Center for Education Statistics 2014a）。同樣地，雖然美國後期中等教育資料綜合系統獲取了鳳凰城大學聖荷西分校的相關資訊，但缺少利弗莫爾（Livermore）分校和奧克蘭（Oakland）分校的相關資訊。

其他類型的分校，包括延長到四年制的公立大學，都沒有單獨報告給美國後期中等教育資料綜合系統，例如：為在職成年人提供繼續教育的培訓（例如：加州大學柏克萊分校推廣部）。同樣被忽視的是私立大學的遠端研究生課程，包括舊金山的巴布森學院（Babson College）和矽谷的卡內基美隆大學（Carnegie Mellon University）。目前尚不清楚這些分支機構報告的差異性在多大程度上影響了大專院校招生和畢業的總體趨勢，特別是這些研究僅僅在一項針對普通院校的研究中。無論如何，由於美國後期中等教育資料綜合系統中的一些分校被排除在外，導致了高等教育生態系統顯現出不完整性。

五、與測量有關的問題

　　美國教育部國家教育統計中心所提出的措施也相應的不足。例如：近年來，美國教育部國家教育統計中心的報告中提到了 150% 和 200% 的畢業率。然而，這些資料並沒有將對應的學位進行分類匯總。一個著名教育部落格的摘錄指出，這就像比較蘋果和橘子：「比較社區學院和營利型大學的畢業率，可以有效地判斷學生獲得輔修學位和短期課程證書的比例。這種從蘋果到橘子的比較存在相當的問題，因為人們總希望修讀結業率較高的短期課程，這樣會導致輟學的機會更少，第二學年也不需要重新註冊」（Miller 2014）。

　　另一個與測量相關的問題是有關秋季入學的資料。如果一個學生在春季或夏季參加證書課程並獲得相應的證書，他將不會被計算在該機構的秋季入學紀錄中。雖然美國後期中等教育資料綜合系統確實調查了 12 個月的資料，這些資料也屬於非重複資料，但這個報告是針對一個相對較新的調查所進行的補充，無法在跨越數十年的歷史分析中進行篩查。

　　奧芬斯坦（Offenstein）和舒洛克（Shulock）（2009）在一份使用美國後期中等教育資料綜合系統檢查社區學院學生成績的報告中，強調了研究的侷限性。在這份報告中作者觀察到：美國教育部國家教育統計中心在識別學位，並匹配相應的學生方面提供了很大的靈活性。雖然一些學院和大學可能會對學生的個人目標進行綜合考量，但另一些學院和大學則可能會根據累積的學分或完成的特定課程的數量，來確定這些學生的實際情況。這種靈活性使相關的工作變得複雜起來，特別對於那些錄取管道比較多元的學院而言，這些學校通常會發現更多的學生「為了個人履歷的豐富而註冊，從而參加成人教育課程，或者參加一小部分課程來學習一項特定的技能，甚至利用社區學院的低成本和便利性嘗試『脫離』學院（try out college）」（Offenstein and Shulock 2009: 7）。此外，研究人員指出，雖然在制訂調查或行為程度的指標時可能會出現相關測量的誤差，但由於學生可能高估了自己的能力，因而基於不同的調查方法可能會暴露不同的問題。因此，這項措施可能更準確地反映學生的對未來學位期望，而不是對現實的期望。

當然，美國後期中等教育資料綜合系統還存在一定的缺陷，因為它沒有準確反映高等教育機構學生的出勤模式。美國後期中等教育資料綜合系統對畢業率和輟學率的統計，僅包括夏季或秋季入學的全職學生。雖然四年制學院和大學可能願意接受這種作法，但資料顯示：只有不到一半的兩年制大學生在夏季或秋季開始接受全職生教育（Offenstein and Shulock 2009）。因此，美國後期中等教育資料綜合系統報告中所提到的就業率資料可能是不準確的。

　　其中，四年完成大學的比例，會經常以100%、150%和200%這三種數字來做比較。例如：200%的畢業率代表允許四年制的大學生以8年來完成學士學位，而兩年制的社區學院學生可以用4年來完成副學士。這似乎是一個相當寬裕的時間分配，但鑑於許多學生，特別是社區學院和其他錄取管道比較多元的學生，大多是兼職生或需要補救教學者，因此上述完成時間可能仍舊太短。此外，在針對學生申請就讀證書學程時發現，時間限制也帶來挑戰。也就是說，如果一個證書通常需要6個月的時間才能完成，那麼200%的畢業率應該只考慮學生在1年內完成證書的情況。然而，目前尚不清楚這些學校是否遵守上述規則，能將2年、3年或4年內完成證書的所有學生人數包括在內（Offenstein and Shulock 2009）。

　　奧芬斯坦（Offenstein）和舒洛克（Shulock）（2009）也觀察到美國後期中等教育資料綜合系統在密切關注學生流動性方面的研究缺陷。在錄取管道比較多元學院就讀的學生具有很強的流動性，在獲得學位之前，他們可以進入多個機構學習。然而，這些學生出勤情況並沒有被不同機構進行跟蹤調查。因此，如果學生轉學到另一所社區學院完成學業，無論他們是否在新學校完成學位，他們都可能被記錄為從最初的機構輟學。另一個問題涉及如何在美國後期中等教育資料綜合系統中報告學生轉學，像兩年制和四年制教育機構的轉學受到類似的處理，而不是分門別類。社區學院系統的關鍵功能之一是促進四年制大學入學，不應忽視橫向和縱向轉學之間的差異。計算轉學生數量時也同樣存在問題。也就是說，有些學生可以轉學到四年制學校，但只能完成一個證書或學士輔修學位。不過，各機構往往將其視為次要成果。這種方法低估了直接轉學的數量，掩蓋了普通大專院校的直接轉學功能（Offenstein and Shulock 2009）。

六、對高等教育綜合資訊調查和美國後期中等教育資料綜合系統的回收率

儘管高等教育綜合資訊調查和美國後期中等教育資料綜合系統的調查均存在一定的侷限性，但對這些調查的回收率仍然很高。據美國教育部國家教育統計中心工作人員的說法，兩項調查的參與率都呈上升趨勢。自 2002 年以來，美國後期中等教育資料綜合系統的調查已成為 Title IV 機構的強制性要求，並且調查已達到近 100% 的回收率（Ginder, Kelly-Reid, and Mann 2014）。未能如此完成調查可能導致 35,000 美元罰款，或取消 Title IV 身分和聯邦學生資助資格（National Center for Education Statistics 2014c）。沒有參加 Title IV 計畫的機構仍然可以完成調查，而這樣做的動機包括在高等教育目錄中，例如學生基本費用或大學導航員（National Center for Education Statistics 2014a）。在高等教育綜合資訊調查期間，基本學生費用目錄已分發給高等教育機構。College Navigator 是一個網站，列出了美國後期中等教育資料綜合系統在美國大學和學院的詳細資訊。

七、結論

儘管高等教育機構的大部分現有資訊都是有限的，然而，我們對舊金山灣區錄取管道比較多元學院的研究，代表了不斷變化的高等教育的一個小而不完美的概況。從歷史上看，關於高等教育機構的國家資料只包括那些向學生提供聯邦財政援助的學校。錄取管道比較多元的學院不太可能參與這些研究之中，因此，在這些大型公開的國家資料中，它們往往被忽略。迄今為止，高等教育綜合資訊調查和美國後期中等教育資料綜合系統是可用於像我們這樣的縱貫性研究的最全面的資料來源；然而，我們認為，應當謹慎對待這些結果，因為僅使用這些資料不足以充分反映迅速變化的高等教育部門的複雜性。因此，我們用來自其他程式的資訊補充了我們對高等教育綜合資訊調查和美國後期中等教育資料綜合系統的調

查分析。儘管如此，我們在舊金山灣區的學院和大學的研究也並非沒有缺陷。雖然我們使用了許多其他來源，但很有可能我們沒有涵蓋所有的錄取管道比較多元的學院。為了糾正這一點，未來的研究可能需要著重考慮使用電腦程式設計語言（如：Python），從 www.YP.com 或其他基於網路的電話和郵寄地址目錄中提取相應的清單，以確保所有類型的高等教育機構都有被記錄到。

　　有鑑於一些錄取管道比較多元的學校，越來越受社會所青睞，州政府和全美相關機構希望擴大蒐集那些屬於非 Title IV 機構的資料，並將其納入年度調查中。為了更全面地瞭解高等教育，各機構也可能修訂各分校資料報告的現行做法。如果排除上述類型的學校資料，這些全美高等教育資料庫可能會忽略了這一類型針對當地學生需求，與區域經濟做出貢獻的高等教育機構。正如許多營利型大學關閉後證明的那樣，缺乏這類學院的資訊，可能會無意中傷害學生權益，特別是這些機構是否能為學生提供適當的教育品質，幫助他們日後進入勞動市場做準備。最後，這些全美綜合資料的統計指標，應隨著時間而不斷更新，並擴大資料蒐集範圍（例如：有酬職業、線上學習），更真實回應納稅人（例如：雇主、家長、學生）的需求。尤其，美國的高等教育體系正在迅速發展，聯邦資料集中的許多專案並沒有反映出教育制度日益多樣化的全貌。為了更好地理解未來各類大學的發展方向，調查問卷的問題必須更精準地針對學生行為、市場趨勢、機構策略和實踐等層面進行蒐集。

參考文獻

Abbott, Andrew. 2001. *Chaos of Disciplines*. Chicago, IL: University of Chicago Press.

———. 2002. "The Disciplines and the Future." In *The Future of the City of Intellect: The Changing American University*, edited by S. Brint, 206–30. Stanford, CA: Stanford University Press.

Acclaim. 2014. "Open Badges for Higher Education." Accessed November 20, 2016. https://www.pearsoned.com/wp-content/uploads/OPen-Badges-for-Higher-Education.pdf.

Adams, Caralee. 2015. "One-Third of College Students Transfer Schools before Graduation." Education Week. Accessed December 14, 2016. http://blogs.edweek.org/edweek/college_bound/2015/07/_of_money_a_college_students_parents_make_does_correlate_with_what_that_person_studies_kids_from_low.html.

Ahrne, Göran, and Nils Brunsson. 2008. *Meta-Organizations*. Northampton, MA: Edward Elgar.

Alcorn, Brandon, Gayle Christensen, and Ezekiel J. Emanuel. 2014. "Who Takes MOOCs?" The New Republic. Accessed December 14, 2016. https://newrepublic.com/article/116013/mooc-student-survey-who-enrolls-online-education.

Alexander, Lamar. 2012. "Higher Education Accreditation Concepts and Proposals." Senate Committee on Health, Education, Labor, and Pensions. Accessed December 14, 2016. http://www.help.senate.gov/imo/media/Accreditation.pdf.

Alstete, Jeffrey W. 2004. *Accreditation Matters: Achieving Academic Recognition and Renewal*. Hoboken, NJ: Wiley Periodicals.

American Council on Education. 2012. "Assuring Academic Quality in the 21st Century: Self-Regulation in a New Era." American Council on Education National Task Force on Institutional Accreditation. Accessed December 14, 2016. https://www.acenet.edu/news-room/Documents/Accreditation-TaskForce-revised-070512.pdf.

Armstrong, Elizabeth A., and Laura T. Hamilton. 2013. *Paying for the Party: How College Maintains Inequality*. Cambridge, MA: Harvard University Press.

Arum, Richard, and Josipa Roksa. 2011. *Academically Adrift: Limited Learning on College Campuses*. Chicago, IL: University of Chicago Press.

———. 2015. "Measuring College Performance." In **Remaking College: The Changing Ecology of Higher Education**, edited by M. W. Kirst and M. L. Stevens, 169–89. Stanford, CA: Stanford University Press.

Ash, Katie. 2012. "'Digital Badges' Would Represent Students' Skill Acquisition." Education Week. Accessed December 14, 2016. http://www.edweek.org/dd/articles/2012/06/13/03badges.h05.html.

Asimov, Nanette. 2015. "CCSF Wins Reprieve: Shutdown Averted with 2-Year Extension." SF Chronicle. Accessed December 14, 2016. http://www.sfgate.com/bayarea/article/SF-City-College-shutdown-averted-with-two-year-6015600.php.

Association of Bay Area Governments. 2015a. "ABAG Governance." Accessed December 14, 2016. http://abag.ca.gov/overview/governance.html.

———. 2015b. "Partner Agencies." Accessed December 14, 2016. http://abag.ca.gov/overview/partners.html.

Aud, Susan, William Hussar, Frank Johnson, Grace Kena, Erin Roth, Eileen Manning, and Jijun Zhang. 2012. The Condition of Education 2012 (NCES 2012-045). Washington, DC: US Department of Education, National Center for Education Statistics.

Auerhahn, Louise, Bob Brownstein, Cindy Chavez, and Esha Menon. 2012. "Saving the Middle Class: Lessons from Silicon Valley." Working Partnership USA. Accessed December 14, 2016. http://www.wpusa.org/Publication/LIVE2012-online.pdf.

Austin, James T., Gail O. Mellow, Mitch Rosin, and Marlene Seltzer. 2012. "Portable, Stackable Credentials: A New Education Model for Industry-Specific Career Pathways." McGraw-Hill Research Foundation. Accessed December 14, 2016. http://www.jff.org/sites/default/files/publications/materials/Portable Stackable Credentials.pdf.

Backes, Ben, and Erin Dunlop Velez. 2014. "Who Transfers and Where Do They Go? Community College Students in Florida." CALDER, American Institutes for Research. http://www.aefpweb.org/sites/default/files/webform/39th/backes_velez_commcollege_aefp2014.pdf. Site discontinued.

Bailey, Thomas R., Norena Badway, and Patricia J. Gumport. 2002. "For-Profit Higher Education and Community Colleges." National Center for Post-Secondary Improvement, Stanford University. Accessed December 14, 2016. http://web.stanford.edu/group/ncpi/documents/pdfs/forprofitandcc.pdf.

Bale, Rachael. 2013. "Protestors Demand Help for City College of San Francisco." KQED. Accessed December 14, 2016. http://ww2.kqed.org/news/2013/03/14/

protestors-demand-city-hall-help-fund-san-francisco-city-college.

Barley, Stephen R., and Gideon Kunda. 2004. *Gurus, Hired Guns, and Warm Bodies: Itinerant Experts in a Knowledge Economy*. Princeton, NJ: Princeton University Press.

Bastedo, Michael N., and Nicholas A. Bowman. 2009. "U.S. News & World Report College Rankings: Modeling Institutional Effects on Organizational Reputation." *American Journal of Education* 116(2): 163–83. doi:10.1086/649437.

Bay Area Council Economic Institute. 2014. *UC Berkeley: Stimulating Entrepreneurship in the Bay Area and Nationwide*. San Francisco, CA: Bay Area Council Economic Institute.

Bear, Charla, and Jon Brooks. 2013. "Dept. of Education Ruling Won't Solve CCSF Accreditation Woes." KQED. Accessed December 14, 2016. http://ww2.kqed.org/news/2013/08/13/106731/city-college-ccsf-accreditation.

Becker, Gary S. 1964. *Human Capital: A Theoretical and Empirical Analysis, with Special Reference to Education*. New York, NY: Columbia University Press.

Benner, Chris. 2002. *Work in the New Economy: Flexible Labor Markets in Silicon Valley*. Oxford, UK: Blackwell.

Benner, Chris, Laura Leete, and Manuel Pastor. 2007. *Staircases or Treadmills: Labor Market Intermediaries and Economic Opportunity in a Changing Economy*. New York, NY: Russell Sage Foundation.

Benner, Katie. 2015. "Obama, Immigration and Silicon Valley." Bloomberg View. Accessed December 14, 2016. http://www.bloombergview.com/articles/2015-01-22/obama-immigration-reform-h-b1-visas-and-silicon-valley.

Berman, Elizabeth Popp. 2012. *Creating the Market University: How Academic Science Became an Economic Engine*. Princeton, NJ: Princeton University Press.

Berman, Elizabeth Popp, and Catherine Paradeise, eds. 2016. *The University under Pressure*. Bingley, UK: Emerald Group.

Blau, Peter M. 1970. "A Formal Theory of Differentiation in Organizations." *American Journal of Sociology* 63: 58–69.

———. 1973. *The Organization of Academic Work*. New York, NY: John Wiley and Sons.

Bledstein, Burton J. 1976. *The Culture of Professionalism: The Middle Class and the Development of Higher Education in America*. New York, NY: W. W. Norton.

Blue Sky Consulting Group. 2015. "Background Paper: Funding Career and Technical Education (CTE) Programs at California Community Colleges." California

Community Colleges Taskforce on Workforce. Accessed December 14, 2016. http://doingwhat matters.ccco.edu/portals/6/docs/SW/CTE Funding Report for CCCCO REVISED 20150420.pdf.

Blumenstyk, Goldie. 2011. "U. of Phoenix Hit With New Whistle-Blower Lawsuit over Recruiting Practices." Chronicle of Higher Education. Accessed December 14, 2016. http://chronicle.com/article/U-of-Phoenix-Hit-With-New/127714.

———. 2015. "U. of Phoenix Looks to Shrink Itself with New Admissions Requirements and Deep Cuts." Chronicle of Higher Education. Accessed December 14, 2016. http://chronicle.com/article/U-of-Phoenix-Looks-to-Shrink /231247.

Borden, Victor M. H. 2004. "Accommodating Student Swirl: When Traditional Students Are No Longer the Tradition." *Change* 36(2): 10–7.

Bound, John, Michael F. Lovenheim, and Sarah Turner. 2010. *Increasing Time to Baccalaureate Degree in the United States*. Cambridge, MA: National Bureau of Economic Research.

Bourdieu, Pierre. 1971. "Systems of Education and Systems of Thought." In *Knowledge and Control: New Directions for the Sociology of Education*, edited by M. Young, 189–207. London, UK: Collier-Macmillan.

———. 1977. *Outline of a Theory of Practice*. Cambridge, UK: Cambridge University Press.

Boyd, Aaron. 2014. "New Site to Bolster Cybersecurity Community, Workforce." Federal Times. Accessed December 14, 2016. http://www.federaltimes.com/story/government/cybersecurity/2014/12/22/new-site-cybersecurity-community-workforce/20774373.

Bracco, Kathy Reeves, Patrick M. Callan, and Joni E. Finney. 1997. *Public and Private Financing of Higher Education: Shaping Public Policy for the Future*. Westport, CT: American Council on Education/Oryx Press.

Bradley, Gwendolyn. 2004. "Contingent Faculty and the New Academic Labor System." *Academe* 90(1): 28–31. doi:10.2307/40252585.

Breneman, David W. 2006. "The University of Phoenix: Icon of For-Profit Higher Education." In *Earnings from Learning: The Rise of For-Profit Universities*, edited by D. W. Breneman, B. Pusser, and S. E. Turner, 70–3. Albany, NY: SUNY Press.

Breneman, David W., Brian Pusser, and Sarah E. Turner, eds. 2006. *Earnings from Learning: The Rise of For-Profit Universities*. Albany, NY: SUNY Press.

Brint, Steven. 2002. "The Rise of the Practical Arts.'" In *The Future of the City of Intellect: The Changing American University*, edited by S. Brint, 231–59. Stanford,

CA: Stanford University Press.

Brint, Steven, and Jerome Karabel. 1989. *The Diverted Dream: Community Colleges and the Promise of Educational Opportunity in America, 1900–1985*. New York, NY: Oxford University Press.

———. 1991. "Institutional Origins and Transformations: The Case of American Community Colleges." In *The New Institutionalism in Organizational Analysis*, edited by W. W. Powell and P. J. DiMaggio, 37–60. Chicago, IL: University of Chicago Press.

Brint, Steven, Mark Riddle, and Robert A. Hanneman. 2006. "Reference Sets, Identities, and Aspirations in a Complex Organizational Field: The Case of American Four-Year Colleges and Universities." *Sociology of Education* 79(3): 229–52.

Brunsson, Nils, and Bengt Jacobsson. 2000. *A World of Standards*. Oxford, UK: Oxford University Press.

Burke, Lindsey M., and Stuart M. Butler. 2012. "Accreditation: Removing the Barrier to Higher Education Reform." The Heritage Foundation. Accessed December 14, 2016. http://files.eric.ed.gov/fulltext/ED535877.pdf.

California Economic Summit. 2015a. "The Goal." Accessed December 14, 2016. http://www.caeconomy.org/pages/the-goal.

———. 2015b. "Workforce and Workplace." Accessed December 14, 2016. http://www.caeconomy.org/pages/progress-entry/workforce-workplace.

California State University. 2002. "The California State University Enrollment Management Policy and Practices." Accessed December 14, 2016. https://www.calstate.edu/acadres/docs/CSU_Enroll_Mngment_Policy_Practices.pdf.

California Student Aid Commission. 2016. "Eligibility Criteria for Cal Grants 2016." Accessed December 14, 2016. http://www.cesac.ca.gov.

Calisphere. 2011. "A Guarantee of Equity for Older, Part-Time Students." University of California. Accessed December 14, 2016. http://content.cdlib.org/view?docId=hb538nb32g;NAAN=13030&doc.view=frames&chunk.id=div00017&toc.id=0&brand=calisphere.

Callan, Patrick M. 2009. "California Higher Education, the Master Plan, and the Erosion of College Opportunity." National Center for Public Policy and Higher Education. Accessed December 14, 2016. http://www.highereducation.org/reports/cal_highered/cal_highered.pdf.

———. 2014. "Higher Education in California: Rise and Fall." In *Higher Education in the American West*, edited by L. F. Goodchild, R. W. Jonsen, P. Limerick, and D. A.

Longanecker, 233–56. New York, NY: Palgrave Macmillan.

Campaign for College Opportunity. 2015. "Access Denied: Rising Selectivity at California's Public Universities." Accessed December 14, 2016. http://collegecampaign.org/portfolio/november-2015-access-denied-rising-selectivity-at-californias-public-universities.

Cappelli, Peter. 2001. "Assessing the Decline of Internal Labor Markets." In *Sourcebook of Labor Markets: Evolving Structures and Processes*, edited by I. Berg and A. L. Kalleberg. New York, NY: Kluwer.

Carey, Kevin. 2015. *The End of College: Creating the Future of Learning and the University of Everywhere*. New York, NY: Riverhead Books.

Carmody, Tim. 2011. "Without Jobs as CEO, Who Speaks for the Arts at Apple?" Wired. Accessed December 14, 2016. http://www.wired.com/2011/08/apple-liberal-arts.

Carnegie Classification of Institutions of Higher Education. 2015. "Definitions." Indiana University School of Education. Accessed December 14, 2016. http://carnegieclassifications.iu.edu/definitions.php.

Carnegie Commission on Higher Education. 1973. *The Purposes and Performance of Higher Education in the United States*. New York, NY: McGraw-Hill.

Carnevale, Anthony P. 1993. *The Learning Enterprise*. Washington, DC: US Government Printing Office.

Carnevale, Anthony P., and Donna M. Desrochers. 2001. *Help Wanted ... Credentials Required: Community Colleges in the Knowledge Economy*. Annapolis Junction, MD: Community College Press.

Carnevale, Dan. 2006. "Rule Change May Spark Online Boom for Colleges." Chronicle of Higher Education. Accessed December 14, 2016. http://chronicle.com/article/Rule-Change-May-Spark-Online/14648.

Carroll, Constance M. 2010. "Evaluation Report: City College of San Francisco. A Report Prepared for the Accrediting Commission for Community and Junior Colleges Western Association of Schools and Colleges." Accessed December 14, 2016. https://www.ccsf.edu/Offices/Research_Planning/pdf/2006-06_WASC_Report.pdf.

Casner-Lotto, Jill, and Linda Barrington. 2006. "Are They Really Ready to Work? Employers' Perspectives on the Basic Knowledge and Applied Skills of New Entrants to the 21st Century U.S. Workforce." The Conference Board, Corporate Voices for Working Families, Partnership for 21st Century Skills, Society for

Human Resource Management. Accessed December 14, 2016. http://files.eric.ed.gov/fulltext/ED519465.pdf.

Castilla, Emilio J., Hokyu Hwang, Ellen Granovetter, and Mark Granovetter. 2000. "Social Networks in Silicon Valley." In *The Silicon Valley Edge*, edited by C.-M. Lee, W. F. Miller, M. Cong Hancock, and H. S. Rowen, 218–47. Stanford, CA: Stanford University Press.

CB Insights. 2015. "Venture Capital Database." Accessed December 14, 2016. https://www.cbinsights.com.

Cellini, Stephanie Riegg, and Claudia Goldin. 2012. "Does Federal Student Aid Raise Tuition? New Evidence on For-Profit Colleges." *American Economic Journal: Economic Policy* 6(4): 174–206. doi:10.1257/pol.6.4.174.

Chandler, Alfred D., Jr. 1977. *The Visible Hand: The Managerial Revolution in American Business*. Cambridge, MA: Belknap Press.

Child, John. 2005. *Organization: Contemporary Principles and Practice*. Oxford, UK: Blackwell.

Clark, Burton R. 1970. *The Distinctive College: Antioch, Reed, and Swarthmore*. Chicago, IL: Aldine.

———. 1983. *The Higher Education System: Academic Organization in Cross-National Perspective*. Berkeley, CA: University of California Press.

———. 1985. *The School and the University: An International Perspective*. Berkeley, CA: University of California Press.

———. 1998. *Creating Entrepreneurial Universities: Organizational Pathways of Transformation*. New York, NY: Pergamon Press.

Clawson, Dan. 2009. "Tenure and the Future of the University." *Science* 324(5931): 1147–8. doi:10.1126/science.1172995.

Cohen, Arthur M., and Florence B. Brawer. 2003. *The American Community College*. San Francisco, CA: Jossey-Bass.

Cole, Jonathan R. 2010. *The Great American University: Its Rise to Preeminence, Its Indispensable National Role and Why It Must Be Protected*. New York, NY: Public Affairs.

Colyvas, Jeannette A., and Walter W. Powell. 2006. "Roads to Institutionalization: The Remaking of Boundaries between Public and Private Science." *Research in Organizational Behavior* 27: 305–53. doi:10.1016/S0191-3085(06)27008-4.

Community College Research Center. 2014. "Performance Funding: Impacts, Obstacles, and Unintended Outcomes." Teachers College, Columbia University. Accessed December 14, 2016. http://ccrc.tc.columbia.edu/media/k2/attachments/performance-funding-impacts-obstacles-unintended-outcomes-2.pdf.

Cook, Constance Ewing. 1998. *Looking for Higher Education: How Colleges and Universities Influence Federal Policy*. Nashville, TN: Vanderbilt University Press.

Council for Higher Education Accreditation. 2006. "Presidential Perspectives on Accreditation: A Report of the CHEA Presidents Project." Accessed December 14, 2016. http://files.eric.ed.gov/fulltext/ED494267.pdf.

Cox, Wendell. 2014. "The Evolving Urban Form: The San Francisco Bay Area." http://www.newgeography.com/content/004165-the-evolving-urban-form-the-san-francisco-bay-area

Craig, Douglas B. 2000. *Fireside Politics: Radio and Political Culture in the United States, 1920–1940*. Baltimore, MD: Johns Hopkins University Press.

Curtis, F. Philler. 1984. *Menlo School and College: A History*. Atherton, CA: Mayfield Publishing.

Dasgupta, Partha, and Paul David. 1994. "Toward a New Economics of Science." *Research Policy* 23: 487–521. doi:10.1016/0048-7333(94)01002-1.

De Anza College. 2015a. "CAD Department." https://www.deanza.edu/cdi.

———. 2015b. "Careers in Design and Manufacturing Technologies." Workforce Education. Accessed December 14, 2016. https://www.deanza.edu/workforceed/manf-cnc.html.

Deil-Amen, Regina. 2015. "The 'Traditional' College Student: A Smaller and Smaller Minority and Its Implications for Diversity and Access Institutions." In *Remaking College: The Changing Ecology of Higher Education*, edited by M. Stevens and M. Kirst, 134–68. Stanford, CA: Stanford University Press.

Delta Cost Project. 2013. "Delta Cost Data." American Institute for Research. Accessed December 14, 2016. https://deltacostproject.org/delta-cost-data.

Deming, David, and Susan Dynarski. 2010. "Into College, Out of Poverty? Policies to Increase the Postsecondary Attainment of the Poor." In *Targeting Investments in Children: Fighting Poverty When Resources Are Limited*, edited by P. B. Levine and D. J. Zimmerman, 283–302. Chicago, IL: University of Chicago Press.

Deming, David, Claudia Goldin, and Lawrence Katz. 2013. "For-Profit Colleges." *The Future of Children* 23(1): 137–63.

Desrosier, James. 2010. "UCSC Extension in Silicon Valley: Early Enrollment Incentives." *Continuing Higher Education Review* 74: 142–9.

DiMaggio, Paul J., and Walter W. Powell. 1983. "The Iron Cage Revisited: Institutional Isomorphism and Collective Rationality in Organizational Fields." *American Sociological Review* 48(2): 147–60.

Donabedian, Avedis. 1966. "Evaluating the Quality of Medical Care." *Milbank Memorial Fund Quarterly* 44(3.2): 166–203.

Douglass, John Aubrey. 2010. *From Chaos to Order and Back?: A Revisionist Reflection on the California Master Plan for Higher Education@50 and Thoughts about Its Future*. Berkeley, CA: Center for Studies in Higher Education.

———. 2011. "Can We Save the College Dream?" *Boom: A Journal of California* 1(2): 25–42. doi:10.1525/boom.2011.1.2.25.

Doyle, William R., and Michael W. Kirst. 2015. "Explaining Policy Changes in K–12 and Higher Education." In *Remaking College: The Changing Ecology of Higher Education*, edited by M. W. Kirst and M. Stevens, 190–213. Stanford, CA: Stanford University Press.

Eaton, Judith S. 2009. "Accreditation in the United States." *New Direction for Higher Education* 145: 79–86. doi:10.1002/he.337.

Elliot, Leslie Orrin. 1937. *Stanford University: The First Twenty-Five Years*. Stanford, CA: Stanford University Press.

Emslie, Alex. 2013. "City College of San Francisco Enrollment Plunges after Threatened Accreditation Loss." KQED. Accessed December 14, 2016. http://ww2.kqed.org/news/2013/07/25/104635/ccsf-accreditation.

Esch, Camille. 2015. "Career Technical Education in California's K–12 Public Schools." Unpublished manuscript.

Etzkowitz, Henry. 2003. *MIT and the Rise of Entrepreneurial Science*. London, UK: Routledge.

Fain, Paul. 2014. "Badging from Within." Education Week. Accessed December 14, 2016. https://www.insidehighered.com/news/2014/01/03/uc-daviss-groundbreaking-digital-badge-system-new-sustainable-agriculture-program.

———. 2015. "Trouble for an Accreditor." Inside Higher Ed. Accessed December 14, 2016. https://www.insidehighered.com/news/2015/08/31/californias-community-colleges-may-seek-new-accreditor.

Fayolle, Alain, and Dana T. Redford. 2014. *Handbook on the Entrepreneurial University*. Northampton, MA: Edward Elgar.

Finney, Joni E., Christina Riso, Kata Orosz, and William Casey Boland. 2014. *From Master Plan to Mediocrity: Higher Education Performance and Policy in California*. Philadelphia, PA: Institute for Research on Higher Education.

Fischer, Claude, and Michael Hout. 2006. *Century of Difference: How America Changed in the Last One Hundred Years*. New York, NY: Russell Sage Foundation.

Fizz, Robyn. 2012. "Open Education on the Move: An Interview with Vijay Kumar." MIT News. Accessed December 14, 2016. http://news.mit.edu/2012/open-education-on-the-move-an-interview-with-vijay-kumar-0920.

Fligstein, Neil, and Doug McAdam. 2012. *A Theory of Fields*. Oxford, UK: Oxford University Press.

Florida, Richard, and Martin Kenney. 2000. "Transfer and Replication of Orga- nizational Capabilities." In *The Nature and Dynamics of Organizational Capabilities*, edited by G. Dosi, R. R. Nelson, and S. G. Winter, 281–310. New York, NY: Oxford University Press.

Foothill College. 2015. "Online Degrees and Certificates." Accessed December 14, 2016. http://www.foothill.edu/fga/degrees.php.

Foss, Lene, and David V. Gibson. 2015. *The Entrepreneurial University: Context and Institutional Change*. London, UK: Routledge.

Freeman, Chris. 1982. *The Economics of Industrial Innovation*. London, UK: Pinter.

Fresno Business Council. 2013. "History." Accessed December 14, 2016. http://www.fresnobc.org/about/history.

Friedland, Roger, and Robert Alford. 1991. "Bringing Society Back In: Symbols, Practices, and Institutional Contradictions." In *In the New Institutionalism in Organizational Analysis*, edited by W. W. Powell and P. J. DiMaggio, 232–63. Chicago, IL: University of Chicago Press.

Fuller, Carol. 2011. The History and Origins of Survey Items for the Integrated Postsecondary Education Data System (NPEC 2012-833). Washington, DC: National Postsecondary Education Cooperative.

Gallivan, Michael J., Duane P. Truex III, and Lynette Kvasny. 2004. "Changing Patterns in IT Skill Sets: A Content Analysis of Classified Advertising." *Data Base for Advances in Information Systems* 35(3): 64–87. doi:10.1145/1017114.1017121.

Geiger, Roger L. 2011. "The Ten Generations of American Higher Education." In *American Higher Education in the Twenty-First Century*, edited by P. G. Altbach, 37–68. Baltimore, MD: Johns Hopkins University Press.

Geiser, Saul, and Richard C. Atkinson. 2010. "The Case for Restructuring Baccalaureate Education in California." Accessed December 14, 2016. http://www.cshe.berkeley.edu/beyond-master-plan-case-restructuring-baccalaureate-education-california.

George, Avalos. 2016. "Tech-Fueled Job Market Powers Record Boom for Silicon Valley: Report." San Jose Mercury News. Accessed December 14, 2016. https://www.mercurynews.com/2016/02/10/tech-fueled-job-market-powers-record-boom-for-silicon-valley-report/.

Gibbons, James F. 2000. "The Role of Stanford University: A Dean's Reflections." In *The Silicon Valley Edge: A Habitat for Innovation and Entrepreneurship*, edited by C.-M. Lee, W. F. Miller, M. G. Hancock, and H. S. Rowen, 200–17. Stanford, CA: Stanford University Press.

Gillespie, Patrick. 2015. "University of Phoenix Has Lost Half Its Students." CNN Money. Accessed December 14, 2016. http://money.cnn.com/2015/03/25/investing/university-of-phoenix-apollo-earnings-tank.

Gilmore, C. Stewart. 2004. *Fred Terman at Stanford: Building a Discipline, a University, and Silicon Valley*. Stanford, CA: Stanford University Press.

Giloth, Robert. 2010. *Workforce Intermediaries for the Twenty-First Century*. Philadelphia, PA: Temple University Press.

Ginder, Scott A., Janice E. Kelly-Reid, and Farrah B. Mann. 2014. *2013–14 Integrated Postsecondary Education Data System (IPEDS) Methodology Report*. Washington, DC: National Center for Education Statistics, Institute of Education Sciences, US Department of Education.

Glidden, Robert. 1997. "Testimony to the Subcommittee on Postsecondary Education, Training and Lifelong Learning." Council for Higher Education Accreditation. Accessed December 14, 2016. http://www.chea.org/Government/Testimony/97July.asp.

Goffman, Erving. 1961. *Asylums*. Garden City, NY: Doubleday, Anchor Books.

Goodwin, Karen F., and Robert O. Riggs. 1997. "The State Postsecondary Review Program: Implications for the Community College." *Community College Journal of Research and Practice* 21(8): 729–39. doi:10.1080/1066892970210805.

Gordon, Howard R. D. 1999. *The History and Growth of Vocational Education in America*. Old Tappan, NJ: Prentice Hall.

Greenwood, Royston, and C. R. Hinings. 1993. "Understanding Strategic Change: The Contribution of Archetypes." *Academy of Management Journal* 36(5): 1052–81.

Grubb, W. Norton. 2001. "From Isolation to Integration: Postsecondary Vocational Education and Emerging Systems of Workforce Development." *New Directions for Community Colleges: The New Vocationalism in Community Colleges* 115: 27–37. doi:10.1002/cc.28.

Gumport, Patricia J. 2000. "Academic Restructuring: Organizational Change and Institutional Imperatives." *Higher Education* 29: 67–91.

Gutmacher, Glenn. 2000. "Secrets of Online Recruiters Exposed." *Workforce* 79(10): 44–50.

Handcock, Russell, Chris DiGiorgio, and Hon. Chuck Reed. 2013. "Index of Silicon Valley." Joint Venture Silicon Valley Network and Silicon Valley Community Foundation. Accessed December 14, 2016. http://www.siliconvalleycf.org/sites/default/files/2013-jv-index.pdf.

Hannan, Michael T., and John H. Freeman. 1989. *Organizational Ecology.* Cambridge, MA: Harvard University Press.

Hansen, Ronald J. 2015. "Declining Enrollment at University of Phoenix Suggests Much Leaner Apollo Ahead." Azcentral. Accessed December 14, 2016. http://www.azcentral.com/story/money/business/2015/10/03/university-of-phoenix-enrollment-apollo-education-group-fortunes-wither/73217858.

Harkin, Tom. 2012. "For Profit Higher Education: The Failure to Safeguard the Federal Investment and Ensure Student Success." Accessed December 14, 2016. http://www.help.senate.gov/imo/media/for_profit_report/Contents.pdf.

Harris, Brice W. 2015. "Task Force on Accreditation." California Community Colleges Chancellor's Office. Accessed December 14, 2016. http:// californiacommunitycolleges.cccco.edu/Portals/0/reports/2015-Accreditation-Report-ADA.pdf.

Harris, Jeanne G., and Iris Junglas. 2013. "Decoding the Contradictory Culture of Silicon Valley." Accenture Institute for High Performance. Accessed December 14, 2016. https://www.accenture.com/_acnmedia/Accenture/Conversion-Assets/DotCom/Documents/Global/PDF/Technology_10/Accenture-Decoding-Contradictory-Culture-Silicon-Valley.pdf.

Hasegawa, Sam. 1992. *Engineering the Future: A History of the San Jose State University College of Engineering, 1946–1991*. Sausalito, CA: Oral History Associates.

Hasse, Raimund, and George Krücken. 2013. "Competition and Actorhood: A Further Expansion of the Neo-Institutional Agenda." *Sociologia Internationalis* 51(2): 181–205. doi:10.3790/sint.51.2.181.

Hawley, Amos H. 1950. *Human Ecology: A Theory of Community Structure*. New York, NY: Ronald Press.

Hellmann, Thomas. 2000. "Venture Capitalists: The Coaches of Silicon Valley." In *The Silicon Valley Edge: A Habitat for Innovation and Entrepreneurship*, edited by C.-M. Lee, W. F. Miller, M. G. Hancock, and H. S. Rowen, 276–94. Stanford, CA: Stanford University Press.

Helper, Susan, Timothy Krueger, and Howard Wial. 2012. *Locating American Manufacturing: Trends in the Geography of Production*. Washington, DC: Brookings Institution.

Henton, Doug. 2000. "A Profile of the Valley's Evolving Structure." In *The Silicon Valley Edge: A Habitat for Innovation and Entrepreneurship*, edited by C.-M. Lee, W. F. Miller, M. G. Hancock, and H. S. Rowen, 46–58. Stanford, CA: Stanford University Press.

Henton, Doug, Janine Kaiser, and Kim Held. 2015. *Silicon Valley Competitiveness and Innovation Project—2015*. San Jose, CA: Silicon Valley Leadership Group and Silicon Valley Community Foundation.

Hentschke, Guilbert C., Vicente M. Lechuga, and William G. Tierney. 2010. *For-Profit Colleges and Universities: Their Markets, Regulation, Performance, and Place in Higher Education*. Sterling, VA: Stylus.

Hillman, Nicholas W. 2014. "Differential Impacts of College Ratings: The Case of Education Deserts." University of Wisconsin-Madison. Accessed December 14, 2016. https://news.education.wisc.edu/docs/WebDispenser/news-connections-pdf/crp---hillman---draft.pdf?sfvrsn=6.

Hoffman, Reid, Ben Casnocha, and Chris Yeh. 2014. *The Alliance: Managing Talent in the Networked Age*. Boston, MA: Harvard Business Review Press.

Holzer, Harry. 2015. *Job Market Polarization and U.S. Worker Skills: A Tale of Two Middles*. Washington, DC: Brookings Institution.

Horn, Michael B., and Andrew P. Kelly. 2015. *Moving Beyond College: Rethinking Higher Education Regulation for an Unbundled World*. Washington, DC: American Enterprise Institute.

Hossler, Don, Doug Shapiro, Afet Dundar, Mary Ziskin, Jin Chen, Desiree Zerquera, and Vasti Torres. 2012. "Transfer and Mobility: A National View of Pre-Degree Student Movement in Postsecondary Institutions." National Student Clearinghouse Research Center. Accessed December 14, 2016. http://pas.indiana.edu/pdf/transfer& mobility.pdf.

Hout, Michael. 2012. "Social and Economic Returns to College Education in the United States." *Annual Review of Sociology* 38: 379–400. doi:10.1146/annurev.soc.012809.102503.

Howell, Jessica S., Michal Kurlaender, and Eric Grodsky. 2010. "Postsecondary Preparation and Remediation: Examining the Effect of the Early Assessment Program at California State University." *Journal of Policy Analysis and Management* 29(4): 726–48. doi:10.1002/pam.20526.

HR Focus. 2000. "Online Recruiting: What Works, What Doesn't." *HR Focus* 3: 11–3.

Hyde, Alan. 2003. *Working in Silicon Valley: Economic and Legal Analysis of a Higher Velocity Labor Market*. Armonk, NY: M. E. Sharpe.

Illich, Ivan. 1972. *Deschooling Society*. New York, NY: Harper and Row.

Immerwahr, John. 1999a. "Doing Comparatively Well: Why the Public Loves Higher Education and Criticizes K–12." Perspectives in Public Policy: Connecting Higher Education and the Public Schools. Accessed December 14, 2016. http://files.eric.ed.gov/fulltext/ED437888.pdf.

———. 1999b. "Taking Responsibility: Leaders' Expectations of Higher Education." The National Center for Public Policy and Higher Education and Public Agenda. Accessed December 14, 2016. http://www.highereducation.org/reports/responsibility/responsibility.shtml.

———. 2004. "Public Attitudes on Higher Education: A Trend Analysis, 1993 to 2003." The National Center for Public Policy and Higher Education, and Public Agenda. http://www.highereducation.org/reports/pubatt.

Immerwahr, John, and Tony Foleno. 2000. "Great Expectations: How the Public and Parents—White, African American, and Hispanic—View Higher Education." National Center for Public Policy and Higher Education, Public Agenda, Consortium for Policy Research in Education, and National Center for Postsecondary Improvement. Accessed December 14, 2016. http://www.highereducation.org/reports/expectations/expectations.shtml.

Immerwahr, John, and Jean Johnson. 2007. "Squeeze Play: How Parents and the Public Look at Higher Education Today." Accessed December 14, 2016. http://www.highereducation.org/reports/squeeze_play/squeeze_play.pdf.

Jackson, Jacob. 2014. "Higher Education in California: Student Costs." Public Policy Institute of California. Accessed December 14, 2016. http://www.ppic.org/main/publication_quick.asp?i=1121.

Jaquette, Ozan, and Edna E. Parra. 2014. "Using IPEDS for Panel Analyses: Core

Concepts, Data Challenges, and Empirical Applications." In *Higher Education: Handbook of Theory and Research*, edited by M. B. Paulsen, 467–533. New York, NY: Springer.

Jez, Su Jin. 2012. "The Role of For-Profit Colleges in Increasing Postsecondary Completions." *California Journal of Politics and Policy* 4(2): 140–60.

———. 2014. "What Data Exist That Might Be Useful to Do Research on For Profits?" Accessed December 14, 2016. http://www.uscrossier.org/pullias/wp-content/uploads/2014/06/Developing-a-Research-Agenda-ALL1.pdf.

Johnson, Hans, and Marisol Cuellar Mejia. 2014. "Online Learning and Student Outcomes in California's Community Colleges." Accessed December 14, 2016. http://www.ppic.org/content/pubs/report/R_514HJR.pdf.

Johnson, Hans, Marisol Cuellar Mejia, and Sara Bohn. 2016. "Will California Run Out of College Graduates?" Public Policy Institute of California. Accessed April 8, 2017. http://www.ppic.org/content/pubs/report/R_1015HJR.pdf.

Johnson, Hans, Marisol Cuellar Mejia, and Kevin Cook. 2015. "Successful Online Courses in California's Community Colleges." Public Policy Institute of California. Accessed December 14, 2016. http://www.ppic.org/content/pubs/report/R_615HJR.pdf.

Julius, Daniel J., and Patricia J. Gumport. 2003. "Graduate Student Unionization: Catalysts and Consequences." *Review of Higher Education* 26(2): 187–216. doi:10.1353/rhe.2002.0033.

Kalleberg, Arne L. 2000. "Nonstandard Employment Relations: Part-Time, Temporary and Contract Work." *Annual Review of Sociology* 26(1): 341–65. doi:10.1146/annurev.soc.26.1.341.

Kamenetz, Anya. 2008. *Generation Debt: Why Now Is the Worst Time to Be Young*. New York, NY: Penguin Group.

———. 2010. *DIYU: Edupunks, Edupreneurs, and the Coming Transformation of Higher Education*. White River Junction, VT: Chelsea Green.

Karabel, Jerome. 2005. *The Chosen: The Hidden History of Admission and Exclusion at Harvard, Yale, and Princeton*. New York, NY: Houghton Mifflin.

Kelderman, Eric. 2015. "California's Community Colleges Can't Live with Accreditor, Can't Live Without It." Chronicle of Higher Education. Accessed December 14, 2016. http://chronicle.com/article/California-s-Community/234656.

Kena, Grace, et al. 2014. "The Condition of Education 2014." National Center for Education Statistics, Institute of Education Sciences, US Department of

Education. Accessed December 14, 2016. http://nces.ed.gov/pubs2014/2014083.pdf.

Kenney, Martin, ed. 2000. *Understanding Silicon Valley: The Anatomy of an Entrepreneurial Region*. Stanford, CA: Stanford University Press.

Kenney, Martin, and David C. Mowery. 2014. "Introduction." In *Public Universities and Regional Growth: Insights from the University of California*, edited by M. Kenney and D. C. Mowery, 1–19. Stanford, CA: Stanford University Press.

Kirp, David, ed. 2004. *Shakespeare, Einstein, and the Bottom Line: The Marketing of Higher Education*. Boston, MA: Harvard University Press.

Kirst, Michael W., and Mitchell L. Stevens, eds. 2015. *Remaking College: The Changing Ecology of Higher Education*. Stanford, CA: Stanford University Press.

Kirst, Michael W., and Andrea Venezia. 2004. *From High School to College: Improving Opportunities for Success in Postsecondary Education*. San Francisco, CA: Jossey-Bass.

Knight, Erin, and Carla Casilli. 2012. "Mozilla Open Badges." In *Game Changers: Education and Information Technologies*, edited by D. G. Oblinger, 279–84. Denver, CO: EDUCAUSE.

Kolowich, Steve. 2013. "How edX Plans to Earn, and Share, Revenue from Its Free Online Courses." Chronicle of Higher Education. Accessed December 14, 2016. http://chronicle.com/article/How-EdX-Plans-to-Earn-and/137433.

Koran, Lawrence M. 1981. "Mental Health Services." In *Healthcare Delivery in the United States*, edited by S. Jonas, 235–71. New York, NY: Springer

Kraatz, Matthew S., Marc S. Ventresca, and Lina N. Deng. 2010. "Precarious Values and Mundane Innovations: Enrollment Management in American Liberal Arts Colleges." *Academy of Management Journal* 53(6): 1522–45. doi:10.5465/AMJ.2010.57319260.

Kvamme, Floyd E. 2000. "Life in Silicon Valley: A First-Hand View of the Region." In *The Silicon Valley Edge: A Habitat for Innovation and Entrepreneurship*, edited by C.-M. Lee, W. F. Miller, M. G. Handcock, and H. S. Rowen, 16–39. Stanford, CA: Stanford University Press.

Labaree, David F. 1997. "Public Goods, Private Goods: The American Struggle over Educational Goals." *American Educational Research Journal* 34(1): 39–81. doi:10.3102/00028312034001039.

Lawrence, Paul R., and Jay W. Lorsch. 1967. *Organization and Environment: Managing Differentiation and Integration*. Boston, MA: Graduate School of Business

Administration, Harvard University.

Lawrence, Thomas B., Roy Suddaby, and Bernard Leca. 2009. *Institutional Work: Actors and Agency in Institutional Studies of Organizations*. Cambridge, MA: Cambridge University Press.

Lee, Chong-Moon, William F. Miller, Marguerite G. Hancock, and Henry S. Rowen, eds. 2000. *The Silicon Valley Edge: A Habitat for Innovation and Entrepreneurship*. Stanford, CA: Stanford University Press.

Legal Information Institute. 1926. "7 U.S. Code § 304: Investment of Proceeds of Sale of Land or Scrip." https://www.law.cornell.edu/uscode/text/7/304.

Legislative Analyst's Office. 2013. "An Analysis of New Cal Grant Eligibility Rules." Accessed December 14, 2016. http://www.lao.ca.gov/reports/2013/edu/new-cal-grant/new-cal-grant-010713.pdf.

Lenoir, Timothy, et al. 2004. *Inventing the Entrepreneurial Region: Stanford and the Co-Evolution of Silicon Valley*. Stanford, CA: Stanford University Press.

Leslie, Stuart W. 2000. "The Biggest 'Angel' of Them All: The Military and the Making of Silicon Valley." In *Understanding Silicon Valley: The Anatomy of an Entrepreneurial Region*, edited by M. Kenney, 48–67. Stanford, CA: Stanford University Press.

Lewin, Tamar. 2010. "Once a Leader, U.S. Lags in College Degrees." New York Times. Accessed December 14, 2016. http://www.nytimes.com/2010/07/23/education/23college.html?partner=rss&emc=rss.

———. 2012. "Instruction for Masses Knocks Down Campus Walls." New York Times. Accessed December 14, 2016. http://www.nytimes.com/2012/03/05/education/moocs-large-courses-open-to-all-topple-campus-walls.html?_r=0.

———. 2014. "Web-Era Trade Schools, Feeding a Need for Code." New York Times. Accessed December 14, 2016. http://www.nytimes.com/2014/10/14/us/web-era-trade-schools-feeding-a-need-for-code.html?nlid=22193524.

———. 2015. "For-Profit Colleges Face a Loan Revolt by Thousands Claiming Trickery." New York Times. Accessed December 14, 2016. http://www.nytimes.com/2015/05/04/education/for-profit-colleges-face-a-loan-strike-by-thousands-claiming-trickery.html.

Lewis, Ted G. 2000. *Microsoft Rising ... and Other Tales of Silicon Valley*. Piscataway, NJ: Wiley-IEEE Computer Society Press.

LinkedIn. 2015. "About Us." Accessed December 14, 2016. https://press.linkedin.com/about-linkedin.

Livingston, Tab. 1998. "History of California's AB 1725 and Its Major Provisions." Accessed December 14, 2016. http://files.eric.ed.gov/fulltext/ED425764.pdf.

Long, Bridget Terry, and Michal Kurlaender. 2008. "Do Community Colleges Provide a Viable Pathway to a Baccalaureate Degree?" National Bureau of Economic Research. Accessed December 14, 2016. http://www.nber.org/papers/w14367.

Loss, Christopher P. 2012. *Between Citizens and the State: The Politics of American Higher Education in the 20th Century*. Princeton, NJ: Princeton University Press.

Lough, Nick. 2015. "Education Officials: Some For-Profit Schools Don't Make the Grade." WBRC Fox 6 News. Accessed December 14, 2016. http://www.wbrc.com/story/28063806/us-dept-of-education-some-for-profit-schools-dont-make-the-grade.

Lowen, Rebecca. 1997. *Creating the Cold War University: The Transformation of Stanford*. Berkeley, CA: University of California Press.

Lynch, Mamie, Jennifer Engle, and Jose L. Cruz. 2010. "Subprime Opportunity: The Unfulfilled Promise of For-Profit Colleges and Universities." The Education Trust. Accessed December 14, 2016. http://edtrust.org/wp-content/uploads/2013/10/Subprime_report_1.pdf.

MacAllum, Keith, and Karla Yoder. 2004. "The 21st-Century Community College: A Strategic Guide to Maximizing Labor Market Responsiveness." Academy for Educational Development. Accessed December 14, 2016. https://www2.ed.gov/rschstat/research/progs/ccinits/LMRvol1.doc.

Malone, Michael S. 2002. *The Valley of Heart's Delight: A Silicon Valley Notebook 1963– 2001*. New York, NY: John Wiley and Sons.

Malone, Thomas W., Robert Laubacher, and Michael S. Scott Morton. 2003. *Inventing the Organizations of the 21st Century*. Cambridge, MA: MIT Press.

March, James G., and Herbert A. Simon. 1958. *Organizations*. New York, NY: John Wiley and Sons.

Marchal, Emmanuelle, Kevin Mellet, and Geraldine Rieucau. 2007. "Job Board Toolkits: Internet Match-Making and Changes in Job Advertisements." *Human Relations* 60(7): 1091–113. doi:10.1177/0018726707081159.

Marcus, Jon. 2005. "CUNY Sheds Reputation as 'Tutor U.'" *National Cross Talk*. Accessed December 14, 2016. http://www.highereducation.org/crosstalk/ct0205/news0205-cuny.shtml.

Marquis, Christopher, and Julie Battilana. 2009. "Acting Globally but Thinking Locally?: The Enduring Influence of Local Communities on Organizations." *Research in*

Organizational Behavior 29: 283–302. doi:10.1016/j.riob.2009.06.001.

Marquis, Christopher, Michael Lounsbury, and Royston Greenwood, eds. 2011. *Communities and Organizations: Research in the Sociology of Organizations*. 11th ed. Bingley, UK: Emerald Group.

Martin, John Levi. 2011. *The Explanation of Social Action*. New York, NY: Oxford University Press.

Massaro, Rachel, and Alesandra Najera. 2014. "2014 Silicon Valley Index." Joint Venture Silicon Valley and Silicon Valley Community Foundation. Accessed December 14, 2016. http://www.siliconvalleycf.org/sites/default/files/publications/2014-silicon-valley-index.pdf.

McCann, Clare, and Amy Laitinen. 2014. "College Blackout: How the Higher Education Lobby Fought to Keep Students in the Dark." New America. https://www.insidehighered.com/sites/default/server_files/files/CollegeAfricanAmericanout_March10_Noon. pdf.

McGuinness, Aims C., Jr. 2011. "The States and Higher Education." In *Education in the Twenty-First Century: Social, Political, and Economic Challenges*, edited by P. G. Altbach, P. J. Gumport, and R. O. Berdahl, 139–69. Baltimore, MD: Johns Hopkins University Press.

Meister, Jeanne C. 1998. *Corporate Universities: Lessons in Building a World-Class Work Force*. New York, NY: McGraw-Hill.

Metropolitan Transportation Commission. 2015. "Commissioners." Accessed December 14, 2016. http://mtc.ca.gov/about-mtc/what-mtc/commissioners.

Meyer, John W. 1977. "The Effects of Education as an Institution." *American Journal of Sociology* 83(1): 55–77.

Meyer, John W., and Ronald L. Jepperson. 2000. "The 'Actors' of Modern Society: The Cultural Construction of Social Agency." *Sociological Theory* 18(1): 100–20. doi:10.1111/0735-2751.00090.

Meyer, John W., and Brian Rowan. 1977. "Institutionalized Organizations: Formal Structure as Myth and Ceremony." *American Journal of Sociology* 83(2): 55–77.

Meyer, John W., and W. Richard Scott. 1983. *Organizational Environments: Ritual and Rationality*. Thousand Oaks, CA: Sage.

Miles, Matthew B., and Michael Huberman. 1994. *Qualitative Data Analysis: An Expanded Sourcebook*. 2nd ed. Thousand Oaks, CA: Sage.

Miller, Ben. 2014. "The College Graduation Rate Flaw That No One's Talking About."

EdCentral. Accessed December 14, 2016. http://www.edcentral.org/graduation-rate-flaw.

Mintrom, Michael. 2000. *Leveraging Local Innovation: The Case of Michigan's Charter Schools*. East Lansing, MI: Michigan State University Press.

Moore, Colleen, Su Jez, Eric Chisholm, and Nancy Shulock. 2012. "Policy Brief: Career Opportunities: Career Technical Education and the College Completion Agenda." California State University. Accessed December 14, 2016. http://files.eric.ed.gov/fulltext/ED534075.pdf.

Moretti, Enrico. 2012. *The New Geography of Jobs*. New York, NY: Houghton Mifflin Harcourt and Mariner Books.

———. 2013. "Real Wage Inequality." *American Economic Journal: Applied Economics* 5(1): 65–103. doi:10.1257/app.5.1.65.

Mumper, Michael, Lawrence E. Gladieux, Jacqueline E. King, and Melanie E. Corrigan. 2011. "The Federal Government and Higher Education." In *American Higher Education in the Twenty-First Century: Social, Political, and Economic Challenges*, edited by P. G. Altbach, P. J. Gumport, and R. O. Berdahl, 113–38. Baltimore, MD: Johns Hopkins University Press.

Murphy, John D. 2013. *Mission Forsaken: The University of Phoenix Affair with Wall Street*. Cambridge, MA: Proving Ground Education.

Murphy, Katy. 2014. "Corinthian Colleges, California's Largest Career-College Company, Could Go out of Business." San Jose Mercury News. Accessed December 14, 2016. http://www.mercurynews.com/education/ci_25998174/corinthian-colleges-californias-largest-career-college-company-could.

Nash, George H. 1988. *Herbert Hoover and Stanford University*. Stanford, CA: Hoover Institution, Stanford University.

National Center for Collective Bargaining in Higher Education and the Professions. 2006. *Directory of Faculty Contracts and Bargaining Agents in Higher Education*. New York, NY: Baruch College, City University of New York.

National Center for Education Statistics. 2012. "The Condition of Education." US Department of Education. Accessed December 14, 2016. http://nces.ed.gov/pubsearch/pubsinfo.asp?pubid=2012045.

———. 2013. "Career/Technical Education Statistics." US Department of Education. Accessed December 14, 2016. https://nces.ed.gov/surveys/ctes.

———. 2014a. "College Navigator." US Department of Education. Accessed November 10, 2014. http://nces.ed.gov/collegenavigator.

———. 2014b. "Integrated Postsecondary Education System Glossary." US Department of Education. Accessed November 10, 2014. http://nces.ed.gov/ipeds/glossary.

———. 2014c. "Statutory Requirements for Reporting IPEDS Data." US Department of Education. Accessed November 26, 2014. https://surveys.nces.ed.gov/ipeds/ViewContent.aspx?contentId=18.

National Science Board. 2010. "Science and Engineering Indicators 2010." National Science Foundation. Accessed December 14, 2016. http://www.nsf.gov/statistics/seind10/pdf/seind10.pdf.

Nevens, Michael T. 2000. "Innovation in Business Models." In *The Silicon Valley Edge*, edited by C.-M. Lee, W. F. Miller, M. G. Hancock, and H. S. Rowen, 81–93. Stanford, CA: Stanford University Press.

New America Foundation. 2015. "Transforming the Higher Education Act for the 21st Century." Accessed December 14, 2016. https://static.newamerica.org/attachments/10493-transforming-the-higher-education-act-for-the-21st-century/HEA11.2.af2ba56d03b8408eb6d00299453f3d9a.pdf.

Offenstein, Jeremy, and Nancy Shulock. 2009. *Community College Student Outcomes: Limitations of the Integrated Postsecondary Education Data System (IPEDS) and Recommendations for Improvement*. Sacramento, CA: Institute for Higher Education Leadership and Policy, California State University, Sacramento.

Office of the Attorney General. 2013. "Attorney General Kamala D. Harris Files Suit in Alleged For-Profit College Predatory Scheme." Accessed December 14, 2016. https://oag.ca.gov/news/press-releases/attorney-general-kamala-d-harris-files-suit-alleged-profit-college-predatory.

Olivas, Michael A., and Benjamin Baez. 2011. "The Legal Environment: The Implementation of Legal Change on Campus." In *American Higher Education in the Twenty-First Century*, edited by P. G. Altback, P. J. Gumport, and R. O. Berdahl, 170–94. Baltimore, MD: Johns Hopkins University Press.

Oliver, Christine. 1991. "Strategic Responses to Institutional Processes." *Academy of Management Review* 16(1): 145–79.

O'Mahony, Siobhan, and Fabrizio Ferraro. 2007. "The Emergence of Governance in an Open Source Community." *Academy of Management Journal* 50(5): 1079–106. doi:10.5465/AMJ.2007.27169153.

O'Mahony, Siobhan, and Karim R. Lakhani. 2011. "Organizations in the Shadow of Communities." In *Communities and Organizations: Research in Sociology of Organizations*, edited by C. Marquis, M. Lounsbury, R. Greenwood, 3–36. Bingley,

UK: Emerald Group.

O'Mara, Margaret Push. 2005. *Cities of Knowledge: Cold War Science and the Search for the Next Generation Silicon Valley*. Princeton, NJ: Princeton University Press.

Osterman, Paul. 2010. "The Promise, Performance, and Policy of Community Colleges." In *Reinventing Higher Education: The Promise of Innovation*, edited by B. Wildavsky, A. P. Kelly, and K. Carey, 129–59. Cambridge, MA: Harvard Education Press.

Pastor, Manuel, Rhonda Ortiz, Marlene Ramos, and Mirabai Auer. 2012. "Immigrant Integration: Integrating New Americans and Building Sustainable Communities." University of Southern California. https://www.policylink.org/sites/default/files/immigrant_integration_brief.pdf.

Patterson, Wayne. 1999. "Certificate Programs Raise Important Issues." *CGS Communicator* 4: 1–3.

Peele, Thomas, and Chris De Benedetti. 2014. "Career College Chain to Close Amid Scandal." San Jose Mercury News. Accessed December 14, 2016. http://www.pressreader.com/usa/san-jose-mercury-news/20140624/textview.

Peralta Community College District. 2016. "Career Technical Education Home." Peralta Colleges. Accessed December 14, 2016. http://web.peralta.edu/cte.

Peterson, Marvin W. 2007. "The Study of Colleges and Universities as Organizations." In *Sociology of Higher Education: Contributions and Their Contests*, edited by P. J. Gumport, 147–84. Baltimore, MD: Johns Hopkins University Press.

Pfeffer, Jeffrey, and Gerald R. Salancik. 1978. *The External Control of Organizations: A Resource Dependence Perspective*. New York, NY: Harper and Row.

Piore, Michael J., and Charles F. Sabel. 1984. *The Second Industrial Divide: Possibilities for Prosperity*. New York, NY: Basic Books.

Porter, Eduardo. 2014. "A Smart Way to Skip College in Pursuit of a Job: Udacity-AT&T 'NanoDegree' Offers an Entry-Level Approach to College." New York Times. Accessed December 14, 2016. http://www.nytimes.com/2014/06/18/business/economy/udacity-att-nanodegree-offers-an-entry-level-approach-to-college.html?_r=0.

Powell, Arthur G., Eleanor Farrar, and David K. Cohen. 1985. *The Shopping Mall High School: Winners and Losers in the Educational Marketplace*. Boston, MA: Houghton Mifflin.

Powell, Walter W. 1990. "Neither Market nor Hierarchy: Network Forms of Organization." In *Research in Organizational Behavior*, vol. 12, edited by B. M. Staw and

L. Cummings, 295–336. Greenwich, CT: JAI Press.

Powell, Walter W., Kenneth W. Koput, and Laurel Smith-Doerr. 1996. "Interorganizational Collaboration and the Locus of Innovation: Networks of Learning in Biotechnology." *Administrative Science Quarterly* 41(1): 116–45. doi:10.2307/2393988.

Powell, Walter W., Kelley Packalen, and Kjersten Whittington. 2012. "Organizational and Institutional Genesis: The Emergence of Hi-Tech Clusters in the Life Sciences." In *The Emergence of Organizations and Markets*, edited by J. F. Padgett and W. W. Powell, 434–65. Princeton, NJ: Princeton University Press.

Powell, Walter W., and Kaisa Snellman. 2004. "The Knowledge Economy." *Annual Review of Sociology* 30: 199–220. doi:10.1146/annurev.soc.29.010202.100037.

Public Agenda. 1999. "Kids These Days '99: What Americans Really Think about the Next Generation." Accessed December 14, 2016. http://www.publicagenda.org/files/kids_these_days_99.pdf.

Quinn, Michelle. 2014. "The Shuttle Effect, and the Commute That Divides Us." San Jose Mercury News. Accessed December 14, 2016. http://www.mercurynews.com/michelle-quinn/ci_27078188/quinn-commute-that-divides-us.

Ramirez, Francisco O., and John Boli. 1987. "Global Patterns of Educational Institutionalization." In *Institutional Structure: Constituting State, Society, and the Individual*, edited by G. M. Thomas, J. W. Meyer, F. O. Ramirez, and J. Boli, 150–72. Newbury Park, CA: Sage.

Randolph, Sean. 2012. *The Bay Area Innovation System*. Bay Area Council Economic Institute. Accessed December 14, 2016. http://www.bayeconfor.org/media/files/pdf/BayAreaInnovationSystemWeb.pdf.

Randolph, Sean, and Hans Johnson. 2014. "Reforming California Public Higher Education for the 21st Century." A Bay Area Council Economic Institute White Paper. Accessed December 14, 2016. http://www.bayareaeconomy.org/report/reforming-california-public-higher-education-for-the-21st-century.

Richardson, Richard C., Kathy Reeves-Bracco, Patrick M. Callan, and Joni E. Finney. 1999. *Designing State Higher Education Systems for a New Century*. Phoenix, AZ: American Council on Education/Oryx Press.

Richardson, Richard, Jr., and Mario Martinez. 2009. *Policy and Performance in American Higher Education: An Examination of Cases across State Systems*. Baltimore, MD: Johns Hopkins University Press.

Rockhill, Kathleen. 1983. *Academic Excellence versus Public Service: The Development of Adult Higher Education in California*. New Brunswick, NJ: Transaction Books.

Roland, Gerard. 2004. "Understanding Institutional Change: Fast-Moving and Slow-Moving Institutions." *Studies in Comparative International Development* 38(4): 109–31. doi:10.1007/BF02686330.

Rosenbaum, James E., Regina Deil-Amen, and Ann E. Person. 2006. *After Admission: From College Access to College Success*. New York, NY: Russell Sage Foundation.

Rosenkopf, Lori, and Michael L. Tushman. 1998. "The Coevolution of Community Networks and Technology: Lessons from the Flight Simulation Industry." *Industrial and Corporate Change* 7(2): 311–46. doi:10.1093/icc/7.2.311.

Ruef, Martin, and Manish Nag. 2015. "The Classification of Organizational Forms." In *Remaking College: The Changing Ecology of Higher Education*, edited by M. W. Kirst and M. L. Stevens, 84–109. Stanford, CA: Stanford University Press.

Ruiz, Neil G. 2014. "The Geography of Foreign Students in U.S. Higher Education: Origins and Destinations." Global Cities Initiative. http://www.brookings.edu/~/media/research/files/reports/2014/08/foreign students/foreign_students_final.pdf. Site discontinued.

Ruiz, Neil G., Jill H. Wilson, and Shyamali Choudhury. 2012. *The Search for Skills: Demand for H-1B Immigrant Workers in US Metropolitan Areas*. Brookings Institution. Accessed December 14, 2016. http://immigrationresearch-info.org/system/files/Brookings---Search_for_Skills_H1B_Visas.pdf.

Salzman, Hal, Daniel Kuehn, and B. Lindsay Lowell. 2013. "Guestworkers in the High-Skill U.S. Labor Market: An Analysis of Supply, Employment and Wage Trends." *Economic Policy Institute* 359: 1–35.

San José State University. 2016. "Points of Pride." San José State University. Accessed December 14, 2016. http://www.sjsu.edu/about_sjsu/pride.

Saxenian, AnnaLee. 1996. *Regional Advantage: Culture and Competition in Silicon Valley and Route 128*. Cambridge, MA: Harvard University Press.

———. 2000a. "Networks of Immigrant Entrepreneurs." In *The Silicon Valley Edge*, edited by C.-M. Lee, W. F. Miller, M. G. Handcock, H. S. Rowen, 248–68. Stanford, CA: Stanford University Press.

———. 2000b. "The Origins and Dynamics of Production Networks in Silicon Valley." In *Understanding Silicon Valley: Anatomy of an Entrepreneurial Region*, edited by M. Kenney, 141–62. Stanford, CA: Stanford University Press.

———. 2000c. "The Role of Immigrant Entrepreneurs in New Venture Creation." In *The*

Entrepreneurship Dynamic: Origins of Entrepreneurship and the Evolution of Industries, edited by C. B. Schoonhoven and E. Romanelli, 68–108. Stanford, CA: Stanford University Press.

———. 2002. "Transnational Communities and the Evolution of Global Production Networks: The Cases of Taiwan, China, and India." *Industry and Innovation* 9(3): 183–202.

———. 2006. *The New Argonauts: Regional Advantage in a Global Economy*. Cambridge, MA: Harvard University Press.

———. 2008. "International Mobility of Engineers and the Rise of Entrepreneurship in the Periphery." In *The International Mobility of Talent: Types, Causes, and Development Impact*, edited by A. Solimano, 117–44. London, UK: Oxford University Press.

Saxenian, AnnaLee, Yasuyuki Motoyama, and Xiaohong Quan. 2002. *Local and Global Networks of Immigrant Professionals in Silicon Valley*. San Francisco, CA: Public Policy Institute of California.

Schramm, Wilbur. 1962. "What We Know about Learning from Instructional Television." In *Educational Television: The Next Ten Years*, edited by L. Asheim et al., 52–76. Stanford, CA: Institute for Communication Research.

Scott, W. Richard. 1977. "Effectiveness of Organizational Effectiveness Studies." In *New Perspectives on Organizational Effectiveness*, edited by P. S. Goodman and J. M. Pennings, 63–95. San Francisco, CA: Jossey-Bass.

———. 1985. "Systems within Systems; The Mental Health Sector." In *The Organization of Mental Health Services*, edited by W. Richard Scott and Bruce L. Black, 31–52. Beverly Hills, CA: Sage.

———. 1992. "The Organization of Environments: Network, Cultural, and Historical Elements." In *Organization Environments: Ritual and Rationality*, updated ed., edited by J. W. Meyer and W. R. Scott, 155–75. Newbury Park, CA: Sage.

———. 2008. "Lords of the Dance: Professionals as Institutional Agents." *Organization Studies* 29 (2): 219–38. doi: 10.1177/0170840607088151.

———. 2014. *Institutions and Organizations: Ideas, Interests, and Identities*. 4th ed. Los Angeles, CA: Sage.

Scott, W. Richard, and Manuelito Biag. 2016. "The Changing Ecology of Higher Education: An Organizational Field Perspective." In *The University under Pressure: Research in the Sociology of Organizations*, vol. 46, edited by E. P. Berman and C. Paradeise, 25–51. Bingley, UK: Emerald Group.

Scott, W. Richard, and Gerald F. Davis. 2007. *Organizations and Organizing: Rational, Natural, and Open System Perspectives*. Upper Saddle River, NJ: Pearson Prentice Hall.

Scott, W. Richard, and John W. Meyer. 1992. "The Organization of Societal Sectors." In *Organizational Environments: Ritual and Rationality*, edited by J. W. Meyer and W. R. Scott, 129–54. Newbury Park, CA: Sage.

Seely-Brown, John, and Paul Duguid. 1991. "Organizational Learning and Communities-of-Practice: Toward a Unified View of Working, Learning, and Innovation." *Organizational Science* 2(1): 40–57.

———. 2000. "Mysteries of the Region: Knowledge Dynamics in Silicon Valley." In *The Silicon Valley Edge: A Habitat for Innovation and Entrepreneurship*, edited by C.-M. Lee, W. F. Miller, M. G. Hancock, and H. S. Rowen, 16–39. Stanford, CA: Stanford University Press.

Seifert, Tricia E., Ernest T. Pascarella, Sherri I. Erkel, and Kathleen M. Goodman. 2011. "The Importance of Longitudinal Pretest-Posttest Designs in Estimating College Impact." In *Longitudinal Assessment for Institutional Improvement: New Directions for Institutional Research, Assessment Supplement 2010*, edited by T. Seifert, 5–16. San Francisco, CA: Jossey-Bass.

Selingo, Jeffrey J. 2015. "Finding a Career Track in LinkedIn Profiles." New York Times. Accessed December 14, 2016. http://www.nytimes.com/2015/08/02/education/edlife/finding-direction-in-linkedin-profiles.html?_r=0.

Settersten, Richard R., Jr. 2015. "The New Landscape of Early Adulthood: Implications for Broad-Access Higher Education." In *Remaking College: The Changing Ecology of Higher Education*, edited by M. W. Kirst and M. L. Stevens, 113–33. Stanford, CA: Stanford University Press.

Sewell, William H., and Robert M. Hauser. 1975. *Education, Occupation, and Earnings*. New York, NY: Academic Press.

Shaw, Robert. 1993. "A Backward Glance: To a Time Before There Was Accreditation." *NCA Quarterly* 68(2): 323–35.

Shulock, Nancy, Jodi Lewis, and Connie Tan. 2013. "Workforce Investments: State Strategies to Preserve Higher-Cost Career Education Programs in Community and Technical Colleges." Institute for Higher Education Leadership and Policy. Accessed December 14, 2016. http://doingwhatmatters.cccco.edu/portals/6/docs/IHELP_Workforce_Invest_FINAL_Aug30.pdf.

Shulock, Nancy, and Colleen Moore. 2013. "Career Opportunities: Career Technical

Education and the College Completion Agenda. Part IV: Aligning Policy with Mission for Better Outcomes. Institute for Higher Education Leadership & Policy." Institute for Higher Education Leadership and Policy. Accessed December 14, 2016. http://edinsightscenter.org/Portals/0/ReportPDFs/career-opportunities-part-4.pdf.

Shulock, Nancy, Colleen Moore, and Jeremy Offenstein. 2011. "The Road Less Traveled: Realizing the Potential of Career Technical Education in the California Community Colleges." Institute for Higher Education Leadership and Policy. Accessed December 14, 2016. http://files.eric.ed.gov/fulltext/ED524217.pdf.

Siegfried, John J., Allen R. Sanderson, and Peter McHenry. 2007. "The Economic Impact of Colleges and Universities." *Economics of Education Review* 26(5): 546–58. doi:10.3200/CHNG.40.2.24-31.

Simon, Herbert A. 1945/1977. *Administrative Behavior: A Study of Decision-Making Processes in Administration Organizations*. 4th ed. New York, NY: Free Press.

Slaughter, Sheila, and Larry L. Leslie. 1997. *Academic Capitalism: Politics, Policies and the Entrepreneurial University*. Baltimore, MD: Johns Hopkins University Press.

Smith, Ashley A. 2015. "Reshaping the For-Profit." Inside Higher Ed. Accessed December 14, 2016. https://www.insidehighered.com/news/2015/07/15/profit-industry-struggling-has-not-reached-end-road.

Smith, Burck. 2013. "Keeping College within Reach: Improving Higher Education through Innovation." House Education and the Workforce Committee. Accessed December 14, 2016. http://edworkforce.house.gov/uploadedfiles/smith_testimony_final.pdf.

Snyder, Thomas D., and Sally A. Dillow. 2012. "Digest of Educational Statistics 2011." National Center for Education Statistics, Institute of Education Sciences. Accessed December 14, 2016. http://nces.ed.gov/pubs2012/2012001_0.pdf.

Spellings, Margaret. 2006. "A Test of Leadership. Charting the Future of U.S. Higher Education." US Department of Education. Accessed December 14, 2016. http://www2.ed.gov/about/bdscomm/list/hiedfuture/reports/final-report.pdf.

Sperling, John. 2000. *Rebel with a Cause: The Entrepreneur Who Created the University of Phoenix and the For-Profit Revolution in Higher Education*. New York, NY: John Wiley and Sons.

Stadtman, Verne A. 1967. *The Centennial Record of the University of California*. Berkeley, CA: Centennial.

Stark, David. 1996. "Recombinant Property in East European Capitalism." *American

Journal of Sociology 101(4): 993–1027. doi:10.1086/230786.

Steinacker, Annette. 2005. "The Economic Effect of Urban Colleges on Their Surrounding Communities." *Urban Studies* 42(7): 1161–75. doi:10.1080/00420980500121335.

Stevens, Mitchell L. 2015. "Introduction: The Changing Ecology of U.S. Higher Education." In *Remaking College: The Changing Ecology of Higher Education*, edited by M. W. Kirst and M. L. Stevens, 1–18. Stanford, CA: Stanford University Press.

Stevens, Mitchell L., Elizabeth A. Armstrong, and Richard Arum. 2008. "Sieve, Incubator, Temple, Hub: Empirical and Theoretical Advances in the Sociology of Higher Education." *Annual Review of Sociology* 34(1): 127–51. doi:10.1146/annurev.soc.34.040507.134737.

Stocking, Carol. 1985. "The United States." In *The School and the University: An International Perspective*, edited by B. R. Clark, 261. Berkeley, CA: University of California Press.

Stone, Deborah. 2002. *Policy Paradox: The Art of Political Decision Making*. 3rd ed. New York, NY: W. W. Norton.

Sturgeon, Timothy. 2000. "How Silicon Valley Came to Be." In *Understanding Silicon Valley: Anatomy of an Entrepreneurial Region*, edited by M. Kenney, 15–47. Stanford, CA: Stanford University Press.

Suchman, Mark C. 1995. "Managing Legitimacy: Strategic and Institutional Approaches." *Academy of Management Review* 20: 571–610. doi:10.5465/AMR.1995.9508080331.

———. 2000. "Dealmakers and Counselors: Law Firms as Intermediaries in the Development of the Silicon Valley." In *Understanding Silicon Valley: The Anatomy of an Entrepreneurial Region*, edited by M. Kenney, 71–98. Stanford, CA: Stanford University Press.

The Economist. 2014a. "Creative Destruction." Economist. Accessed December 14, 2016. http://www.economist.com/news/leaders/21605906-cost-crisis-changing-labour-markets-and-new-technology-will-turn-old-institution-its.

———. 2014b. "Is College Worth It?" Economist. Accessed December 14, 2016. http://www.economist.com/news/united-states/21600131-too-many-degrees-are-waste-money-return-higher-education-would-be-much-better.

———. 2014c. "Workers of the World, Log in." Economist. Accessed December 14, 2016. http://www.economist.com/news/business/21612191-social-networkhas-already-shaken-up-way-professionals-are-hired-its-ambitions-go-far.

———. 2015a. "Excellence v. Equity." Economist. Accessed December 14, 2016. http://www.economist.com/news/special-report/21646985-american-model-higher-education-spreading-it-good-producing-excellence.

———. 2015b. "Keeping It on the Company Campus." Economist. Accessed December 14, 2016. http://www.economist.com/news/business/21651217-more-firms-have-set-up-their-own-corporate-universities-they-have-become-less-willing-pay.

The Open University. 2014. "Facts and Figures 2014/15." Accessed December 14, 2016. http://www.open.ac.uk/about/main/sites/www.open.ac.uk.about.main/files/files/fact_figures_1415_uk.pdf.

Thelin, John R., and Marybeth Gasman. 2010. "Historical Overview of American Higher Education." In *Student Services: A Handbook for the Profession*, edited by S. R. Harper, 3–22. San Francisco, CA: Jossey-Bass.

Thille, Candace, John Mitchell, and Mitchell Stevens. 2015. "What We've Learned from MOOCs." Inside Higher Ed. Accessed December 14, 2016. https://www.insidehighered.com/views/2015/09/22/moocs-are-no-panacea-they-can-help-improve-learning-essay.

Thompson, James D. 1967. *Organizations in Action: Social Science Bases of Administrative Theory*. New York, NY: McGraw-Hill.

Thornton, Patricia H., and William Ocasio. 2008. "Institutional Logics." In *The Sage Handbook of Organizational Institutionalism*, edited by R. Greenwood, C. Oliver, K. Sahlin, and R. Suddaby, 99–12. Los Angeles, CA: Sage.

Thornton, Patricia H., William Ocasio, and Michael Lounsbury. 2012. *The Institutional Logics Perspective: A New Approach to Culture, Structure and Process*. New York, NY: Oxford University Press.

Tierney, Willam G., and Guilbert C. Hentschke. 2007. *New Players, Different Game: Understanding the Rise of For-Profit Colleges and Universities*. Baltimore, MD: Johns Hopkins University Press.

Tinto, Vincent. 2004. "Linking Learning and Leaving." In *Reworking the Student Departure Puzzle*, edited by J. M. Braxton, 81–94. Nashville, TN: Vanderbilt University Press.

Tushman, Michael L., and Charles O'Reilly. 2011. "Organizational Ambidexterity in Action: How Managers Explore and Exploit." *California Management Review* 53(4): 5–22.

Tyack, David, and Larry Cuban. 1997. *Tinkering toward Utopia: A Century of Public*

School Reform. Boston, MA: Harvard University Press.

US Department of Labor. 2012. "Occupational Employment Statistics." Accessed December 14, 2016. http://www.bls.gov/oes/2012/may/oes_stru.htm.

———. 2015. "Labor Force Characteristics of Foreign-Born Workers Summary." Accessed December 14, 2016. http://www.bls.gov/news.release/forbrn.nr0.htm.

Van de Ven, Andrew H. 2005. "Running in Packs to Develop Knowledge-Intensive Technologies." *MIS Quarterly* 29(2): 365–78.

VanOverbeke, Mark. 2008. *The Standardization of American Schooling: Linking Secondary and Higher Education, 1870–1910*. New York, NY: Palgrave Macmillan.

Veysey, Laurence R. 1965. *The Emergence of the American University*. Chicago, IL: University of Chicago Press.

Walker, C. S. 2013. "New Growth in Higher Ed." SJSU Washington Square. Accessed December 14, 2016. https://blogs.sjsu.edu/wsq/2013/10/20/new-growth-in-higher-ed.

Walters, Dan. 2013. "University of Phoenix's Political Tale Runs Full Circle." Pasadena Star News. Accessed December 14, 2016. http://www.pasadenastarnews.com/opinion/20130121/university-of-phoenixs-political-tale-runs-full-circle-opinion.

———. 2015. "Hot Bay Area Economy Props Up California." Sacramento Bee. Accessed December 14, 2016. sacbee.com/news/politics-government/capitol-alert/article36633297.html.

Washburn, Jennifer. 2005a. "The Lessons of History." In *University Inc.: The Corporate Corruption of American Higher Education*, 25–49. New York, NY: Basic Books.

———. 2005b. *University Inc.: The Corporate Corruption of American Higher Education*. New York, NY: Basic Books.

Wedlin, Linda. 2006. *Ranking Business Schools: Forming Fields, Identities and Boundaries in International Management Education*. Cheltenham, UK: Edward Elgar.

Weick, Karl E. 1976. "Educational Organizations as Loosely Coupled Systems." *Administrative Science Quarterly* 21: 1–19.

Weinbren, Daniel. 2014. *The Open University: A History*. New York, NY: Palgrave Macmillan.

Weisbrod, Burton A., Jeffrey P. Ballou, and Evelyn D. Asch. 2008. *Mission and Money: Understanding the University*. Cambridge, UK: Cambridge University Press.

White, Lisa P. 2015. "Peralta Community Colleges Face Accreditation Problems." San

Jose Mercury News. Accessed December 14, 2016. http://www.mercurynews.com/breaking-news/ci_28466597/peralta-community-colleges-face-accreditation-problems.

Wilson, Beth. 2015. "Growing Labor Movement Shakes Up Silicon Valley." KQED News. http://ww2.kqed.org/news/2015/07/14/growing-labor-movement-shakes-up-silicon-valley.

Wilson, Harold. 1963. "Harold Wilson." Spartacus Educational. http://spartacus-educational.com/PRwilsonHa.htm.

Wong, Queenie. 2015. "LinkedIn and Lynda Aim to Close a Skills Gap." San Jose Mercury News. Accessed December 14, 2016. http://www.mercurynews.com/business/ci_28603887/linkedin-and-lynda-aim-close-skills-gap.

Young, Kenneth E., Charles M. Chambers, and Herbert R. Kells. 1983. *Understanding Accreditation*. San Francisco, CA: Jossey-Bass.

Zakaria, Fareed. 2015. *In Defense of a Liberal Education*. New York, NY: W. W. Norton.

Zemsky, Robert. 2009. *Making Reform Work: The Case for Transforming American Higher Education*. Piscataway, NJ: Rutgers University Press.

Zumeta, William. 2001. "Public Policy and Accountability in Higher Education: Lessons from the Past and Present for the New Millennium." In *The States and Public Higher Education Policy: Affordability, Access, and Accountability*, edited by D. E. Heller, 155–97. Baltimore, MD: Johns Hopkins University Press.

Zumeta, William, David W. Breneman, Patrick Callan, and Joni E. Finney. 2012. *Financing American Higher Education in the Era of Globalization*. Cambridge, MA: Harvard University Press.

國家圖書館出版品預行編目（CIP）資料

美國高等教育與矽谷產業／WILLIAM RICHARD (DICK) SCOTT、MICHAEL W. KIRST 編；卓澤林譯. -- 新北市：華藝數位股份有限公司學術出版部出版：華藝數位股份有限公司發行, 2022.06
　　面；　公分
ISBN 978-986-437-199-0（平裝）
1.CST: 高等教育 2.CST: 科技 3.CST: 產學合作 4.CST: 美國
525.952　　　　　　　　　　　　111008838

美國高等教育與矽谷產業
HIGHER EDUCATION AND SILICON VALLEY

© 2017 Johns Hopkins University Press
All rights reserved. Published by arrangement with Johns Hopkins University Press, Baltimore. Maryland through Chinese Connection Agency.

編 著 者	WILLIAM RICHARD (DICK) SCOTT、MICHAEL W. KIRST
翻 譯 者	卓澤林
審 訂 者	周祝瑛
責任編輯	蔡博文、詹雅婷
封面設計	張大業
版面編排	許沁寧

發 行 人	常效宇
總 編 輯	張慧銖
業　　務	賈采庭

出　　版／華藝數位股份有限公司　學術出版部（Ainosco Press）
　　　　　地　　　址：234634 新北市永和區成功路一段 80 號 18 樓
　　　　　電　　　話：(02)2926-6006　傳真：(02)2923-5151
　　　　　服務信箱：press@airiti.com

發　　行／華藝數位股份有限公司
　　　　　戶名（郵政／銀行）：華藝數位股份有限公司
　　　　　郵政劃撥帳號：50027465
　　　　　銀行匯款帳號：0174440019696（玉山商業銀行 埔墘分行）

法律顧問／立暘法律事務所　歐宇倫律師

　　ISBN／978-986-437-199-0
　　　DOI／10.978.986437/1990
出版日期／2022 年 7 月
定　　價／新臺幣 800 元

版權所有・翻印必究　　Printed in Taiwan
（如有缺頁或破損，請寄回本社更換，謝謝）